アクティベート
教育学

汐見稔幸・奈須正裕［監修］

12

教育の方法と技術

江間史明・黒上晴夫・奈須正裕［編著］

ミネルヴァ書房

シリーズ刊行にあたって

近代という特徴的な時代に誕生した学校は、今や産業社会から知識基盤社会へという構造変化のなかで、その役割や位置づけを大きく変えつつあります。一方、2017年に告示された学習指導要領では「社会に開かれた教育課程」という理念のもと、「内容」中心から「資質・能力」育成へと学力論が大幅に拡張され、「主体的・対話的で深い学び」や「カリキュラム・マネジメント」といった考え方も提起されました。

学習指導要領前文にあるように、そこでは一人一人の子どもが「自分のよさや可能性を認識するとともに、あらゆる他者を価値のある存在として尊重し、多様な人々と協働しながら様々な社会的変化を乗り越え、豊かな人生を切り拓き、持続可能な社会の創り手となること」が目指されています。

急激に変化し続ける社会情勢のなかで、このような教育の理想をすべての子どもに実現していくことが、これからの学校と教師に期待されているのです。それは確かに要求度の高い困難な仕事ですが、だからこそ生涯をかけて打ち込むに値する夢のある生き方とも言えるでしょう。

本シリーズは、そんな志を胸に教師を目指されるみなさんが、数々の困難を乗り越え、子どもたちとともにどこまでも学び育つ教師となる、その確かな基礎を培うべく企画されました。各巻の内容はもちろん「教職課程コアカリキュラム」に準拠していますが、さらに教育を巡る国内外の動向を的確に反映すること、各学問分野の特質とおもしろさをわかりやすく伝えることの２点に特に力を入れています。また、読者が問いをもって主体的に学びを深められるよう、各章の冒頭にWORKを位置づけるなどの工夫を施しました。

教師を目指すすべてのみなさんにとって、本シリーズが、その確かな一歩を踏み出す一助となることを願っています。

2019年2月

監修者　汐見稔幸・奈須正裕

はじめに

2020年，世界は新型コロナウイルス感染症（COVID-19）の大流行に直面しました。日本でも，全国一斉休校の要請（２月27日）や緊急事態宣言の発出（４月16日に全国拡大）があり，学校の休校は３か月に及びました。

６月下旬，長い休校があけた小学校を訪問する機会がありました。どの教室でも，子どもたちが，ときに顔を見合わせながら，穏やかに集中してそれぞれの学びに向かっていました。たとえば，算数の「文字と式」のプリント（単元内自由進度学習，本書第７章）に真剣に取り組んだり，色を確かめながら自分の絵にゆっくりとていねいに色をぬったりしている姿です。子どもたちが，今，この時間を大切にしていることが伝わってきました。それは，一人でステイホームしている間には経験できないことでした。子どもたちは，学校に来て，やりがいのある学びをしたいと願っている。そのことが改めてはっきりとわかりました。

こうした子どもたちの願いに，一人ひとりの教師は，こたえていかなければなりません。本書があつかう「教育の方法と技術」は，授業などの場で教師が「子どもたちの学びをどう支えていくか」，その基盤となる学習理論や指導の「技」を学ぶことを目的としています。そのために，本書は，次の３つのことを学ぶことができます。

第一に，学習科学や心理学の知見をもとに，資質・能力ベイスの学習理論の基本を学ぶことができます。2017年版の学習指導要領は，「何を知っているか」という従来の内容（コンテンツ）の獲得にとどまっていた学力論を，「どのような問題解決を現に成し遂げるか」という資質・能力の育成を目指すものに拡張しました。なぜ，このような学力論の拡張が必要となったのか，それはどういう授業や学習のあり方を求めているのか，それらを学ぶことができます。

2021年の中央教育審議会答申「『令和の日本型学校教育』の構築を目指して」

は，この2017年改訂をより効果的に実現するように，「自立した学習者の育成」という方向を明確にしています。

第二に，本書では，日本の教師がこれまで，そして現在，取り組んできている創造的な実践を紹介し，授業づくりの基本的な考え方や「技」のレパートリーを学ぶことができます。資質・能力ベイスの授業づくりといっても，これまで日本の教師が創造的に取り組んできた実践とまったく異なる実践を新たに始めるわけではありません。とくに，「子どもが学習の主体として学習を遂行する」という契機が，歴史的にどのように展開し，どのような広がりをもって，現在の資質・能力ベイスの授業づくりに連なってきているか，それを学ぶことができます。

第三に，本書では，はじめて授業づくりに取り組む人が，その手がかりとなる内容を学ぶことができます。現在，日本の教師の世代交代が進んでおり，これまでの授業づくりの知恵や技を引き継ぐことが課題となっています。授業づくりに取り組むと，よく考えるとわからない言葉に出合います。たとえば，「学習指導」「単元」「情報機器の活用」「プログラミング教育」などです。学習指導案を書くといっても，どこに何を書くのか，最初はわかりません。本書は，そうした一つひとつをていねいに学べるようにして，みなさんがそれぞれの教科等で授業づくりをするときに助けとなるような，実践の理論と事例を示しています。

本書が，授業づくりを考えるときに，みなさんのそばにあって，支えの一つになることを願っています。

2023年6月

編者を代表して　江間史明

目　次

第Ⅱ部　教育の技術

本シリーズの特徴

シリーズ「アクティベート教育学」では，読者のみなさんが主体的・対話的で深い学びを成就できるよう，以下のような特徴を設けています。

●学びのポイント

各章の扉に，押さえてほしい要点を簡潔に示しています。これから学ぶ内容の「ポイント」を押さえたうえで読み進めることで，理解を深められます。

●WORK

各章の冒頭に「WORK」を設けています。主体的・対話的に WORK に取り組むことで，より関心をもって学びに入っていけるように工夫されています。

●導　入

本論に入る前に，各章の内容へと誘う「導入」を設けています。ここで当該章の概要や内容理解を深めるための視点が示されています。

●まとめ

章末には，学んだ内容を振り返る「まとめ」を設けています。

●さらに学びたい人のために

当該章の内容をさらに深めることができる書籍等をいくつか取り上げ，それぞれに対して概要やおすすめポイントなどを紹介しています。

●カリキュラム対応表

目次構成と教職課程コアカリキュラムの対応表を弊社ウェブサイトに掲載しています。詳細は，以下の URL から各巻のページに入りご覧ください。

〈https://www.minervashobo.co.jp/search/s13003.html〉

第Ⅰ部　教育の方法論

第1章

資質・能力を基盤とした学力論と教育の方法・技術

学びのポイント

- 資質・能力を基盤とした学力論と，それに基づく教育について知る。
- 従来型の教育のどこに不十分さがあり，なぜ資質・能力を基盤とした教育が求められるのかを，学習や知識に関する研究動向との関係で理解する。
- 主体的・対話的で深い学びとは何か。また，それを実現するポイントについて理解する。
- 教育学や心理学は「学び」という営みをどのようにとらえてきたかを知り，教育の方法・技術は今後どうあるべきかについて考える。

WORK　学力とは何かを考えよう

文部科学省は，子どもたちの学力の実態を把握すべく，2007年度から小学校６年生と中学校３年生を対象に，全国学力・学習状況調査を実施しています。調査開始から2018年度まで，主に知識の「習得」を問うＡ問題と，知識の「活用」を問うＢ問題の二種類のテスト問題からなっていました。図は，2007年度に小学校算数科で出題された問題です。

次の図形の面積を求める式と答えを書きましょう。

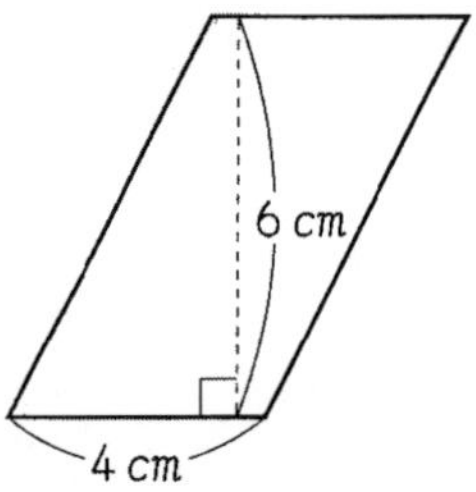

ひろしさんの家の近くに東公園があります。
東公園の面積と中央公園の面積では，どちらのほうが広いですか。答えを書きましょう。また，そのわけを，言葉や式などを使って書きましょう。

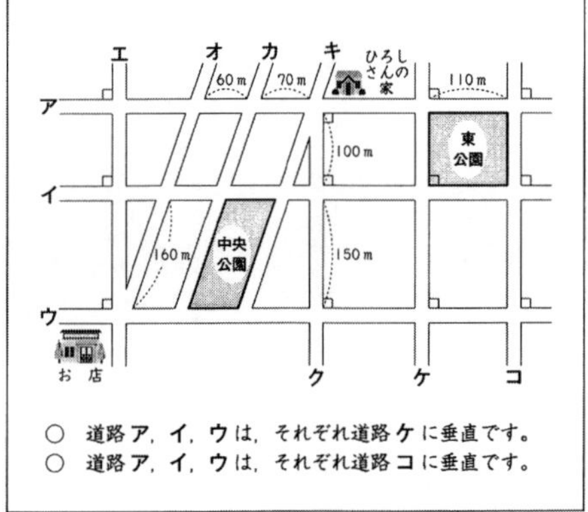

小学校６年生算数のＡ問題（左）とＢ問題（右）

出所：2007年度全国学力・学習状況調査より。

⑴　それぞれの問題について，全国の平均正答率は何パーセントだったか，予想してみましょう。予想がついたら，近くの人とそれぞれの予想を紹介しあうとともに，なぜそう考えたのか，理由についても意見を交流しましょう。

⑵　本章の６頁に，実際の平均正答率が書かれています。それを知って感じたこと，考えたことを，近くの人と話し合いましょう。

⑶　Ａ問題とＢ問題の中身，またそれぞれの平均正答率から，学力とは何かについて自由に話し合ってみましょう。

導　入

教育の方法・技術とは，授業をはじめとする教育活動において，子どもたちの学びを「どのように支えるか」を構想し実践することです。しかし，「どのように支えるか」は「何を学ぶか」という教育内容やその集成としての教育課程の在り方，さらには，子どもたちに「何ができるようになることを目指すか」という教育目標なり学力論によって，その姿が大きく変わってきます。

そこで本章では，まず，教育の方法・技術が目指すべき学力論について考えます。2017年３月31日より順次告示された学習指導要領等[*1]では，この学力論が大きく変化しました。そのキーワードは「資質・能力」です。

資質・能力とは，「有能さ」を意味するコンピテンス（competence）ないしはコンピテンシー（competency）の訳語です。では，資質・能力を基盤とした学力論，そしてそれに基づく教育とはどのようなものなのでしょうか。

1　資質・能力を基盤とした学力論

1　学習の転移は簡単には生じない

学力というと「何を知っているか」，典型的には授業で教わった知識や技能をどれだけたくさん，また教わった通りの正確さで所有していて，それをテストのときにいかに素早く再生できるかといったイメージを思い浮かべる人が多いのではないでしょうか。実際，わが国に限らず，長年にわたり学校教育は領域固有な知識や技能の習得を最優先の課題として進められてきました。

しかし，知識の習得それ自体はゴールではありません。それらを自在に活用して質の高い問題解決を成し遂げ，個人としてよりよい人生を送るとともに，よりよい社会の創造に参画できるところまでを視野に入れる必要があります。

実は，少しでも多くの知識を教え込むことに腐心してきたように見える従来

＊１　小・中・高等学校および特別支援学校の学習指導要領と幼稚園教育要領を合わせて総称する場合，学習指導要領等という呼称を用いる。

型の教育も，このことを視野に入れてはいました。従来型の教育は，この目標を学問・科学・芸術などの文化遺産から知識・技能を選りすぐり教授することで達成できると考え，現に実行してきたのです。

なぜなら，それらは人類が成し遂げてきた最も偉大にして洗練された革新的問題解決の成果であり，子どもたちは習得した知識を適宜上手に活用することで，同様の優れた問題解決を成し遂げながら人生を生きていくだろうと期待したからです。さらには，たとえば数学的知識の習得は，その過程において子どもに厳密な形式論理操作を要求しますから，そこでは思考力や判断力も培われ，それらは数量や図形はもとより，社会的事象の構造的把握や批判的吟味にもたしかな礎を提供するに違いないと考えられてきました。

このことは，従来型の教育が学習の転移（transfer）を暗黙の前提としていたことを意味します。学習の転移とは，ある文脈で学習したことが，新しい別の文脈における学習や問題解決に活かされることです。たとえば，中・高での英語学習は大学でのフランス語やドイツ語の学習を促進し，一定量の学習を節約する効果をもたらすでしょう。教育関係者も含め，人々は学習の転移が比較的容易に，また広範囲にわたって生じると信じてきました。

しかし，心理学は1970年代までに学習の転移はそう簡単には起きないし，その範囲も限定的であることを実証してしまいます[*2]。少なくとも，何かしらの知識や技能を習得してさえいれば，それが有用な場面に出合うと自動的に発動され，学習なり問題解決を促進してくれるといったことは，およそ期待できません。このことは常識や直感に反するかもしれませんが，事実なのです。

たとえば，本章冒頭のワークに示した2007年度の全国学力・学習状況調査のＡ問題とＢ問題は，いずれも図形の面積に関する知識を適切に用いれば正答できます。ところが，授業で教わった通りの尋ねられ方をするＡ問題の正答率が96％だったのに対し，図形を地図中に埋め込んだＢ問題の正答率は18％と，両者の間には大きな乖離が認められました。

＊2　奈須正裕「学習理論から見たコンピテンシー・ベイスの学力論」奈須正裕・久野弘幸・齊藤一弥（編著）『知識基盤社会を生き抜く子どもを育てる――コンピテンシー・ベイスの授業づくり』ぎょうせい，2014年，54～86頁。

Ａ問題的な質でなされた学習がＢ問題の水準にすら転移しないのですから，特定の教科等における思考や創造の経験が一般的な思考力や創造力をもたらし，それがほぼ自動的に他の領域にも自在に活用可能になるという従来型の教育が頼りにしてきた原理は，抜本的な見直しを迫られることになりました。

2　非認知能力の重要性

一方，マクレランド（D. C. McClelland）は，領域固有知識の所有や基本的理解を問う伝統的な学力テスト，学校の成績や資格証明書の類いが，およそ職務上の業績や人生における成功を予測しないことを示します[*3]。

たとえば，アメリカ国務省は海外で文化事業を企画・運営する外務情報職員の人事選考を，経済学や行政学といった専門教養，語学，一般教養などのテスト成績によって行っていました。ところが，それらのスコアと任地での仕事ぶりや業績との間には，ほとんど相関が認められませんでした。要素的知識の単なる所有は，およそ質の高い問題解決の十分条件ではなかったのです。

では，何が職務上の業績を予測するのでしょうか。この探究に際しマクレランドは，卓越した仕事ぶりを示す職員と凡庸な業績しか挙げられない職員を国務省に選んでもらうとともに，職員に詳細な面接を行います。その結果，以下の３つが卓越した職員を凡庸な職員から区別する要因として見いだされました。

(1) 異文化対応の対人関係感受性：異文化に属する人たちが語り，意味することの真意を聴き取る能力，彼らがどう対応するかを予測する能力。
(2) 他の人たちに前向きの期待を抱く：敵対する人も含め，すべての他者の基本的な尊厳と価値を認める強い信念。さらに，ストレス下でもこの前向きの信念を保ち続ける能力。

＊3　McClelland, D. C. (1973). Testing for competence rather than “Intelligence”. *American Psychologist*, **28**, pp. 1-14. McClelland, D. C. (1993). Introduction. In Spencer, L. M., & Spencer, S. M. *Competence at work: Models for a superior performance*. John Wiley & Sons.

(3)　政治的ネットワークをすばやく学ぶ：そのコミュニティにおいて誰が誰に影響を及ぼしており，各人の政治的，権力的立場がどのようなものかをすばやく察知する能力。

マクレランドによると，人生における成功には，もちろん知識も必要ですが，その比重は従来の常識から見ればかなり小さいといいます。外務情報職員の研究で明らかになった通り，より大きな影響力を示したのは，意欲や感情の自己調整能力，肯定的な自己概念や自己信頼などの情意的な資質・能力であり，対人関係調整能力やコミュニケーション能力などの社会スキルでした。

これら，非認知能力の重要性は，大好きなおやつを一時的に先送りできるかという4歳時点での自制心の高さが，その子の将来をかなり正確に予測するというミシェル（W. Mischel）の研究などにより，広く知られています[*4]。おやつを待てた子は待てなかった子に比べ，青少年期に問題行動が少なく，理性的に振る舞い，大学進学適性試験（SAT）のスコアが2,400点満点中，平均で210点も高かったのです。また，成人後の肥満指数が低く，危険な薬物に手を出さず，対人関係に優れており，自尊心が高いとの報告もあります。

しかも，近年の研究によると，感情の自己調整能力や社会スキルは生得的に運命づけられた不変な人格特性ではなく，組織的・計画的な教育によって十分に育成・改善が可能であり，むしろ幼児教育段階から適切に育てることが有効であり，望まれてもいることがわかってきました。

3　世界のトレンドとしての資質・能力育成

ならば，生涯にわたる洗練された問題解決の実行に必要十分なトータルとしての「有能さ」の実現を最優先の課題として，学校教育を抜本的にデザインし直してはどうか。これが，資質・能力を基盤とした教育の基本的考え方です。

それは，教育に関する主要な問いを「何を知っているか」から「何ができる

＊4　ウォルター・ミシェル，柴田裕之（訳）『マシュマロ・テスト――成功する子・しない子』早川書房，2015年。

表1-1　諸外国の教育改革における資質・能力目標

<table>
<tr><th colspan="2">DeSeCo</th><th>EU</th><th>イギリス</th><th>オーストラリア</th><th>ニュージーランド</th><th>（アメリカほか）</th><th></th></tr>
<tr><th colspan="2">キーコンピテンシー</th><th>キーコンピテンシー</th><th>キースキルと思考スキル</th><th>汎用的能力</th><th>キーコンピテンシー</th><th>21世紀スキル</th><th></th></tr>
<tr><td rowspan="3">相互作用的道具活用力</td><td>言語，記号の活用</td><td>第1言語
外国語</td><td>コミュニケーション</td><td>リテラシー</td><td rowspan="3">言語・記号・テキストを使用する能力</td><td rowspan="2"></td><td rowspan="3">基礎的なリテラシー</td></tr>
<tr><td>知識や情報の活用</td><td>数学と科学技術のコンピテンス</td><td>数字の応用</td><td>ニューメラシー</td></tr>
<tr><td>技術の活用</td><td>デジタル・コンピテンス</td><td>情報テクノロジー</td><td>ICT 技術</td><td>情報リテラシー
ICT リテラシー</td></tr>
<tr><td colspan="2" rowspan="5">反省性（考える力）

（協働する力）
（問題解決力）</td><td rowspan="5">学び方の学習</td><td rowspan="5">思考スキル

（問題解決）
（協働する）</td><td rowspan="5">批判的・
創造的思考力</td><td rowspan="5">思考力</td><td>創造とイノベーション</td><td rowspan="5">認知スキル</td></tr>
<tr><td>批判的思考と問題解決</td></tr>
<tr><td>学び方の学習</td></tr>
<tr><td>コミュニケーション</td></tr>
<tr><td>協働</td></tr>
<tr><td rowspan="3">自律的活動力</td><td>大きな展望</td><td rowspan="2">進取の精神と起業精神</td><td rowspan="6">問題解決

協働する</td><td rowspan="2">倫理的行動</td><td rowspan="2">自己管理力</td><td rowspan="2">キャリアと生活</td><td rowspan="6">社会スキル</td></tr>
<tr><td>人生設計と個人的プロジェクト</td></tr>
<tr><td>権利･利害･限界や要求の表明</td><td rowspan="4">社会的・市民的コンピテンシー
文化的気づきと表現</td><td rowspan="4">個人的・
社会的能力

異文化間理解</td><td rowspan="4">他者との関わり

参加と貢献</td><td rowspan="2">個人的・社会的責任</td></tr>
<tr><td rowspan="3">異質な集団での交流力</td><td>人間関係力</td></tr>
<tr><td>協働する力</td><td rowspan="2">シティズンシップ</td></tr>
<tr><td>問題解決力</td></tr>
</table>

出所：国立教育政策研究所「教育課程の編成に関する基礎的研究　報告書6」2013年。

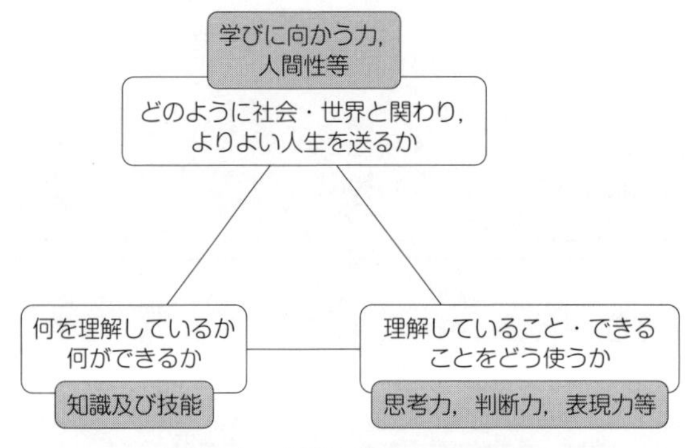

図1－1　資質・能力の三つの柱

出所：中央教育審議会「幼稚園，小学校，中学校，高等学校及び特別支援学校の学習指導要領等の改善及び必要な方策等について（答申）」2016年12月21日，補足資料を一部改変。

か」，より詳細には「どのような問題解決を現に成し遂げるか」へと拡張ないしは転換させます。そして，学校教育の守備範囲を知識・技能の習得に留めることなく，それらをはじめて出合う問題場面で効果的に活用する思考力・判断力・表現力などの汎用的認知スキルにまで高め，さらに非認知能力へと拡充すること，すなわち学力論の大幅な刷新を求めるでしょう。知識・技能についても，暗記的な状態から概念的な意味理解へ，要素的知識から相互に関連づき，全体として統合された知識へと，その質を高めようという動きが顕著です。

まず，1997年から2003年にかけてOECD（経済協力開発機構）のDeSeCoプロジェクトがキーコンピテンシーを提起し，PISAをはじめとする国際学力調査に導入しました。一方，EUはキーコンピテンシーを独自に定義し，域内における教育政策の共通的基本枠組みとします。北米では21世紀型スキルという名称の下，主に評価を巡って検討が行われ，その成果はPISAにも反映されました。このような動向はその他の国々にも波及し，現在，多くの国や地域で資質・能力に基づくカリキュラム開発や教育制度の整備が進行中です（表1－1）。

2017年3月31日より順次告示された学習指導要領等も，この流れに位置づきます。そこでは，学校が実現を目指すべき学力論が，生きて働く「知識及び技能」，未知の状況にも対応できる「思考力，判断力，表現力等」，学びを人生や社会に生かそうとする「学びに向かう力，人間性等」からなる「資質・能力の三つの柱」として整理されました（図1-1）。それは，見てきたような学習と知識に関する近年の学術的な研究動向と，当然のことながら対応しています。

2 主体的・対話的で深い学び

1 資質・能力を育むために必要な学びの在り方

学力論が資質・能力を基盤としたものへと拡張されるのに伴い，教育の方法・技術にも変化が求められます。その基本的な考え方を表したのが，「主体的・対話的で深い学び」の実現です。2016年12月21日の中央教育審議会答申（以下，答申）では，次のように説明されています。[＊5]

> 「主体的・対話的で深い学び」の実現とは，特定の指導方法のことでも，学校教育における教員の意図性を否定することでもない。人間の生涯にわたって続く「学び」という営みの本質を捉えながら，教員が教えることにしっかりと関わり，子供たちに求められる資質・能力を育むために必要な学びの在り方を絶え間なく考え，授業の工夫・改善を重ねていくことである。

この記述から，3つの重要なポイントが浮かび上がってきます。

その第一は，主体的・対話的で深い学びとは，「子供たちに求められる資質・能力を育むために必要な学びの在り方」であるということです。

残念ながら現状では，主体的な学び，対話的な学び，深い学びを3つの独立した要素と解釈し，しかもそれぞれに対応した場面や活動を指導案上に形式的に設定することでよしとするなどの動きが散見されます。個々人に選択を委ねることで主体的な学び，対話的な活動の場面を5分間設けることで対話的な学び，振り返りの場面の設定をもって深い学びと称するといった具合です。

もちろん，個々の工夫それ自体は必ずしも無効ではないでしょう。しかし，それらがどのような資質・能力の育成をどのような筋道でもたらすと見込んで

＊5　中央教育審議会「幼稚園，小学校，中学校，高等学校及び特別支援学校の学習指導要領等の改善及び必要な方策等について（答申）」2016年12月21日，49頁。

いるのか，まずはそのことをしっかりと考える必要があります。

また，主体的・対話的で深い学びとは，教師の教授行為ではなく，子どもの側に生じる望ましい学びの質を表しています。教師が対話的な活動を指示すれば子どもたちは対話を行いはするでしょうが，そこでどのような質の対話的な学びが生じるかは，また別の問題でしょう。

さらには，質の高い学びが実現されているとき，それは主体的でもあり，対話的でもあり，深くもなっている場合が多いはずです。したがって，それらを解体し個々バラバラのものとして扱うのは，必ずしも得策ではありません。

2　創意工夫に基づく指導方法の不断の見直しと「授業研究」

第二に，主体的・対話的で深い学びの実現とは「必要な学びの在り方を絶え間なく考え，授業の工夫・改善を重ねていくこと」であり，「特定の指導方法」を唯一絶対のものとして固定的に指し示したりはしないということです。

主体的・対話的で深い学びが提起されて以降，特定の方式や型や道具立てを喧伝するのに，この言葉を都合よく用いる動きが横行しました。しかし，主体的・対話的で深い学びの実現では，それを学校と教師の「創意工夫に基づく指導方法の不断の見直し[*6]」ととらえることが重要なのです。

注目すべきは，それがわが国の実践的伝統であり，「国際的にも高い評価を受けて」いる「授業研究」によって効果的に成し遂げられるとの見解が示されている点でしょう[*7]。教育の方法・技術の刷新とは行政や学者からのトップダウンではなく，「教員がお互いの授業を検討しながら学び合い，改善していく『授業研究[*8]』」のような場を基盤とし，教師一人ひとりを主体とした絶えざる日常的営みとして進められていくべきなのです。

そこでは，目の前の子どもの姿を共通の拠り所とし，個々の教師の納得をもって特定の方法や技術が採用されていくことが重要です。また，そのような

＊6　前掲＊5。
＊7　同上。
＊8　同上。

日常を通してこそ，授業づくり，そして教育の方法・技術の開発を，自律的で創造的に展開できる教師並びに教師集団の力量を培うことができるのです。

3　質の高い「学び」がもたらす知識構造の洗練

ポイントの第三は，「人間の生涯にわたって続く『学び』という営みの本質」をとらえることが大切であるとの指摘です。

教育の方法・技術とは，子どもの「学び」を「どのように支えるか」を構想し実践することです。したがって，そもそも「学び」とはどのような営みか，また，子どもたちが質の高い学びを経験し，洗練された問題解決を可能とするような「有能さ」の高まりがもたらされたとき，そこにはどのような変化が生じているのか，といったことをしっかりと把握する必要があるのです。

後者の問いの参考となるものに，熟達化研究があります。たとえば，図1－2と図1－3は，物理学の初心者（学部学生）と熟達者（物理の博士号取得者）が，高校の物理の問題にもよく登場する斜面という概念について，それぞれどのような知識構造（スキーマ：schema）をもっているかを調査した結果です[＊9]。

両者は，知識を構成する要素の数では大きな違いはないものの，構造化の仕方に決定的な違いが認められました。初心者はまず，斜面の角度，長さ，高さといった表面的特徴を連想し，最後にようやくエネルギーの保存に言及します。一方，熟達者はいきなりニュートンの力の法則やエネルギーの保存など斜面問題に関わる物理法則を想起し，次に法則の適用条件について，最後に斜面の表面的特徴のことを考えはじめていました。

熟達者は物理学の学問構造に近似した体系的なスキーマを所有しており，それが彼・彼女をして，世界を単なる物質の集まりではなく，物理法則に支配されているシステムと見るよう促していたのです。そして，日常生活で出合う事物や現象ですら，必要ならば，その表面的特徴に惑わされることなく，深層に潜む法則や原理の角度から眺め，処理できるようになっていました。

＊9　Chi, M. T. H., Glaser, R., and Rees, E. (1982). Expertise in problem solving. In R. Sternberg, ed., *Advances in the Psychology of Human Intelligence*, volume 1. Erlbaum. pp. 7–75.

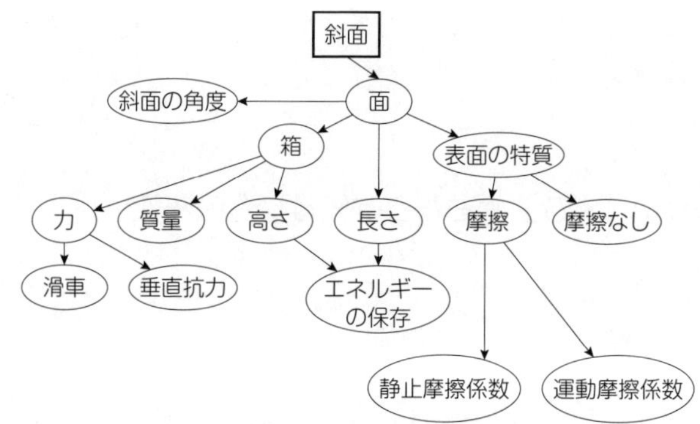

図1－2　斜面に関する初心者のスキーマ

出所：Chi, Glaser, and Rees, 1982.

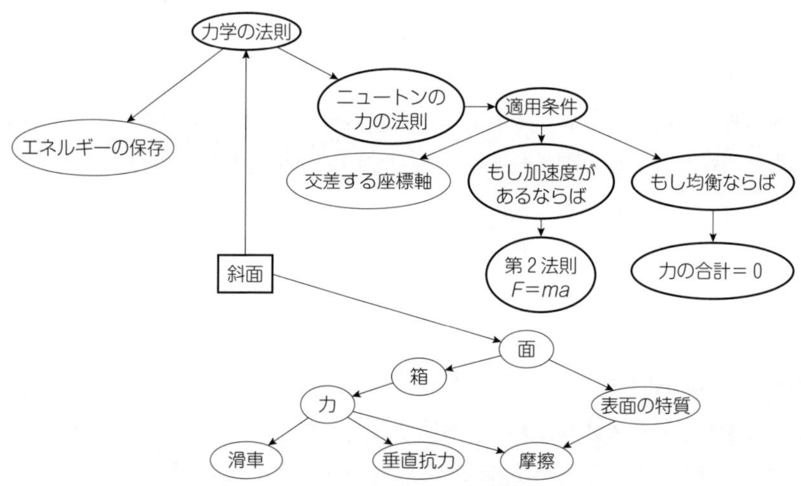

図1－3　斜面に関する熟達者のスキーマ

出所：図1－2と同じ。

各教科等を学ぶとは，知識の量が増えるだけでなく，知識の構造化のありようが，その教科等がもつ独自な価値ある構造に近似していくよう組み変わり，洗練されていくことなのです。それにより，子どもは世界をこれまでとはまったく違ったふうに眺め，関わったり取り扱ったりできるようになります。

これこそが，その教科等の特質に応じた「見方・考え方」，つまり教科等の本質が子どものうちに実現された状態であり，本来の意味での系統指導が成功裏に達成された結果です。そして，このような状態が成し遂げられたとき，子どもたちは以前よりも洗練された問題解決を実行できるようになるのです。

悩ましいのは，結果的に導かれたにすぎない各教科等の知識構造に含まれる要素を，より単純で低次なものから複雑で高度なものへと順序よく教えたところで，熟達者のスキーマのような状態が実現されはしないことでしょう。従来，系統指導と呼ばれてきたものの多くは，しばしばこの過ちを犯してきました。系統指導とは形式的に整序された知識の注入ではなく，知識の構造がその教科等ならではのものへと修正・洗練・統合されていくのを支える営みであり，図１－２から図１－３へのような変化を子どものうちに生じさせることなのです。

では，そのような変化を着実に生み出すには，具体的にどうすればよいのでしょうか。それを知るには，さらにさかのぼって，そもそも「学び」とはどのような営みかを検討する必要があります。実は，資質・能力の原語であるコンピテンス概念のルーツでは，そのことがしっかりと問われていました。

4　コンピテンスという思想

コンピテンス概念にはいくつかのルーツがありますが，まずはホワイト（R. W. White）の研究を挙げるべきでしょう[＊10]。

ホワイトは乳幼児の観察などから，人間は生まれながらにして自身を取り巻

＊10　White, R. W.（1959）Motivation reconsidered: The concept of competence. *Psychological Review*, **66**, pp. 297-333（ロバート・W. ホワイト，佐柳信男（訳）『モチベーション再考――コンピテンス概念の提唱』新曜社，2015年）. White, R. W.（1963）*Ego and Reality in Psychoanalytic Theory –A Proposal Regarding Independent Ego Energies.* International University Press, New York.

く環境に能動的に関わろうとする傾向性を有しており，また，この傾向性がもたらす環境との相互作用を通して，次第にそれぞれの対象に適合した効果的な関わり方＝「有能さ」を拡充させ，洗練させていくと論じました。そして，これと心理学的に同型な現象が，乳幼児期に限らず精神的に健康な人間の一生涯にわたって多種多様に見られるとし，コンピテンスと名づけたのです。

たとえば，飴玉を見つけた赤ちゃんはそれを口に入れます。飴玉だと知っているからではありません。赤ちゃんは口に入れるのと手でつかむくらいしか，対象に対する関わり方，発達心理学でいうシェマ（schema）を持ち合わせていないのです。しかし，口に入れるというシェマは，こと飴玉に対しては食べ物であるという本質的理解をもたらす適切な関わり方であり，赤ちゃんは甘さを享受しながら飴玉の同化（assimilation）に成功します。

別の日，赤ちゃんはビー玉を見つけます。飴玉と同様に丸く光るものですから迷わず口に入れますが，今度は同化できずに吐き出しました。ビー玉を同化するには，ビー玉という対象からの要求に突き動かされる形で，つかんだ手のなめらかな動作によりそれを転がせるようになる必要があります。これをシェマの調節（accommodation）といいます。

ホワイトにおいてコンピテンスとは，まずもって生得的な動機づけ的エネルギー要因であり，さらにそこから生まれる環境と効果的に関われるという関係的で認知的な能力です。興味深いのは，そこでは「知る」とは単に対象の名前や特徴を知っていることではなく，対象の特質に応じた効果的な「関わり」が現に「できる」こと，さらに個別具体的な対象について「知る」（＝関われる）ことを通して，汎用性のある「関わり方」が感得され，洗練されていくことが含意されている点でしょう。

すなわち，「知る」ことを駆動するエネルギー要因から「知る」営みのメカニズム，さらにそれを通して質的にも量的にも拡充・洗練していく環境との「関わり方」までをも包摂した，人間本来の有機的で全体的な「学び」を表現する概念として，コンピテンスは提起されました。それはまさに，「どのような問題解決を現に成し遂げるか」をトータルに問う概念として誕生したのです。

5 「学び」の本質をとらえ，教えることにしっかりと関わる

赤ちゃんが環境内の人・もの・ことに働きかけ，それらを同化（＝理解）するのに用いていたシェマはフランス語読みであり，その英語読みがスキーマです。つまり，図１－２・１－３に示された知識の構造化のありようもまた，それを用いてさまざまな事物・現象に働きかけ，理解や思考を生み出すという点において，赤ちゃんのシェマとの間に多くの共通点を認めることができます。

したがって，図１－２から図１－３への移行を無理なく着実に進めようとする，つまり高度な系統指導を意図するからこそ，その子が現在所有している知識や経験を足場に，子ども主体で展開される対象との相互作用を通して，その子自身が自らの知識構造を教科等の本質に沿ったものへと修正・洗練・統合していけるよう「学び」を支えることが，教育の方法・技術には求められるのです。

コンピテンス概念を通してホワイトが提起したのは，「人間の生涯にわたって続く『学び』という営みの本質」のとらえ直しでした。すべての子どもは生まれながらにして自ら進んで環境に関わり，環境との相互作用を通して「学び」を実現する能力を有しています。しかも，その「学び」は個別具体的な対象を「知る」（＝関われる）ことと，汎用性のある「関わり方」が感得され，洗練されていくことが一体となったような質の「学び」です。

子どもたちは乳幼児期からそのような質の「学び」を旺盛に展開しており，就学時にはすでにインフォーマルな知識とか素朴概念と呼ばれる膨大な知識を所有しています。たとえば，算数で図形の勉強をする以前に，遊びを通して子どもは三角形の積み木を２つ合わせれば四角形になることや，円柱形の積み木の丸いほうではうまくいかないが，平らなほうでならいくつも積み上げられることを知っていたりします。ところが，従来の学校ではそういった事実を無視して「手はお膝，お口チャック」といった学習規律を訓練し，そのきわめて受動的な状況下で「この形をさんかく，こちらの形をしかくといいます」などと教えたりするので，子どもたちはかえってうまく学べませんでした。

つまり，私たちが通俗的に抱いている「学び」概念は少なからず間違っているのです。その最たるものは，子どもの心は「白紙」であり，大人が価値ある

経験を書き込むことによってはじめて意味のある学びが生じる，といったものでしょう。無味乾燥な暗記や機械的なドリルにすぐ頼ろうとするのも，こういった「学び」概念と通底しています。

子どもの事実とは異なる「学び」概念に基づいて組み立てられた教育の方法・技術では，奏功するはずがありません。ところが，奏功しない理由を私たちはしばしば子どもの側に求め，「落ち着いて勉強に取り組む姿勢ができていない」「話を聞く力が弱い」「理解力に問題がある」などと言っては，いよいよ規律訓練やドリル，宿題の乱発に終始してきました。

主体的・対話的で深い学びとは，ごく普通に子どもがその誕生のときから進んで旺盛に展開してきた「学び」の延長線上でこそ実現可能であり，また実現すべきものなのです。すでに子どもたちが展開している「学び」をそのまま就学後も連続させ，さらに各教科等の特質に応じた「見方・考え方」に繰り返し触れさせることで，知識の構造を徐々に各教科等の特質に応じたものへと修正・洗練・統合していけるよう支援するのが教師の仕事であり学校の任務です。

前述の答申における「学校教育における教員の意図性を否定することでもない」「教員が教えることにしっかりと関わり」といった言葉の意味についても，このような「学び」概念に立脚して考える必要があります。つまり，「教員が教えることにしっかりと関わ」るためにこそ，まずもって子どもの知識状態を正確かつ広範に把握することが大切です。そして，子どもたちがもっている，いい線はいっているが不正確であったり断片的である知識を，各教科等の特質に応じた「見方・考え方」に沿って洗練させたり統合していけるよう促したり導いたりする際に発揮されるのが，教師の意図性であり指導性なのです。

ホワイトの主張は，デューイ[*11]（J. Dewey）をはじめ多くの識者が繰り返し述べてきたこと，つまり，すべての子どもは有能な学び手であり，適切な環境さえ提供されれば，自ら進んで環境に関わり，環境との相互作用を通して学びを深めていくという洞察とも，当然のことながら一致します。

したがって，資質・能力の育成を目指した教育の方法・技術は，その子に

＊11　米国の哲学者，心理学者，教育学者。問題解決学習の理論の確立，シカゴ大学での実験学校の創設などを通じて，世界の教育に大きな影響を与えた。

とって適切な学習環境をいかに提供するかという問いとして集約的に理解できるでしょう。より具体的には，それが文字通りの環境の提供，すなわち幼児教育などでいう学習環境整備であることもありますし，通常の授業形態の中で教師が提供する教材や発問や板書である場合もあります。さらには，仲間との対話や協働，教師を含むさまざまな大人との関わりも，子どもの「学び」を促進する環境として機能するでしょう。いずれの場合にも，大切なのは子どもがそれらと出合うことにより，自らの意思と力で知識をよりよいものへと修正・洗練・統合し続けていけるような質を兼ね備えていることなのです。

まとめ

近年の研究動向は，これまで信じられてきたほどには学習の転移が生じないこと，人生の成功には非認知能力が重要なことを明らかにし，「何を知っているか」を学力と見る従来型の教育から，「どのような問題解決を現に成し遂げるか」を基本的な問いとする資質・能力を基盤とした教育への転換を求めています。

学力論の変化は，教育の方法・技術にも変化を求めます。そこでは，「どのように支えるか」に先立ち，支えようとする「学び」の本質を問うことが重要になってきます。子どもは適切な環境さえ提供されれば，自ら進んで環境に関わり，環境との相互作用を通して学びを深めていきます。このような「学び」概念に立脚して，教育の方法・技術を構想し実践することが望まれるのです。

さらに学びたい人のために

○白井俊『OECD Education2030 プロジェクトが描く教育の未来——エージェンシー，資質・能力とカリキュラム』ミネルヴァ書房，2020年。

豊富な資料に基づき，OECD を中心とした近年の教育に関する国際的な動向が的確に整理されています。

○奈須正裕『「資質・能力」と学びのメカニズム』東洋館出版社，2017年。

教育学や心理学の研究動向を踏まえ，2017年版の学習指導要領等の成立過程について，中央教育審議会答申に即して解説しています。

第2章

学習理論から見た主体的・対話的で深い学びの実現

学びのポイント

- 子どもが教室に持ち込む既有知識の特質と，それを活かした授業づくりとしての有意味学習について理解する。
- 状況的学習やオーセンティックな学習について知り，そこから見えてくる従来の学習指導法における問題点について考える。
- 学習経験の意味を自覚化することの大切さと難しさについて考え，それを促す方法としての明示的な指導について理解する。
- 資質・能力が兼ね備えるべき汎用性とは何かについて，教育の方法・技術との関係で理解する。

WORK　おつりの計算

小学校２年生の教室で，子どもたちが算数の問題に取り組んでいます。

> たろうくんが，1000円をもって，おつかいに行きました。まず，パン屋さんで１こ250円のパンを１こ買い，次に，くだもの屋さんで１こ120円のリンゴを１こ買いました。さいごに，ぶんぼうぐ屋さんで１こ80円の消しゴムを１こ買いました。
> おつりはいくらでしょう。（式とこたえを書きましょう）

この問題に対し，４人の子どもが次のような考えを発表しました。

250＋120＋80＝450
1000−450＝550
こたえ　550円

1000−250−120−80＝550
こたえ　550円

1000−250＝750
750−120＝630
630−80＝550
こたえ　550円

1000−250＝750
150−120＝30
100−80＝20
500＋30＋20＝550
こたえ　550円

(1)　４人の子どもたちに，教師であるあなたはどのような声かけをしますか。近くの人とも意見を交流してみましょう。

(2)　あおばさんは，どのように考えてこの式を立てたのでしょうか。あおばさんの知識状態や思考の筋道，どのような経験がその背後にあるのかなどについて考えてみましょう。また，近くの人と意見を交流しましょう。

● 導　入 ● ● ● ● ● ● ●

本章では，第１章の議論を踏まえ，主体的・対話的で深い学びを実現する方策について，さらに具体的・実践的に考えます。学習に関する近年の科学的研究は，「人間の生涯にわたって続く『学び』という営み[*1]」を巡って，第１章で述べたことに加え，少なくとも次の３点を共通して指し示しています。

⑴　子どもは豊かな既有知識を携えて学びの場に臨んでいる。

⑵　学びはつねに具体的な文脈や状況の中で生じている。

⑶　学びの意味を自覚し，さらに整理・統合する必要がある。

本章では，それぞれの洞察について，またそれらが教育の方法・技術に対し，たとえばどのような姿を求めるのかについて，見ていくことにしましょう。

● ● ● ● ● ● ●

1　有意味学習

1　子どもの心は「白紙」ではない

第一の洞察は，子どもは豊かな既有知識を携えて学びの場に臨んでいる，というものです。子どもは乳幼児期から，自ら進んで環境に関わり，環境との相互作用の中でさまざまなことを学んでいます。そして，就学時にはインフォーマルな知識とか素朴概念と呼ばれる膨大な知識を所有しているのです。

たとえば，小学校３年生に「靴のサイズ」を尋ねると，20，21，そして20.5といった声が上がります。ここで「テン５って何」と尋ねると，「20と21の間」と答えますから，「20個と21個のリンゴの間に数なんかあるの」と聞くと，「リンゴにはないけど靴にはある」「リンゴも半分に切ればある」「それは分数なんじゃない」などと，実に面白いことを言い出します。中には「20.5は20センチ５ミリのこと」と答えられる子もいて，そこまでは知らなかった子たちも，「ああ，そういうことなんだ」と納得します。

＊１　中央教育審議会「幼稚園，小学校，中学校，高等学校及び特別支援学校の学習指導要領等の改善及び必要な方策等について（答申）」2016年12月21日，49頁。

「僕はおとといから20.5」という子がいて，聞くと「靴を買いに行ったら，それまで履いていた20がキツキツで。おじさんが『もう１つ大きいのを』と言って持ってきてくれたのが20.5で，それがちょうどよかったのね。おじさんは『試しに』と言って21も持ってきてくれたんだけど，21はブカブカで，だから僕はおとといから20.5の子になったんだよ」と言います。このキツキツ，ちょうどいい，ブカブカという誰しもが共感できる身体感覚が20，20.5，21という数字の並びと対応しており，ここから子どもたちは整数の間にさらに数が存在し，それがどうも小数というものらしいと気付くのです。

しかし，靴のサイズだけではこれ以上の発展は見込めません。そこで，次に体重を尋ねます。すると，当然30.2とか29.7といった声が上がりますから，「あれ，テン５じゃないのもあるの」と聞くと，子どもたちは自分たちの体重の数値を根拠に「テン１からテン９まである」と言うでしょう。

ところが，一人の子どもが不安げな表情で「私は30.0なんだけど」と訴えました。途端に，テン０はテン１からテン９と同じなのかが，クラス全員の関心事，解決すべき問題となります。仲間とはありがたいもので，何とかテン０もテン１やテン９と同じだという論理を生み出そうと懸命に考えてくれます。

ちょうど陸上の世界大会が開催されていて，100メートル走で日本人初の９秒台が出るかどうかに注目が集まっていたときの授業だったこともあるのでしょう。ついには，「100メートル走でも，コンマ何々秒の差で金メダルと銀メダルの違いになってくるでしょ。そのとき，記録が10秒00だったとしても，もっと細かなところまで計ろうとしたというのが大切で，結果的に10秒00になったからといって，10秒と同じじゃない。だって，10秒というのは，９秒の次は10秒，その次は11秒って計り方をしたということだから。体重でもそうで，30.0キロと30キロは重さとしては変わらないんだけど，それは結果としてそうなっただけで，やっぱり30.0と30では意味が違う。だから，テン０はテン１やテン９と同じだと言えると思う」といった，小数概念の本質的理解へと連なる意見が飛び出しました。子どもたちは拍手喝采，不安そうに訴えた子にも満面の笑みがこぼれます。

このように，すでにある程度知っていることとの関連が見えれば，子どもは

「あっ，そのことね」「知ってる，知ってる」となり，緊張や不安を抱くことなくリラックスして，だからこそ主体的に学びに向かうことができます。

また，「私はこう思うよ」「こんなこともあったんだ」「だったらさあ」と，各自のエピソードや考え，疑問や予想を出し合い，そのすべてが辻褄の合う状態を求めて，対話的・協働的に学びを深めていくでしょう。

さらに，よく知っていると思い込んでいるからこそ，お互いの知識をすり合わせ，整理していく中で，「何か変だぞ」「わからなくなってきたけど，なんとかはっきりさせたい」「もしかすると，こういうことかな」「やっぱりそうだった」と，粘り強く学びを深め，ついには正確な概念的理解へと到達できるのです。

2　学習の４類型

オーズベル（D. P. Ausubel）は，２つの次元を用いて学習を表２-１のように整理しました。その第一の次元が，既有知識を活用して学ぶかどうかであり，既有知識と関連づけながら学ぶ学習を有意味学習，既有知識と一切関連づけることなく丸覚えする学習を機械的学習と呼びました。[＊2]

自分との関係において意味の発生しない機械的学習は，いかにも浅い学びでしょう。学習の浅い・深いとは，学習者における意味の発生の有無なり，そのまさに深さの度合いであり，鍵を握るのは既有知識との関連づけなのです。

第二の次元は受容学習か発見学習かです。受容学習とは，あらかじめ整理さ

表２-１　オーズベルが提唱した学習の分類

	発見学習	受容学習
有意味学習	有意味発見学習	有意味受容学習
機械的学習	機械的発見学習	機械的受容学習

出所：Ausubel, 1963をもとに作成。

＊2　Ausubel, D. P. (1963). *The Psychology of Meaningful Verbal Learning.* New York: Grune & Stratton.

れた知識を教師から順序立てて教わる学習，発見学習とは，対象との関わりの中から子ども自身が知識を発見・生成する学習です。

表２-１に示す通り，学習には４つの類型が存在します。発見学習のほうが受容学習より望ましいとのイメージには根強いものがありますが，それは多くの場合，機械的受容学習と有意味発見学習の対比に基づく誤解であることをこの表は示唆しています。受容学習と発見学習を比較しているつもりで，機械的学習と有意味学習を比較していたのです。大切なのは有意味学習とすることであり，その先で教科等や指導内容，教材の特質などを勘案しながら，受容学習と発見学習を適切に選択し，また上手に組み合わせて運用すればよいのです。

3　フォーマルな知識とインフォーマルな知識を関連づける

インフォーマルな知識は，上手に活かせば学習を促進するたしかな足場となりますが，その一方で学習や問題解決を妨害する場合もあります。

たとえば，「チューリップに種はできるか」と尋ねると，大人でも「できない」と答える人が少なくありません。チューリップも種子植物なので種はできますし，誰しも学校で種子植物の勉強はしたはずなのにです。

「種子植物の勉強は覚えています。でも，チューリップは球根を植えるでしょう。それなのに種ができるのかなあ」

これが多くの人の実感でしょう。問題は，学校で学んだ種子植物のフォーマルな知識が，「チューリップは球根を植える」というインフォーマルな知識と断絶し，相互に孤立した状態で保持されている点にあります。このような場合，人はフォーマルな知識を新たな場面での問題解決に活用できず，思考や判断はインフォーマルな知識に大きく左右されます。

ならば，２種類の知識を積極的に関連づけ，そこに涌き上がってくる問いを中心に学び深めてはどうでしょうか。「チューリップにも種ができるのなら，なぜ種ではなく球根を植えるのか」を学習問題として授業を組むのです。

この問いに答えるには，球根について知る必要があります。球根はクローン，親の身体の一部が地中に残ったもので，子である種とは異なります。「土に植える」という行為から両者を同列と見たのが，そもそもの間違いでした。

では，なぜクローンである球根を植えるのでしょう。庭造りでは，ここは赤，こちらは黄色と，同色の花をまとめて配置することがあります。色が異なる花の花粉が受粉する可能性のある有性生殖，その結果である種は，この目的には不都合です。クローンである球根なら，咲く花の色は正確に予測できます。

このように学べば，「チューリップに種ができる」ことも納得がいくでしょう。また，種ができるのは多様な遺伝形質をもつ個体を生み出す生物の仕組みであり環境適応上の有利さと関係があるとの理解にも，無理なく到達できます。

さらに，さまざまな疑問も涌き上がってきます。

「種以外の増やし方ということなら，挿し木や接ぎ木，種芋はどうか」

これらもすべてクローンであり，やはり親と同じ特性の植物を効率よく増やすためです。さらにここから，動物との対比へと発展することもできます。

このように，子どものうちでフォーマルな知識とインフォーマルな知識が意味的に緊密な結びつきをもてるように指導することが大切です。

2　オーセンティックな学習

1　状況的学習

第二の洞察は，学びはつねに具体的な文脈や状況の中で生じている，というものです。学習の転移が意外なほど生じないこと，そしてそれが従来型の教育が奏功しない主要な原因のひとつであることは，第1章で見た通りです。もっとも，研究の進展に伴い，この現象自体はとくに不思議なことではないと考えられるようになってきました。人間の学習や知性の発揮は本来的に領域固有なものであり，文脈や状況に強く依存していることがわかってきたのです。

この考え方を，状況的学習（situated learning）と呼びます[＊3]。そこでは，学習

＊3　Lave, J. & Wenger, E. (1991). *Situated Learning: Legitimate Peripheral Participation.* Cambridge: Cambridge University Press (J. レイヴ・E. ウェンガー，佐伯胖（訳），福島真人（解説）『状況に埋め込まれた学習――正統的周辺参加』産業図書，1993年).

は具体的な文脈や状況の中で生じており，学ぶとはその知識が現に生きて働いている本物の社会的実践に当事者として参画することだと考えます。

従来の授業では，その知識がどんな場面でも自在に使えるようにとの配慮から，むしろ一切の文脈や状況を捨象して純化し，一般的命題として教えてきました。しかし，なんらの文脈も状況も伴わない知識は，第１章で見た全国学力・学習状況調査のＡ問題のような状況を除けば，現実の意味ある問題解決はおろか，Ｂ問題にすら生きて働きません。

ならば逆に，具体的な文脈や状況を豊かに含みこんだ本物の社会的実践への参画として学びをデザインすれば，学ばれた知識も本物となり，現実の問題解決に生きて働くのではないか。これが，オーセンティックな（authentic：真正の）学習の基本的な考え方です。

2　本物の状況を教室に持ち込む

たとえば，実際にスーパーで売っているさまざまなトマトのパックを買ってきて，「どれが一番お買い得か」を問います。算数の指導内容としては「単位量当たりの大きさ」ですが，現実のトマトのパックは個数だけでなく，大きさや品質なども微妙に異なり，そのままでは比べられません。生身の状況は，そう安々と算数の都合に沿ってはくれないのです。

しかし，このような状況がかえってなんとか計算できないかとの切実感を子どもたちに生み出し，「グラム当たりなら比べられるんじゃないか」という着眼をもたらします。その背後には，すでにグラム当たり表示を近所のスーパーで見た経験や，それを取り上げた社会科学習が生きて働いています。

あるいは，１個当たりやグラム当たりでは割高なブランドトマトについても，栄養素に注目して「リコピン1.5倍なんだから，リコピン当たり量で比べれば，ブランドトマトのほうがお買い得かも」などと言い出す子どもが現れます。ついには，算数的には１個当たりで決着がつく同じ種類のトマトについても，「うちは２人家族だから，４個パックだと余っちゃう。だから，うちとしては２個パックのほうがお買い得」といった見方ができるようになるのです。

オーセンティックな学習にすると文脈が複雑・煩瑣になり，余計なものがあれこれ混濁します。しかし，意外なほど子どもは混乱しません。複雑で混濁しても，文脈が本物でありさえすれば，子どもは思考を巡らす足場となるインフォーマルな知識を豊かに所有しており，それらを駆使して学びを深めることができるのです。注目すべきは，既習事項の定着に不安のある子，その教科等が苦手な子もなんらかの角度で議論に参加できる可能性が高まることでしょう。

何より，複雑で混濁した状況で学ぶからこそ，複雑で混濁した現実場面での活用に耐えられます。私たちはわかりやすく混乱しないようにとの配慮から，文脈の単純化や断片化を進めてきたかもしれません。しかし，不自然なまでの過剰な単純化は，子どもの授業参加への道を狭め，かえって習得の可能性を引き下げ，さらに習得した知識さえ生きて働かない質に留めてきたのです。

3　活性化された知識の条件

オーセンティックな学習が効果的なのは，後に出合う問題場面と類似した状況で学ぶからです。これにより，新たな知識はそれが利用可能な条件や理由とセットで習得されます。さらに学びが多様な状況へと拡げられれば，知識はそれらと豊かに結びつき，広範囲に生きて働く知識へと成長していきます。

これは，知識の活性化に関する心理学的な研究とも整合しています。問題解決に有用なときには迅速かつ確実に呼び出される状態になっている知識のことを，活性化された知識といいます。活性化された知識と生きて働かない不活性な知識とでは，記憶内における貯蔵のされ方に違いがあるのです。

不活性な知識は，言語的な命題や事実として貯蔵されています。たとえば，「車両走行中にアクセルペダルから足を離したり，低いギアにチェンジすることによって生じる制動作用をエンジンブレーキという」といった具合です。伝統的なテストでは，この文の「アクセルペダル」や「制動作用」のところを空欄にして穴埋めさせたり，複数の選択肢から選んで答えさせたりしました。

これに対し，活性化された知識は，条件（IF）節と行為（THEN）節の対として貯蔵されており，行為節に記述された知識がどのような場合に活用可能かは，条件節の中に明示されています。たとえば，「もし，長い下り坂や雪道ならば」（条件節），「車両走行中にアクセルペダルから足を離したり，低いギアにチェンジすることによって生じる制動作用（＝エンジンブレーキ）を使って走行しなさい」（行為節）といった具合です。

自動車教習所ならば，エンジンブレーキを言葉として知っている，あるいは定義を説明できるだけで終わることはありえません。その知識をどのような場面で用いるか，なぜそうするのかについても併せてしっかりと指導し，さらにさまざまな状況で実地に経験を積ませるのが普通でしょう。およそ学校以外の学びの場では，学習とはそのようなものなのです。

ところが，従来の学校教育では行為節の指導にばかり意識を集中し，ともすれば条件節の指導を軽視してきました。その結果，子どもたちが所有する知識の多くは不活性な状態に留まっているのです。まさに，「何を知っているか」と「どのような問題解決を現に成し遂げるか」の乖離であり，条件節の欠如は知識が生きて働かない，およそ最大の原因でした。

4　「科学する」理科

オーセンティックな学習とは，本物の社会的実践に当事者として参画する多様な学びの総称です。したがって，「科学する」理科，「文学する」国語，「アートする」美術など，学びの文脈や状況を各教科等の背後にある本物の文化創造の営みに近づけていく授業もまた，オーセンティックな学習です。

たとえば，理科の振り子の実験で，おもりを１個から順々に増やしていく操作がありますが，とくに指示しないと，おもりの先におもりを次々と吊るしていく子どもが結構います。もちろん，ベテラン教師ならそのくらいは心得ていますし，教科書の教師用指導書に注記がなされていたりもして，通常は先回りして誤った操作をしないよう，子どもたちに徹底した指示が出されます。

しかし，それでは本物の実験状況といえないのではないか。そう考えたある教師が，あえて誤った操作を見過ごす覚悟で授業に臨みました。すると，なんと６グループ中５グループもが誤った操作で実験を開始したのです。

この誤った操作では，振り子の糸の長さが長くなったのと同じなので周期に影響を与えるのですが，面白いことに，誤った操作から得られたデータが，おもりが重くなれば周期は長くなるという子どもたちの予想と一致することから，実験は成功したと考えてしまったのです。

子どもたちは意気揚々と，おもりの重さと周期は関係があると結論づけました。そして，同じ高さの位置に複数のおもりを吊るすという正しい操作をし，おもりの重さに関係なく周期は一定であると報告したグループに対し，「君たち，何かミスをしたんじゃないの」と自信たっぷりに言い放ったのです。

授業は，さらに詳細に検討する中で，最終的には自分たちのほうが誤った操作をしていたこと，またそれでも予想と一致した結果を出したのが多数派だったことから，ついつい自分たちが正しいと信じ込んでしまったことが深く内省される，興味深い展開となりました。授業後，一人の子どもが，「実験は何が正しいかがスパッと出るから面白いけれど，だからこそ慎重にやらないと，とんでもない間違いをする」との感想を聞かせてくれましたが，同様の出来事は科学史上でも幾度となく繰り返されてきました。

振り子の法則性の理解が唯一の目的ならば，このような展開は無駄な遠回りに見えるでしょう。一方，振り子の学習をひとつの事例として科学的な「見方・考え方」も併せて狙うのであれば，むしろ効率的とさえ言えるのです。

3　明示的な指導

1　学習経験を関連づけ，俯瞰的に眺める

第三の洞察は，学びの意味を自覚化し，整理・統合する必要がある，というものです。状況的学習の考え方が示す通り，学びは領域固有で状況に依存しているので，多くの場合，子どもたちは今日の学びを今日の教材や問題場面との関係でのみ把握して終わります。しかし，それでは領域や場面を超えて知識を自在に活用し，創造的な問題解決を成し遂げることはできません。学びを今日の文脈から解き放ち，自由に動けるようにする必要があるのです。

たとえば，振り子の実験で「どんな工夫が必要かな」と問えば，さまざまに試してみる中で，子どもたちは「何度も計って平均値を取ればよさそうだ」と気付きます。この段階で教師は「誤差の処理」を理解したと思いがちですが，いまだ振り子という具体的な対象や状況との関わりでの気付きに留まっており，誤差の処理という抽象的な概念的理解にまでは到達していません。

そこで，授業の最後に「どうして今日の実験では何度も計っていたの」と尋ねると，子どもたちは「理科の実験では正確なデータを得るためにいつもそうしているから」などと答えます。ここで，「そうかなあ。この前の検流計のときには何度も計ったりはしていなかったよ」と切り返してやれば，子どもは「だって，検流計はピタリと針が止まるから。ああ，そうか，同じ実験でもいろいろな場合があるんだ」とようやく気付くのです。

この発見を契機に，これまでの実験や観察の経験を総ざらいで整理し，それぞれの工夫を比較しながら，その意味をていねいに確認する授業を実施します。そして，整理の中で見えてきた科学的探究を構成するいくつかの主要な概念について，子どもが自在に操れるよう「条件制御」「系統的な観察」「誤差の処理」などの言語ラベルを付与します。さらに，それらの主要な概念を用いて新たな実験や観察について思考を巡らせる機会を適宜設けるのです。このような段階的で明示的な（explicit あるいは informed）指導により，子どもたちは次第に科学の方法論やその背後にある論理を深く理解するようになっていきます。

いかに科学的な原理にのっとった実験や観察であっても，単に数多く経験しただけでは，科学的な「見方・考え方」や方法論を身につけ自在に繰り出せるようになるには，なお不十分です。さらに，表面的にはおおいに異なる複数の学習経験を関連づけ，俯瞰的に眺め，そこに共通性と独自性を見いだすことで，統合的な概念的理解へといざなう必要があるのです。

2　教科等の得意・不得意を分けるもの

興味深いことに，その教科等が得意な子どもは，この統合的概念化をいつの間にか自力で成就しています。同じ教室で実験に取り組んできたのに，その経験が単なる個別的な実験の記憶に留まっている子どもがいる一方で，そこから科学とは何かを高度な水準で感得し，さらにはそれらを理科とは異なる対象や領域，たとえば社会的事象の検討にまで上手に活用する子どもがいるのです。

その子たちは必ずしも優秀なわけではありません。たまたま，そういった思考に意識が向かいやすかったと考えたほうがいいでしょう。それが証拠に，別の教科等ではまったく概念化や統合が進んでいなかったりもするのです。

教科等の得意・不得意も，このこととおおいに関係があります。なぜなら，統合的概念化に成功した途端，バラバラとたくさんのことを勉強してきたと思っていたその教科等が，ある一貫した発想なり原理で世界を眺め，枠づけて理解しようとしていたのだということが晴れ晴れと見えてくるからです。そして，膨大な領域固有知識が，一握りの概念や方法論で手際よく構造的に整理できることに気付くでしょう。まさに，第1章で見た物理学の熟達者のスキーマのような状態へと，知識構造が組み変わっていくのです。

これはかつて，ブルーナー（J. S. Bruner）が構造（structure）という概念を用いて強調した考え方そのものです[*4]。彼は，その教科の根底にある基礎的・一般的概念を構造と呼び，それをこそ優先して教えるべきだと主張しました。ブルーナーは，その意義として次の4点を挙げています。

(1)　教科の基本的な構造を理解すれば，教科の内容を理解しやすくなる。

(2)　構造を理解し記憶しておけば，関連する細かい部分はそれをもとに再構成したり想起できるので，細かな事実的知識をいちいち記憶する必要がなくなる。

(3)　構造は一般性をもつ基礎的な概念なので，後に出合う事柄を，すでに習得している構造の特殊事例として理解することができる。構造は，関連する特殊な内容を学ぶ際のモデルとして機能する。

(4)　伝統的なカリキュラムでは，小・中学校で学ぶ初歩的な知識がその学問分野の発展からあまりに遅れているため，高校や大学で学ぶ知識との間に

＊4　Bruner, J. S. (1960). *The process of education.* Harvard University Press（J. S. ブルーナー，鈴木祥蔵・佐藤三郎（訳）『教育の過程』岩波書店，1963年）.

ギャップが生じ，かえって子どもたちを惑わせることもあった。構造を重視すれば，これら初歩の知識と進んだ知識のギャップをせばめることができる。

3　足場かけ，発達の最近接領域，メタ認知

ならば，すべての子どもがすべての教科等で統合的概念化を成し遂げられるような明示的な指導を，意図的・計画的に実施してはどうでしょうか。

具体的には，2つのアプローチが考えられます。

一つは，先に理科の例で述べたような，個々の教材を拠り所に積み上げてきた学びについて，どこかの時点で俯瞰的に眺める機会を設けて学びの意味の自覚化を促し，さらに相互に比較する中で統合的概念化へ導くというものです。

これは，国語でも有効です。たとえば，5年生の学年はじめに4年生までの教科書を全部持ってこさせ，すべての説明文教材について，何を学んだかを問います。すると多くの場合，子どもは「たんぽぽの知恵[＊5]」「ビーバーの工夫[＊6]」などと言います。学びが教材文という文脈にはりついているのです。

そこで，それら題材や対象のことはいったん脇に置いて，純粋に形式的な意味でどのような読解の着眼や方略を学んだかを確認していきます。少し時間はかかりますが，徐々に「問いと答えの応答関係」「具体例を挙げる順序」「題名に込められた意味」「事実と意見の書き分け」といったことが子どもなりの表現で想起されてきますので，これらを短冊状の紙に書き出し，見やすい場所に掲示します。そして，それらを適宜参照しながら5年生の説明文教材を読むのです。すると，当然のことながら，不思議なくらいスラスラと読めます。

また，「こんな書きぶりははじめてだ」という箇所にもすぐに目が止まります。それこそが，この教材を通して5年生で新たに学ぶ内容ですから，なぜそのような書きぶりをしているのか，学び深めていけばよいでしょう。

ここで，「それでは教え込みにならないか」との疑問が生じるかもしれませ

＊5　「たんぽぽのちえ」『小学校２年　国語』光村図書。
＊6　「ビーバーの大工事」『小学校第２学年　国語（下）』東京書籍。

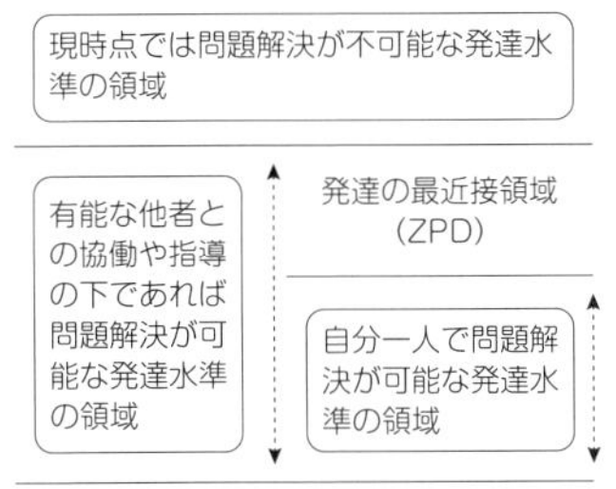

図2－1　発達の最近接領域

出所：筆者作成。

ん。しかし，統合的概念化はおろか，複数の学習経験を関連づけることも，子どもだけで行うのはなかなかに困難です。したがって，まずは教師がそれとわかるように明示的に指導するのですが，いつまでも指導し続けるわけではありません。同様の指導を何度か経験するうちに，子どもの中に学習経験の意味を自覚化する能力と習慣が形成されてきますし，さらに複数の学習経験を関連づけて相互に比較し，一段抽象化した意味を見いだせるようにもなっていきます。

したがって，明示的な指導の名称通り，最初のうちはていねいに指導しますが，一つひとつの段階を子どもが自力でできるようになっていくにしたがい，指導は簡素化され，最終的にはすべてを子どもに委ねるのです。

このような指導の展開の仕方を，足場かけ（scaffolding）と呼びます。足場かけとは，建設現場の足場になぞらえて，教師をはじめとする大人，あるいは先の段階まで学び進めている仲間など，問題解決過程を共有してくれる有能な他者の助けを得ることで，子どもがその助けがない場合よりも高度な課題に取り組めるようになることを指す概念です。最終的には子ども自身による学びの自立を目指しているからこそ，最初の段階ではていねいに指導するわけです。

足場かけは，ヴィゴツキー（L. Vygotsky）の発達の最近接領域（Zone of proximal development：ZPD）という考え方に立脚しています。発達の最近接領域とは，今現在子どもが自分一人で問題解決できる発達水準を超えてはいるが，有能な他者との協働や指導の下であればなんとか問題解決が可能となる発達水準の領域を指します（図2－1）。教育の方法・技術を構想し実施する際には，その子が潜在的にできそうなこと，今まさに熟しつつある発達の水準を的確に，

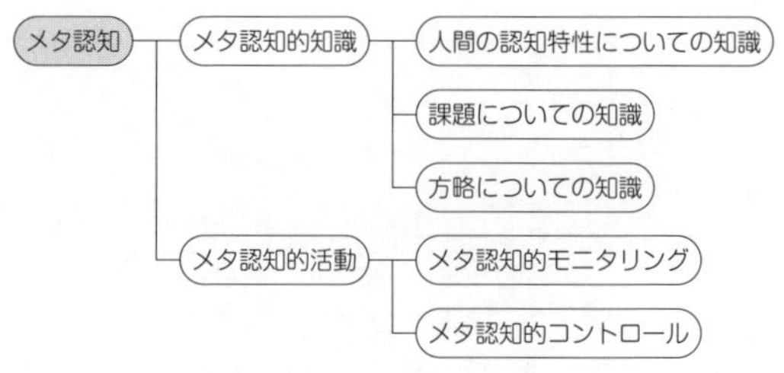

図2－2　メタ認知の分類

出所：三宮，2008年，15頁。

また多面的に見据え，適切な足場かけを行うことが重要です。

なお，明示的な指導はその教科等ならではの統合的概念化を目指して行われますが，同時に自身の学習経験を対象化してとらえる能力や習慣も育みます。これをメタ認知（meta cognition）と呼びます。メタとは上位という意味ですから，メタ認知とは「認知に対する認知」という意味になります（127頁注参照）。

メタ認知が高まるにつれ，子どもは今日の学習経験が指し示す意味を幅広く多面的に検討できるようになります。これにより，領域や場面を超えて知識は自在に活用されるようになり，より創造的な問題解決が可能となるのです。

図2－2に示すように，メタ認知の構成要素は多岐にわたります*7。進行中の学びを常時モニターし，よりよく学習過程をコントロールする技能，学ぶとはどういうことかという学習観，自分の学習能力や学習適性に関する知識，学習課題の性質や効果的な課題解決方略に関する知識なども，すべてメタ認知に含まれます。メタ認知は，子どもたちを優れた問題解決者にまで育て上げることを目指す資質・能力を基盤とした教育にとって，きわめて重要な学力です。

4　いきなり核心に切り込むアプローチ

統合的概念化を目指した明示的な指導のもう一つのアプローチは，その教科等の主要な概念，ブルーナーの言う構造を先に明示し，それに沿って個々の学

＊7　三宮真智子『メタ認知で〈学ぶ力〉を高める――認知心理学が解き明かす効果的学習法』北大路書房，2018年。

びを一貫したやり方で進めていくというものです。

例として，筆者の知人がオランダで見た授業の様子を紹介しましょう。中学校の歴史の最初の授業だったのですが，教師がいきなり「歴史には書かれた歴史と書かれていない歴史がある」と語り出したのだそうです。そして，書かれていない歴史の例として，パルテノン神殿の写真などを見せます。一方，書かれた歴史には2種類あって，その当時の手紙や裁判の記録などの一次史料と，後の時代に書かれた歴史書のような二次史料があるといいます。このように整理してみると，教科書ははるか後の時代に書かれた歴史になりますから，しっかりと疑ってかかる必要があるし，そこで役立つのが当時の書かれた歴史や書かれていない歴史だというのです。

もちろん，最初の時間にこんな話をしたからといって，それで歴史的な「見方・考え方」や方法論が身につくわけではありません。しかし，それで構わないのです。なぜなら，その後の授業では毎時間一貫して，この枠組みで個々の事象をていねいに検討していきます。子どもたちはさまざまに異なる出来事やその影響なり意味について，繰り返し同じ「見方・考え方」で思考する経験を積み上げていきます。そしてその結果として，次第に彼らの中に歴史的な「見方・考え方」や方法論，主要な概念が獲得されていくという仕組みなのです。

4　資質・能力が兼ね備えるべき汎用性の正体

以上，学習に関する近年の科学的研究が見出してきた3つの洞察と，それらが求める教育の方法・技術の姿の例として，有意味学習，オーセンティックな学習，明示的な指導について見てきました。

資質・能力を基盤とした教育では，子どもを未知の状況にも対応できる優れた問題解決者にまで育て上げることを目指します。その意味で，資質・能力は汎用的な特質をもつ必要がありますが，それは一切の文脈や状況を捨象した学び，子どもが所有する既有知識と切り離された学びによっては実現できません。むしろ逆で，個々の内容について子どもの世界との緊密な関連づけを図り（有意味学習），現実に展開されている本物の社会的実践という豊かな文脈や状況の中で学ぶ（オーセンティックな学習）ことにより，学びは生きて働きます。

さらに，そのようにして得られた多様な学びの意味を自覚化し，その教科等の主要な概念との関係で比較・整理する（明示的な指導）中で，表面的には大いに異なる学習経験の間に存在する共通性と独自性に気付き，統合的概念化に成功したとき，学びは強靱かつ柔軟に機能する汎用性を獲得するのです。

汎用性を求めるからこそ，その知識が現実世界で息づいている文脈や状況が不可欠なのであり，また学びの当事者である子ども自身のこれまでとの関連づけが鍵となってきます。そして，そのようにして得られた本物の学びについて，その意味するところを一段抽象度を上げて概念化したものが，汎用性の具体的内実であり正体にほかならないのです。

まとめ

子どもが教室に持ち込むインフォーマルな知識は断片的で不完全でときに誤ってもいますが，上手に活かすことで主体的・対話的で深い学びを実現することができます。また，フォーマルな知識との間に齟齬を生じることもありますが，むしろそれを問いとして探究することで学びを深めることが可能です。

学びはつねに状況的に生じているので，授業の文脈を本物（オーセンティック）にしてやることで，子どもは活性化された知識を獲得することができます。

学びが状況的であることは，学びの意味の自覚化や学習経験の整理・統合が困難な原因でもあります。したがって，明示的な指導を足場かけとして行い統合的概念化を促すとともに，メタ認知を育むことが重要になってきます。

さらに学びたい人のために

○米国学術研究推進会議（編著），森敏昭・秋田喜代美（監訳）『授業を変える――認知心理学のさらなる挑戦』北大路書房，2002年。

熟達化，転移，メタ認知，教師の学習など，近年の学習科学の主要なテーマについて，その研究成果がわかりやすく，実践的にまとめられています。

○小野健太郎『オーセンティックな算数の学び』東洋館出版社，2022年。

オーセンティックな学びとは何か。どのように教材を開発し，授業を構成すればよいか。豊富な実践事例をもとに，わかりやすく解説されています。

第3章

子どもの学びをよりよく支えるための教育評価

● ● ● 学びのポイント ● ● ●

- 相対評価，目標準拠評価，観点別評価，個人内評価，目標にとらわれない評価など，さまざまな評価の考え方や具体的な方法について知り，何がどのような意味で子どもの学びをよりよく支えることにつながるのか，あるいはつながらないのか，整理する。
- オーセンティックな評価，ポートフォリオ評価，逆向き設計，パフォーマンス課題など，主体的・対話的で深い学びの評価をよりよく実現する方法と，その背後にある考え方を知る。
- 診断的評価と形成的評価について知り，総括的評価との違いや相互の関係について考える。
- コミュニケーションとしての評価という考え方を知り，日々子どもと向かい合う教師の仕事としての評価の在り方について考える。

WORK　うれしかった言葉，いやだった言葉

評価というと，テストの点数や通知表の5段階評価など，数字で示されるというイメージが強いかもしれません。しかし，日々の授業では，教師から子どもへの言葉かけの中で，さまざまな評価が伝えられてもいます。

そのいくらかは，ほめよう，はげまそう，自分のよさに気付いてほしい，どうすればよいか知らせようなど，意図的で計画的なものです。その一方で，つい口をついて出てしまった言葉が，子どもに自分の行為や学習成果に対する教師の価値づけや判断，つまり評価として受け止められることもあるでしょう。

評価とは価値に関わる情報の伝達ですから，意図の有無や送り手側の思惑にかかわらず，それが受け手である子どもにどのような意味として伝わったかがとても重要です。

(1) 授業中に先生から投げかけられて「うれしかった言葉」や「いやだった言葉」は，どのようなものでしたか。状況も含めて，思い出してみましょう。思い出せたら，近くの人と共有し，自由に話し合いましょう。
(2) 「いやだった言葉」について，たとえば先生がその場面でどう言ってくれれば，いやではなかったかを考えましょう。また，こう言ってくれれば，むしろうれしくなった，やる気が出たのではないかという可能性についても考えてみましょう。(1)で経験を共有した人たちとアイデアを出し合ってみると，よい考えが浮かぶかもしれません。
(3) これまで考えたことや話し合ったことを踏まえて，教師にとって評価で大切なことは何か，自由に意見を述べ合ってみましょう。

● 導　入 ● ● ● ● ● ● ●

教育の方法・技術とは，子どもの学びをよりよく支えようとする営みです。しかし，懸命に思案し努力しても，思惑通りの結果が得られるとは限りません。そこで，実際に子どもに何が生じたのか，十分と言えるのかを，子どもの多様な事実に即して検討します。不十分であった場合には追加的な指導を実施したり，教育方法や指導計画を改善したりすることもあります。さらには，そもそも子どもの実態に基づいて授業を計画すれば，奏功する可能性も高まるでしょう。これが，教育の方法・技術の観点から見た，教育評価という営みです。

1　目指す子どもの姿に基づく評価の計画と実施

1　評価論は目標論の裏返し

評価論とは，目標論なり学力論を具体的な子どもの姿で表現し，さらにその実現状況を判断し伝えることです。したがって，三者は原理的に対応関係にありますし，実際にも対応しているべきです。極端に対応がわるい場合，目標論はタテマエとなり，評価論がホンネとして機能する危険性があります。

授業で考えることを強調しても，テストが暗記だけで正解できれば，子どもは「学ぶとは覚えること」という学習観を抱くでしょう。集団内での相対的な位置づけに基づく相対評価が支配的だと，子どもの学びを巡る感情は，わかる喜びや困難を乗り越えた自信，ともに学ぶ仲間への思いやりや感謝ではなく，優越感や劣等感，うらやみや嫉妬，不安や無気力が中心となります。目標論と評価論の不一致は，およそ教育的とはいえない事態を招きかねません。

そこで2017年版の学習指導要領等では，すべての教科等の目標論，学力論，評価論を一貫性・整合性のあるものとすることが目指されました。

具体的には，まず各教科等の目標を「知識及び技能」「思考力，判断力，表現力等」「学びに向かう力，人間性等」の三つの柱で表せるよう，目標の様式が改められました（第5章78頁の小学校算数科の目標を参照）。三つの柱は，学校教育法第30条第２項に規定された学力論,「基礎的・基本的な知識・技能」「知識・技能を活用して課題を解決するために必要な思考力・判断力・表現力等」「主体的に学習に取り組む態度」に対応しています。

さらに，このような目標論，学力論に沿って，学習状況を評価する観点として「知識・技能」「思考・判断・表現」「主体的に学習に取り組む態度」が採用されました。これにより，学校教育が目指す学力論は，法律の水準から学習指導要領の目標論，そして評価論にいたるまで一貫し，整合したのです。

2　各教科における評価の基本構造

図３−１に沿って，各教科における評価の基本構造を見ていきましょう。

各教科の評価は「知識・技能」「思考・判断・表現」「主体的に学習に取り組む態度」の３観点を用いて学習状況を分析的にとらえ，それぞれ ABC の３段階で評価する「観点別学習状況の評価」と，それらを適切に総括して５段階（小学校は３段階，小学校低学年は行わない）で評価する「評定」の２種類で行われます。いずれも相対評価ではなく，学習指導要領に示された各教科の目標や内容に照らして，このような学習状況が実現されれば「概ね満足」（B評価）と判断するといった評価基準を設定し，それに基づいて評価する目標準拠評価として実施することになっています。

なお，学習指導要領における「学びに向かう力，人間性等」のうち「感性，思いやりなど」については，授業の中では意図的，計画的に指導し，育てていきますが，評価に際しては観点別評価や評定ではなく，一人ひとりのよい点や可能性，進歩の状況についての個人内評価として行います。

もちろん，それ以外の資質・能力に対しても，必要に応じて個人内評価は実施します。目標準拠評価は，あらかじめ観点や基準を明確に定めることで，学習状況を的確にとらえることができる反面，設定した目標や基準に意識が集中するあまり，一人ひとりの子どもに生じている，あらかじめの意図を超えた価値ある学びや育ちを見落としがちです。目標準拠評価の運用に際しては，個人内評価や，さらに目標にとらわれない評価を併用することが大切です。

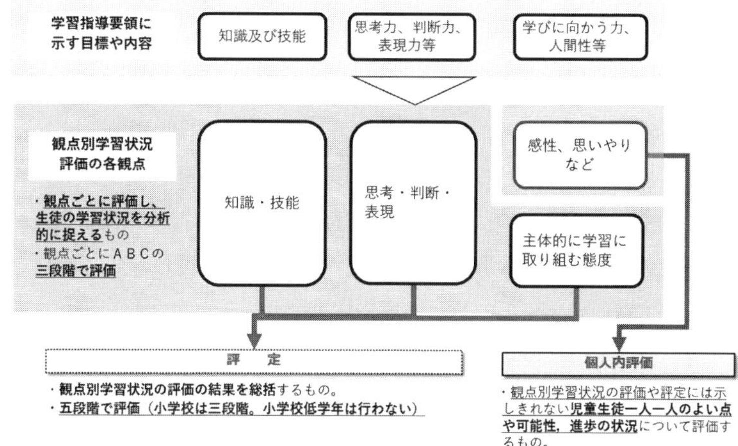

図3-1　各教科における評価の基本構造

出所：中央教育審議会初等中等教育分科会教育課程部会「児童生徒の学習評価の在り方について（報告）」2019年1月21日，6頁。

目標にとらわれない評価では，虚心坦懐に子どもと向き合い，あるがままを見る中で，その子ならではの学びや育ちを価値づけていきます。ならば，目標や基準など設定しないほうがよいのではないかと考えがちですが，それは必ずしも奏功しません。むしろ，目標や基準，さらには予測や見通しをもつことで，そうではない子どもの姿が目に止まり，なぜこの子はこうしているのかと考える中で，かえってその意味がよりよく見えてくることがあるのです。

3　評価方法の選択と決定

評価の方法には，ペーパーテスト，作品やレポートの提出，成果の発表，実演，行動観察など，さまざまな方法があります。いずれにおいても大切なのは，授業において何を指導し，子どものうちに実現しようとしたのか，それを過不足なく適切に評価できる方法を用いることでしょう。

たとえば，業者が作成した教科書準拠の単元テストなどは，それなりによくできています。しかし，教科書会社の教師用指導書に沿って授業をすることを想定しているので，地域や子どもの実態に合わせて創意工夫し，独自な展開や重点の置き方になればなるほど，業者テストでは不利になりがちです。ついには，自分の授業構想では必然性がないし，学習指導要領に照らしても必須ではないので扱わないのだけれど，業者テストに出題されているから，単元終了後に取り出して教えるといった本末転倒なことさえ起きかねません。

評価方法の選択や決定に際しては，教師自身がこの授業で何をねらい，何を指導したのか，改めて明確にすることが大切です。それが明らかになれば，ペーパーテストにおいて，事実的な知識を問う問題と概念的な理解を問う問題のバランスをどうするか，文章による説明を求めるのか，躊躇なく決められるはずです。あるいは，むしろレポートのほうが適しているのではないか，その場合，何を要件とすべきかといった判断も，迷うことなく行えるでしょう。

4　オーセンティックな評価

第1章で見たように，これからの授業では主体的・対話的で深い学びを目指します。評価も，それと整合する必要があるでしょう。「知識・技能」の評価でも，その所有や習熟の程度だけでなく，既有の知識や技能と関連づけたり活用したりする中で，他の学習や生活の場面でも活用できる程度に概念等を理解したり，技能を習得したりしているかを評価することが大切です。

そのためには，第2章で紹介したオーセンティックな学習と同様の考え方に立ち，評価で用いられる問題状況を，人びとが現実社会で実際に直面している問題状況に近づけることが有効です。これを，オーセンティックな（真正の）評価といいます。全国学力・学習状況調査におけるB問題（第1章 WORK 参照）なども，全国一律のペーパーテストという制約の中で，少しでも文脈や状況を本物に近づけようとしたものと理解できるでしょう。

各学校では，さらに工夫の余地は広がります。たとえば，レポートやリーフレットの作成など，さまざまな知識や技能を総合して使いこなすことを要求する複雑な課題（パフォーマンス課題）を課し，そこに示された学習成果の質を評価すれば，「思考・判断・表現」の評価も無理なく幅広に行えます。

各教科等には，その教科等における多様な学びを貫く「本質的な問い」が存在します。社会科の歴史的分野であれば「歴史的に見て，社会はどのような要因によって変化しているのか」という本質的な問いが想定できるでしょう。これを単元水準に当てはめると「明治維新によって社会はどのように変化したのか」といった本質的な問いが浮かび上がってきます。

パフォーマンス課題の作成に際しては，単元の本質的な問いを問わざるを得ないような状況を設定すればよいでしょう。たとえば「時は1901年，20世紀の始まりです。あなたは明治維新の新聞社の社員であり，社会が大きく変化した明治維新を記念する特集記事（A４判１枚）を書くことになりました。明治維新による社会の変化を説明するとともに，今後の改革のあり方について提案するような記事を書いてください」といった課題が考えられます[＊1]。

もちろん，このような評価課題を課すには，それに先立つ授業自体が，課題の解決に見合った目標，内容，方法で実施されることが不可欠です。

5　逆向き設計

評価方法を巡る悩みの多くは，実は評価方法以前の問題として，何を評価しようとしているのかが，教師自身に今一つ判然としていないことが原因です。ならば，授業設計の段階において，評価まで含めてしっかりと計画すればよいのではないか。ここから，逆向き設計の考え方が生まれてきました。

従来，評価の構想は最後に行われがちでした。一方，逆向き設計では，単元なり授業が終了した時点で「求められる結果」（目標）を最初に明確に定めます。そして次に，目標が達成されたときに子どもに現れる具体的な望ましい姿（ルーブリック）などの「承認できる証拠」（評価方法）を導き出します。

この作業の後にはじめて，ルーブリックで示された姿を実現するには，子ど

＊１　西岡加名恵「『資質・能力』の育成を見取る評価方法の追究」吉冨芳正（編著）『新教育課程とこれからの研究・研修』ぎょうせい，2017年，92頁。

もにどのような教育経験を提供すべきか，さらにそのためにはどのような教材をどのような扱いで，何時間かけて教えればよいか，つまり単元計画の立案に取りかかれるようになります。このように，逆向き設計では通常の流れとは正反対に，評価から逆算して指導計画を立案することにより，真に合理的で合目的的な授業設計が可能になると考えるのです。

6　評価情報の開示と評価への子どもの参画

評価計画が事前にできているのであれば，それを単元開始時に子どもたちに開示し，共有してはどうでしょうか。この点について，2019年1月に教育課程部会がまとめた「児童生徒の学習評価の在り方について（報告）」は「どのような方針によって評価を行うのかを事前に示し，共有しておくことは，評価の妥当性・信頼性を高めるとともに，児童生徒に各教科等において身に付けるべき資質・能力の具体的なイメージをもたせる観点からも不可欠であるとともに児童生徒に自らの学習の見通しをもたせ自己の学習の調整を図るきっかけとなることも期待される[*2]」としています。

さらに進んで，評価活動への子どもの参画も試みられてきました。典型はポートフォリオ評価で，教師の支援も受けながら，子ども自身が単元や学期の学びの足跡や成果の証拠として，作品やレポート，学習カード，メモや下書き，収集した資料，活動の様子がわかる写真や動画，教師による記録などを整理して自分なりに表現します。これがポートフォリオで，このポートフォリオを評価情報として，子どもによる自己評価や教師による評価が行われます。

アメリカのある中等教育学校では，生徒・保護者・教師の三者面談で評価の議論をします。生徒がポートフォリオを提示しながら自らの学びに関するプレゼンを行い，保護者が質問し，教師も補足したり意見を述べたりします。このようなやり取りの後に，三者の合議で今学期の評価が決定されるのです。

＊2　教育課程部会「児童生徒の学習評価の在り方について（報告）」2019年，14頁。

2 診断的評価

評価というと，テストや通知表を思い浮かべる人が多いのではないでしょうか。単元テストや期末テスト，それに基づく通知表など，授業が一段落したタイミングで子どもの学習状況を把握して記録に残すとともに，本人や保護者と共有することを目的に実施される評価を総括的評価といいます。

しかし，総括的評価は教育評価の一部にすぎません。さらに，診断的評価と形成的評価という２種類の評価があります。

総括的評価が事後に実施されるのに対し，診断的評価は授業に先立って，つまり事前に行われます。授業の計画に際しては，目の前の子どもの実態を踏まえることが大切です。診断的評価は，そのための評価なのです。

たとえば，算数科の教科書は既習事項がすべて身についていることを前提に書かれています。しかし，あなたが指導する子どもたちは，この前提を満たしているでしょうか。もし，満たしていないならば，教科書をそのまま使うことには少なからず無理があるかもしれません。既習事項の理解度を確認する簡単なテストを事前に実施することで，この判断を的確に行えます。

予定している指導が前提として子どもたちに求める認知的・情意的・身体的な準備状態のことを，レディネスといいます。子どものレディネスを授業の計画に先立って検討する営みが，診断的評価なのです。

子どものレディネスが，予定する指導の到達点をすでに上回っている場合もあります。担任する子どもたちが幼児期までに豊かな自然体験や社会体験を得ていれば，生活科の教科書が描く活動のいくつかは新鮮味に欠けるかもしれません。その場合には，活動の一部を割愛ないしは変更することはもちろん，目標を上方修正して単元計画自体から練り直すことも視野に入ってきます。

第２章では，子どものインフォーマルな知識を上手に活かすことにより，学習を大いに促進できることを見ました。指導する内容に関わって，子どもたちがどんなインフォーマルな知識をもっているかを探ることも診断的評価の一種であり，授業づくりに際し最優先で取り組みたい作業です。

この作業は，子どもたちの一般的傾向を探るとともに，とくに気になる子どもに焦点を当てて実施するとよいでしょう。たとえば，その教科が苦手な子ども，関心がもてないでいる子どもについて，その子の興味の対象や関心の方向性を探ることで，その子がうまく学習内容と向かい合える筋道を発見でき，結果的にその子がおおいに活躍する授業を生み出せることもあるのです。

3　形成的評価

1　形成的評価と総括的評価

周到な診断的評価に基づく授業計画により，子どもたちの学習成立の可能性はおおいに高まりますが，それでもなお，すべてが教師の予想通りに進むとは限りません。そこで求められるのが，時中の評価としての形成的評価です。

たとえば，生活科の授業では，単元の冒頭に，教師が投げかけた題材や活動と子どもたちがうまく向かい合えているか，どのような課題を選択しているか，興味の程度や関心の広がりはどうかなど，「主体的に学習に取り組む態度」の状況を把握する評価がよくなされます。評価の結果，「課題とうまく向かい合えていない」「活動状況が散漫で集中が持続しない」子どもが見つかったなら，教師としてはていねいに対話し，その子にあった課題を追加で設定したり，一緒に活動したりするでしょう。このように，形成的評価とは時中の評価に基づき，よりよい方向へと子どもの学習を形成するための評価なのです。

形成的評価のために取られた情報は，総括的評価には用いません。先の事例で言えば，形成的評価に基づく教師の懸命な支援が奏功して，その子が課題に没入し，挑戦的で創造的な活動を展開する中で単元が終了したなら，その子の「主体的に学習に取り組む態度」は，少なくともＣではないはずです。

より多くの評価情報を用いたほうが正確な評価になるとの考えから，単元当初の形成的評価まで総括的評価に組み入れたりしてはいけません。教師が心を砕いて支援し，また子どもも懸命にがんばったから，うまく課題と向かい合えたのです。単元終了時の姿が「概ね満足」の水準に達していれば，単元冒頭の様子に関係なくBでいいし，取り組み状況によってはAでも構いません。

このことは「知識・技能」「思考・判断・表現」でも同様です。形成的評価の結果，「分数の概念理解があいまい」なことや，「一つの考えに固執し，別な立場に立って思いを巡らす点に弱さがある」ことが明らかになったなら，それを子どもにわかる言葉で伝え，目の前の壁を乗り越えるよう励まし，必要な情報提供やさまざまな支援を行うでしょう。そして，結果的に子どもが壁を乗り越えられたなら，総括的評価にはその状況を記せばよいのです。

もちろん，それでもなお単元終了時に，その子の学習状況が満足できる水準に届かない場合もあります。すると総括的評価はCになりますが，その場合にもC評価のいくらかの部分は「先生も精一杯がんばったけれど，結果的にあなたの学びを十分に支えることができなくてゴメンナサイ」ということなのだとの理解を，教師としてはもちたいものです。

また，総括的評価といえども，ある単元，ある学期，ある学年の総括であり，子どもの学びや育ちから見ればつねに途中経過です。したがって，ある学期のC評価は「次の学期ではBになるように先生もがんばるから，あなたもがんばってね」というメッセージなのです。保護者に対しても「お子さんのここに伸び悩んでいる部分があります。しっかり指導していきますので，ご家庭でも気にかけていただくとともに，引き続きのご協力をよろしくお願いします」というコミュニケーションを，通知表を介して行っていると考えればよいでしょう。このように，長期的な視点で見れば，総括的評価もまた子どもの学習を改善し，よりよい状態へと形成する機能をもっているのです。

なお，総括的評価では一律での評価や厳密な評価が必要なこともありますが，形成的評価では，気になる子どもについて問題がないか確認する程度ですむ場合も少なくありません。この場合の評価情報の精度は，子どもの学習の形成や教師の指導の改善という，形成的評価の目的につながる程度で十分なのです。

2　マスタリー・ラーニング

形成的評価を活かした教育方法に，マスタリー・ラーニング（完全習得学習）

があります。マスタリー・ラーニングでは，学級単位の一斉指導に，形成的評価の機能をもつテスト（形成的テスト）と補充的・発展的学習を行う習熟度別指導を組み合わせることで，個に応じた指導（第7章参照）を行います。

マスタリー・ラーニングは，次のような手順で進められます。

(1) 指導する単元の教育目標の詳細な分析と授業内容の具体化を図り，教育目標を細分化した表を作成する。

(2) まず，単元の学習内容を一斉指導で教える。

(3) 一斉指導が終わったら形成的テストを実施し，一人ひとりの子どもについて学習の成立状況を把握する。形成的テストは15～20分程度で実施でき，子どもが自己採点できる簡便なものが望ましい。形成的テストは教育目標の細分化表に基づいて作成されるので，その子が学習内容の何が習得できていて，何が習得できていないかが簡便かつ正確に把握できる。

(4) 形成的テストの結果，十分に学習が成立しなかった子どもには教師による個別指導，子どもたち同士での学び合い，コンピュータを用いた個別学習など，さまざまな手立てを駆使した補充的学習を行う。一方，学習が成立した子たちには，いっそうの定着を促す課題や発展的な学習課題が与えられる。さらに，学級単位や小集団でのまとめの学習が行われることもある。

(5) 以上のような，一斉指導→形成的テスト→補充的・発展的学習というサイクルを経て単元の学習指導が終了した段階で，総括的評価のためのテスト（最終テスト）を実施し，当初の目標に準拠した評価を行い，成績をつける。ここでも，形成的評価の結果は総括的評価にはいっさい用いない。

韓国において9つの中学校の1年生約5,800人を対象とした研究によると，総括的テストの正答率80%を到達基準としたところ，一般校の到達率が英語で47%，数学で46%だったのに対し，マスタリー・ラーニングを受けた子どもでは，英語で73%，数学で72%であり，その有効性が示されています[*3]。

＊3　金豪権，梶田叡一（監訳）『完全習得学習の原理』金子書房，1976年，197頁。

3　コミュニケーションとしての評価

形成的評価の視点から見れば，教育評価が一方向的で確定的な「宣告」としてなされるのは不自然であり，もっと双方向で交わされる可変的「コミュニケーション」として計画・実施されるのが望ましいことが見えてきます。

たとえば図画工作科の授業では，一人ひとりが展開する個性的で創造的な取り組みに対し，教師はさまざまな声かけやおたずねをします。そこでは，断定的，一方向的に「望ましい」とか「不十分」といった判断が告げられることは，まずありません。仮に教師が子どもの様子を「不十分」ではないかと感じたとしても，まずは「これは何」「どんなふうに考えてこうしているの」「この後はどうなっていきそう」などと，その子の思いや考え，見通しについておたずねをするのが一般的でしょう。そして，おたずねに対する子どもの反応や言い分をていねいに聞く中で，「不十分」という先の見取りの妥当性を再検討しているのです。

対話の結果，教師が予想していたのとは異なる思いやしっかりとした考えが子どもの側にあることが判明することも少なくありません。その場合には，当初の「不十分」という見取りは修正されるでしょう。そして，「ああ，そうなんだ。それは素敵な考えだねえ。うまくいくといいなあ。先生も楽しみにしているよ」といった声かけ＝評価がなされるのです。

対話の結果，やはり「不十分」であると判断された場合には，「先生はこう思うよ」と率直にその子に伝えます。そして，その子が教師の指摘を受け入れたなら，今後どのようにしていくのか，やはり子どもと相談し，その子の思いや考えを入れながら活動の方向性を一緒に見いだしていけばよいでしょう。

このような評価的コミュニケーションは，すでに日常的に教室で行われています。重要なのは，これらが形成的評価であるとの明晰な自覚を教師がもち，しっかりと省察することです。自分は何を見，何を聞いて，どのような判断をしたのか。そのことを子どもにどのように伝え，子どもはどのように反応したのか。さらに，子どもの反応をどのように受け止め，それに基づき新たにどう判断し，またそのことを子どもにどう返していったのか。これらについて改めてていねいに省察することにより，「あの対応でよかったのか」「もっと別なはたらきかけ方があったのではないか」「あの子には，もっと別な深い考えがあったに違いない」などと気付くでしょう。このような気付きは，今後における評価を巡るさまざまな活動の展開に対し，多くの示唆を与えてくれます。

まとめ

教育評価には，よりよい授業設計のために事前に行われる診断的評価，子どもの学びのよりよい形成のために時中に実施される形成的評価，学習状況を正確に把握して記録し，子どもや保護者と共有するために事後に行われる総括的評価があります。いずれも目標論との整合が要件であり，逆向き設計やオーセンティックな評価などの考え方に学び，自らの授業が目指す子どもの姿を明らかにするとともに，それを子どもにも開示し，評価活動への参画を促すことが望まれます。また，評価はコミュニケーションでもあり，子どもとの対話を通して，自身の評価活動をより的確で豊かなものとしていくことが大切です。

さらに学びたい人のために

○鈴木秀幸『スタンダード準拠評価』図書文化社，2013年。

目標準拠評価とは何か。わが国の教育評価の何がどう問題なのか。実際に学校現場でどのように評価をすればよいのか。高校の教壇に立ち続けた著者が，海外の幅広い知見も紹介しながらわかりやすく説明しています。

○G. ウィギンズ・J. マクタイ，西岡加名恵（訳）『理解をもたらすカリキュラム設計――「逆向き設計」の理論と方法』日本標準，2012年。

逆向き設計やオーセンティックな評価を提起した，ウィギンズとマクタイによる著作の翻訳。大部ながら読みやすく，深い学びをどう実現するか，教育評価との関わりも含め多くのアイデアが得られます。

第Ⅱ部　教育の技術

第4章

公教育を担う教師の創造性

学びのポイント

- 「客観的知識の教授」と「学習の主体化」という学習指導における2つの契機の関係（相克と共存）について，学習指導要領の歴史と実践事例をもとに理解する。
- 経験単元と教材単元，教育内容と教材，教材の具体性と典型性など，授業を構成する際に基礎となる概念を理解する。
- 子どもが主体として学習を遂行できるようにするには，教師のどのような手立てや支えが必要になるか，実践事例をもとに考える。

WORK　学習指導要領の歴史を時期区分する

1945年以降の社会の動きと学習指導要領の歴史の概略は，次の表のようになります。この学習指導要領の歴史に，自分なりに時期区分できるラインを入れて，区分した各々の時期をネーミングしてみてください（加えたい出来事があればどうぞ）。

社会の動き	学習指導要領の歴史
	1947　学習指導要領（試案） ［経験主義的な教育課程］
1950　朝鮮戦争	
1951　サンフランシスコ平和条約 （占領終了，日本の主権回復）	1951　学習指導要領（試案）
	1958　学習指導要領［基礎学力充実］
1964　東海道新幹線開通，東京オリンピック	
1968　国民総生産が資本主義国第２位に	1968　学習指導要領 ［教育内容の高度化と量的増加］
1970　日本万国博覧会（大阪）	
1972　沖縄の日本復帰，日中の国交正常化	
1973　石油危機	
	1977　学習指導要領［学校にゆとりを］
1986　チョルノービリ原発事故	
1989　冷戦終結（米ソ，マルタ会談）， 日経平均株価最高値38,915円	1989　学習指導要領［新しい学力観］ ［生活科の新設］
1991　バブル経済崩壊，ソ連解体	
1995　阪神・淡路大震災	
	1998　学習指導要領［生きる力の育成］ ［総合的な学習の時間の新設］
2001　アメリカ同時多発テロ	
2008　世界金融危機	2008　学習指導要領 ［習得と活用のバランス］
2011　東日本大震災，福島原発事故	
	2017　学習指導要領 ［資質・能力ベイスへの転換］
2020　新型コロナウイルス世界的流行	
2021　東京オリンピック2020（無観客）	2021　「令和の日本型学校教育」答申

● 導　入 ● ● ● ● ● ● ●

学習指導を考える際の基本的な問題は，人類の築いてきた学問や芸術，倫理などの内容を教授することと，子ども自身が学習の主体として学習を遂行し，学んだ内容を自在に使えるようになることとの関係をどうとらえるかにあります。「客観的な知識の教授」と「学習の主体化」という 2 つの契機の相克と共存はつねに問題となってきました。教師による実践の創造性は，この両者の関係をどうとらえ展開するかという点にあります。両者の相克と共存は，社会科に最も先鋭にあらわれました。ここでは，社会科をとりあげて単元や教材のとらえ方を歴史的にたどり直し，知識の教授と学習の主体化の関係について考えてみます。

● ● ● ● ● ● ●

1　経験単元と問題解決学習

1　経験単元と教材単元

知識の教授と学習の主体化という 2 つの契機は，戦後日本の出発のときから問題となっていました。

1951（昭和26）年版の学習指導要領（試案）は，それまでの「教材単元」に対して，「経験単元」という考え方を明確にしました。「教材単元」とは，「系統的に配列された教材の一区分であって，たとえば，教科書の第 1 課，第 2 課というようなまとまり」です。これは，学習すべき事項（内容）に重点をおいたものです。これに対して，「経験単元」とは，「児童・生徒の当面している問題を中心にして，その解決に必要な価値ある学習活動のまとまり[*1]」というものです。この経験単元の考え方を，1947（昭和22）年版の学習指導要領（試案）は，次のように説明しています[*2]。

＊1　文部省『学習指導要領一般編（試案）』昭和26年改訂版，Ⅲの 2 の(2)の(d)。「学習指導要領データベース」より。https://www.nier.go.jp/yoshioka/cofs_new/（2023年 5 月 8 日閲覧）

＊2　文部省『学習指導要領一般編（試案）』昭和22年版，第四章の一。「学習指導要領データベース」より。

> ほんとうの学習は，すらすら学ぶことのできるように，こしらえあげた事を記憶するようなことからは生まれて来ない。児童や青年は，まず，自分でみずからの目的をもって，そのやり口を計画し，それによって学習をみずからの力で進め，更に，その努力の結果を自分で反省してみるような，実際の経験を持たなくてはならない。

ここでは，学習の主体化の契機を強調しています。経験単元は，「(当面する問題解決の) 学習活動の結果として，社会生活をする上に価値のある知識・理解・態度・能力が，真に児童のものとなって，かれらの身についていく[＊3]」(括弧は引用者) ことを目指すものでした。

こうした経験単元に対しては，系統的な知識の習得という点から批判がありました。客観的な知識の組織や系統が損なわれやすい点や経験単元に盛られる内容に限界がある点です。教育学者の小川太郎は，問題解決学習では，「学習の流れに応じ，系統なしに知識が獲得される」とし，「あまりにも身近で経験につきすぎる知識は，数歩先しか照らし出さない[＊4]」と批判しました。では，この時期の経験単元の実践は，どのようなものだったのでしょうか。

2　谷川瑞子の「福岡駅」(小学校３・４年生) の実践

単元「福岡駅」は，富山県福岡町 (現高岡市) の小学校教師谷川瑞子による1954年の社会科の実践です[＊5]。３年生を対象に「福岡駅」を実践し，４年生の「農家のくらし」の単元につながっているものです。この実践は，1951年版の学習指導要領 (試案) の代表的実践として評価されています。

この学習指導要領 (試案) は，単元を作る際，教師がまずすべきことを次のように言います。「単元の学習によって，どのような重要な社会や自然につい

＊3　文部省『小学校学習指導要領社会科編 (試案)』昭和26年版，第４章の一。「学習指導要領データベース」より。

＊4　小川太郎「教育の落魄」『中央公論』1950年５月号，29～42頁。

＊5　社会科の初志をつらぬく会『問題解決学習の展開――社会科20年のあゆみ』明治図書，1970年，221～236頁。

ての諸概念を，児童・生徒に理解させるべきかについて，あらかじめ考えること。すなわち，単元の指導の目標をはっきりさせておくこと[*6]」。

単元で扱う「福岡駅」について，谷川は，「子どもたちの社会的視野を拡め，より深い社会を認識する好適な要素」として次の点を指摘しています。

「自分の家と都会とを結びつかせている，重要なものの一つが駅であり，鉄道であり，交通機関であること」「通信のみでなく，交通もすべてが発達してきた事」「わたくしたちの生活は，いろいろな人々の，はたらきと関連があり，また，いろいろな人や物が相互に関連し合っている事」「駅の人々の個々のはたらき（責任，協力）等」です[*7]。

この単元「福岡駅」の実践には，次の4点の特徴を指摘できます。

第一に，駅で働く人への子どもの偏見から出発していることです。福岡駅に見学に行くと決まり，子どもたちは，駅でどんな人が働いているかを話し合いました。子どもたちは，「地下タビはいとるもん，おぞいもんや」「皮ぐつはいてっさる人，えらいがやぜ」ととらえていました。「おぞい」とは，出来が悪い，粗末なという意味の言葉です。谷川は，このとき，「地下タビ，はいてる人も，立派な人間です。大事な仕事をしている人です」という言葉をぐっと呑み込んだと言います。「これがこの子等の現在の姿なのだ」と受け止め，駅の人の「社会的価値のあるはたらき」と「わたくし達の生活がどのようにつながっているか」を子どもの実感としてつかませ，正しく社会を認識するように促していくことを考えます。

第二の特徴は，地理的・歴史的に福岡駅を見たり考えたりしていることです。子どもは福岡駅を見学して駅で働く人の仕事を知りました。「助役さんは，汽車を1分もおくれずに出す」「保線の人は，レールや，犬釘がゆるんでいないかを調べて，いたんでいたらすぐなおす」という具合です。しかし，これらの事実は，谷川には，「単に知ったというに過ぎないように思われた」ものでした。そこで谷川は，駅のできる前の生活はどうであったかを調べるように促します。

＊6　文部省『学習指導要領一般編（試案）』昭和26年改訂版，Ⅲの2の(2)の(e)の(i)。「学習指導要領データベース」より。

＊7　社会科の初志をつらぬく会，前掲書，221頁。

子どもは，家族へ聞き取りをしたり，図書館の本を読んだりしました。次に，駅の貨物の見学をして，「うちで生産されたものは，どこへ？」「うちへ来る品物は，どこから？」を調べました。日本地図に輸送し合う品物を記入していきます。ある子は次のように言います。「先生，まんで（とても）世の中ちゃ，仲よしみたいね，あんな遠い北海道や，九州からでも品物がうちの方へ来たり，行ったりしているもん」。子どもは，歴史的・地理的観点から福岡駅と生活との関わりをとらえ，汽車が生活を豊かにしていることを知りました。鉄道を中心とした相互依存関係を理解したと言えます。しかし，こうした子どもの理解は，谷川には，「そこに働く人がぼやけているように思われた」ものでした。

第三の特徴は，駅で働く人の仕事の意味を子どもに考えさせることで，子どもの見方・考え方に変容をせまっていることです。谷川は，次のように子どもに問いかけています。「わたくしたちに幸福をもたらしている汽車を動かす人は誰だろう？」。子どもは，助役さん，信号係，機関士さん，保線の人……と10人をあげます。「この中で一番大切な人は，誰でしょうか？」と谷川がさらに問うと，子どもは，運転する人がいなかったら……，保線の人がいなかったら……と，それぞれが欠けた場合に困る事態を推測しました。そして，「みんな大事やわ，いらん人おらんわ」という結論に達しました。この学習を通して，子どもは，「先生，おらっちゃ，ダラなこと言うとったね（アホなことを言っていたね）」と最初の「おぞい」「えらい」という見方を変容させました。

この子どもの推論は，「もし～がなかったならば，～だろう」という反事実的条件命題の吟味の論理です。その仕事が欠けた場合に何が起こるかという問いをたてて，それを吟味するために子ども自身が事実の中に分け入っているものです。こうして子どもは，仕事の意味を見いだしています。では，こうした「福岡駅」での理解は，子どものその後の学習にどのように生きたのでしょうか。

谷川実践の第四の特徴は，直面している問題の解決に，子どもがこの単元の学びをつなげていることです。3年生から4年生になった谷川学級の子どもは，「農家のくらし」の単元の学習を進めていました。農家（子どもたちの家）の働きの社会的価値を認めつつも，自分たちが町の子どもに嫌なことを言われたり，自分たちも「町へ行く時，へこへこしていかんなん」ということがあったりすることが問題となりました。なぜ自分たちがそう町の子どもから言われるのかを考えていたとき，次のようなやりとりがあったと言います。

「先生，町の子どもたち，身なりでよいおぞいを決めてやっさるのではないか」「わたしたち，駅の勉強せん前に，“地下タビはいとるもん，おぞいもんや”と言ったみたいに」「そうやそうや，町の子どもたち，社会科の勉強進んどらんがや」「農家の仕事知らんからそういうんや」「ぼくたちでは百姓おぞくないと思っとっても，ああいわれると，びくびくする」

こうして谷川学級の子どもは，町の子どもに対して手紙を書くことになります。「服装で人のよい，おぞいが決まらん」「町と村があって生きていけれるんだ」「いやなこと言わんようにしてほしい」と。福岡駅の単元で深く学んだ学習経験をもとに，谷川学級の子どもは，町の子どもの行為を推測したり，町と農村の人の間に新たな関係をつくろうとしていると見ることができます。このように，暮らしのリアルな文脈の中では，子どもは，密度濃く学んだ学習経験を，現実生活で直面する問題解決の文脈に持ち込むことができているのです。

2　系統学習のもとでの学習の主体化

1　教育内容と教材

1958（昭和33）年版学習指導要領は，問題解決学習から系統学習に単元の学習原理を転換しました。社会科では，単元を「内容・学習経験の具体的なまとまり」としました。「内容・学習経験」という表現は，教授する内容と子どもの学習経験を組み合わせた表現です。これは，1951年版学習指導要領（試案）が，「児童・生徒の学習経験の組織」を単元としていた点と対照的です。客観的な知識を網羅的に習得することの比重が大きくなっている点を指摘できます。

客観的な知識は，人類がこれまでつくりだしてきた結果です。その特徴は，子どもの日常と断絶しており，子どもにとって外在的であることです。この外在的な知識を習得させようとすれば，子どもが学習できるように教材を工夫する必要があります。その工夫が，子どもの興味や関心を引き出すことです。単元の導入で子どもの興味や関心をどう引き出すかという問いが生まれました。

こうして1960年代以降，教育内容の科学化を進める研究は，教材を特定の教育内容を子どもに教えるための手段的位置を占める素材とみなしました。教育学者の藤岡信勝は，教材が備える２つの条件を次のように述べています[*8]。

> その一つは，①子どもの興味や関心をひき，思考活動の対象となり，疑問を起こさせるような性格を有していることである。もう一つは，②それが，科学的概念や新しい知識の習得とピッタリかみ合うように組織され，位置づけられていることである。

藤岡の言う①の条件は教材の「具体性」，②の条件は教材の「典型性」と呼ばれました。教材は，教師が教えたい教育内容を典型的に担いつつ，子どもの直接の思考の対象となる素材と考えられたのです。しかし，「科学的概念や新しい知識の習得とピッタリかみ合うように」といっても，実際の授業では，教材で教師が教えたい内容と，教材を通して子どもが自立的に学んだ内容との間に緊張関係が生まれる場合がありました。次にそのような場合を考えてみましょう。

2　安井俊夫の「女は損してないか―平等権」（中学校３年生）の実践

安井俊夫は，平等権（日本国憲法第14条）を教育内容として設定し，「住友セメントの結婚退職制をめぐる裁判」を教材化しました[*9]。平等権を教育内容とする場合，生徒に婚姻届を書かせたり，「あってもよい違い・あってはいけない違い」を教材として取り上げたりすることもできます。安井は，女性が就職・結婚で直面した「結婚退職制」を，「平等権」を教える典型的素材としてとらえました。そして，問題に直面した女性に生徒が「共感」しながら考えること

＊8　藤岡信勝『教材づくりの発想』日本書籍，1991年，35頁。

＊9　安井俊夫『主権者を育てる公民の授業』あゆみ出版，1986年，56～69頁。第14条第１項の条文は「すべて国民は，法の下に平等であつて，人種，信条，性別，社会的身分又は門地により，政治的，経済的又は社会的関係において，差別されない」。

を重視して授業を進めました。安井が示した事件は，次のようなものです。

鈴木節子さん（23）は，住友セメント四倉工場に就職するとき，「結婚したとき，または35歳になったときは自発的に退職してください」といわれ，「自発的に退職します」という誓約書も会社の求めに応じて出した。３年後，鈴木さんは結婚。会社は何度も退職をせまった。鈴木さんは仕事をつづけたいといってそれをことわった。会社は１年後，鈴木さんを解雇。鈴木さんは会社のやり方は憲法違反だと裁判に訴えた。

生徒は，鈴木さんと会社の双方の主張を読んで，どちらが正しいかを判定することを求められました。会社は，鈴木さんが誓約書を出して制度を認めた点や女性が結婚後に家庭本位になり仕事がおろそかになる点を主張しました。これらの点は，生徒の生活実感や社会通念（性別役割分担）との接点をもつものです。一方，安井が考えていたポイントは，生徒が，憲法の平等権をもとに，誓約書や社会通念を批判できることでした。意見交流のあとの生徒の判定は，鈴木さんが正しいが20人，会社が正しいが13人，判定できないが６人でした。

この授業の結果について，安井は，「あまりかんばしくない」ととらえました。なぜなら，平等権を理解することは，生徒が鈴木さんを支持することだと安井は見ていたからです。教師のねらいに達していると評価できるのは学級の半分にとどまり，会社の言い分を支持する生徒もいました。

では，実際の生徒の考えはどんなものだったのでしょうか。鈴木さんを正しいとする生徒は，次のように言っていました。

「最初は誓約書で退職をみとめたんだからしかたがないんじゃないかと思った。でも資料をもう一回読んだり，意見を聞いたりしていたら，女だけに退職をせまるのは不平等だ，憲法に違反してると思った。女性だからといって結婚したら退職しなければならないというのはひどい差別で，なぜ男の人にも同じように言わないのか，女の人だからって差別してると思った」（雪子）

一方，会社を正しいとする生徒は，次のように言っていました。

「結婚し，子どもがいた場合，この家族は３人でなりたっていて，夫が会社に行き，妻まで行ってしまったら子どもがかわいそうだ。子どもが熱を出した場合，女の人が子どものめんどうを見てくれれば，会社に行ってる男の人がどんなに安心できるか。2人とも会社へ行くのなら，自分はいいかもしれないが，子どもが家に帰ったって『おかえり』なんて言ってくれる人もいない。子どもがかわいそう。ましてや小さな子どもなら……」（奈緒子）

こうした会社支持の意見は，それまで鈴木さんを支持していた生徒を迷わせています。次のような生徒の意見です。

「奈緒子の意見には賛成できる。女は家庭本位，男は会社本位と考えるのは女を差別しているかもしれない。でも世の中は一般には“女は家庭”と見られている。奈緒子の言うとおり，お母さんまで会社に行ってたら子どもがかわいそうだし，このような子どもが非行に走りやすいんじゃないかと考えてしまう。そりゃ，女の人でも男の人にまけないで働きたいと思う人がいるだろう。けど，そういう人だって自分に子どもがいたりすれば，働くのをやめようかと迷うと思う。だから私は会社が正しいのか，鈴木さんが正しいのかよくわかりません。でも，もし子どもがいたらという意見には賛成です」（美保）

安井からすれば，奈緒子や美保のような考えがでる授業は，「あまりかんばしくない」ものです。なぜなら，生徒が鈴木さんを支持するに至っていないと見るからです。しかし，美保が，鈴木さん支持という最初の意見を変えたのは，それまで考えていなかった論点を考えるようになったからです。母親の役割と子どもの論点です。美保は，働くことと母親の役割という現実社会にある葛藤に気付いたと見ることができます。美保に即して考えれば，美保の社会的視野はより現実的に広がっていると言えます。これに比べれば，当初の美保の思考は，会社か鈴木さんかという二項対立で，女性が働くことにのみ注目していた一面的なものであったと見ることができます。

ここで教師がとりうる戦略は2つあります。一つは，生徒がより鈴木さんを支持するように，鈴木さんへの「共感」を強めるよう教材を改変することです。たとえば，裁判に訴えた鈴木さんを，憲法第12条前段にある「権利は，国民の不断の努力によつて，これを保持しなければならない」から位置づけたり，鈴木さんの苦労を詳細に示して会社の理不尽さを強調したりできます。「平等権」という教育内容の中身は変えずに，扱う方法を変えていく戦略です。

もう一つは，生徒の意見が新たな教育内容を生み出しつつあると見ることです。たとえば，この裁判の東京地方裁判所の判決（1966年）は，原告勝訴の理由で次のように述べていました。「労基法は性別を理由とする労働条件の合理的差別を許容する一方，（中略）性別を理由とする合理性を欠く差別を禁止するものと解せられる[*10]」。この判決の論理を事実と照らし合わせて生徒が吟味することで，「平等とはどういうことか」を問い直す可能性が開かれます。「合理的差別を許容する」という生徒の日常から見て奇異な概念が視野に入ってくるのです。平等とは，「すべて等しく」ということなのか，「等しきに等しく」ということなのかという論点です。これは，教師が設定した「平等権」の教育内容を見直し，リセットしていくことを意味します[*11]。教育内容は一度設定すれば終わりではありません。学習者の思考を媒介として，教育内容と教材は相互に影響しあうものと見ることができます。

3　新しい学力観の登場と資質・能力の強調

1　授業観の問い直しと拡張

1989年版の学習指導要領から，「新しい学力観」という考えが登場しました。それは，「子供一人一人のよさや可能性を生かすことを根底に据え，自ら学ぶ意欲や思考力，判断力，表現力などの資質や能力の育成を重視する学力観に立って学校教育の充実・改善を進めることが求められている[*12]」というものです。

「新しい学力観」という以上，1989年までの学校教育をどうとらえて更新したのでしょうか。次のように説明されています。「これまでの知識や技能を共通的に身に付けさせることを重視して進められてきた学習指導の在り方を根本的に見直し，子供たちが進んで課題を見付け，自ら考え，主体的に判断したり，

＊10　『判例時報』467号，1967年，26～32頁に判決がある。
＊11　「結婚退職制」という素材に別の「教育内容」を設定することもできる。たとえば，「男女共同参画社会」や「労働問題」（女性の働きやすさ）の歴史的展開，「ジェンダー」などの内容がある。その内容を担う教材も別に考えられる。
＊12　文部省『新しい学力観に立つ社会科の授業の工夫』1995年，１～２頁。

表現したりして，解決することのできる資質や能力の育成を重視する学習指導へと転換を図る必要がある[*13]」。

ここでは，知識の教授よりも，学習の主体化の契機を強調しています。では，知識，とくに基礎・基本はどう位置づけることになるのでしょうか。

「これまで，学習指導要領に示された各教科等の『内容』だけがそれとしてとらえられ，そのため，一定の知識や技能の教え込みにつながりがちな傾向がみられた。これからは，（中略）各教科等の『内容』は，（中略）子供一人一人の豊かな自己実現に生きて働く力となったとき，はじめてそれは意味をもつものと考えられる[*14]」

ここで述べられているように，知識は「教え込み」では「生きて働かない」という「不活性な知識」にしかなりません。そうではなくて，子どもが自分の願うことを阻むような問題場面に遭遇したとき，「生きて働く力」となるように基礎・基本を学ぶことで，「はじめてそれは意味をもつもの」になります。

こうした学力観の転換に伴い，教材は，次のようにとらえ直されました。

「これまでは，教材は，教師が教える内容や材料としてとらえる傾向がみられた。これからは，子供の側に立ち，子供一人一人がよさや可能性を生かし高めたり（中略）する学習活動ができようにするものとしてとらえることが大切である[*15]」

「子供の側に立ち」という表現に，学習の主体化の契機を重視していることを指摘できます。ここで，一定の教育内容を教えるための「教材開発」から，学習者がすでにもっている知識や経験を基盤に，新たな知識技能を活用して問題解決にあたる「場面開発」に実践上の課題が広がりました。

そして，2008年版の学習指導要領は，子どもの「思考力，判断力，表現力等をはぐくむ観点から，基礎的・基本的な知識及び技能の活用を図る学習活動を重視する」としました。これは，これまでの発問・指示中心の授業スタイルという教師の授業レパートリーに，活動中心の授業スタイルという新たなレパー

＊13　文部省『新しい学力観に立つ教育課程の創造と展開』1993年，9頁。
＊14　同上書，11～12頁。
＊15　同上書，25頁。

トリーを加えることを意味します。では，活動中心の授業スタイルとはどのようなものでしょうか。

2 「活動＋ふり返り」の基本構造をもつ授業の検討

筆者は，2005年から社会科のワークショップ型授業の開発研究に取り組んでいます。この授業スタイルは，「活動＋ふり返り」を基本構造とします。教師は，活動枠を定めて，活動（思考）空間を設定します。学習者は，設定された枠内で相互作用や試行錯誤を行います（枠の中の自由）。そして，終末の「ふり返り」で体験を言語化し，自分の学びをつくります。

ワークショップ型授業の一つに，明治維新の人物ランキング（小学校６年生）があります[*16]。教師が子どもに示す問題状況は，次のようなものです。

> 明治時代は，新しい世の中をつくろうと国全体が動き出した時代です。
>
> そのころの日本は，お金も兵器もなく，政治を進めていく法律や議会もありません。４人の人物が，これからの日本をどのようにしていくべきかについて代表的な意見を主張しました。西郷隆盛，大久保利通，木戸孝允，板垣退助の４人です。
>
> ４人の意見は，新しい明治政府にとって，どれも欠かせない大切なものでした。でも，４人の意見を一度に実行するほどの実力が，生まれたばかりの明治政府にはありません。そこで，どの人物の意見を優先して実行にうつすべきか，ランキングしてみよう。ランキングに正解はありません。

ランキングの選択肢となる４人の主張は，次のようなものです。西郷隆盛：朝鮮を開国させよう。大久保利通：国内の産業を発展させよう。板垣退助：話し合いの場（議会）をつくろう。木戸孝允：日本も決まり（法律）をつくろう。この問題状況と選択肢のなかに，学習者に使ってほしい概念を埋め込んであります。近代国家の形成という文脈と，産業（工業化），議会（下からの民主化），

＊16　上條晴夫・江間史明（編著）『ワークショップ型授業で社会科が変わる　小学校』図書文化社，2005年。なお，本章で示している子どもの意見は，2018年10月に山形市立金井小学校の公開研究会で実践されたものである。

法律（上からの民主化），国防と外交という構成要素です。

活動（思考）空間の枠は次の①から③です。

①では，４人の主張を知り，最初のランキングとその理由を書きます。この実践では，最初のダイヤモンド・ランキング[*17]で１位にした人物は，西郷４人，板垣７人，大久保７人，木戸11人でした。

②の交流の場面では，最初に同じ人物を１位にした者同士，次に違う人物を１位にした者同士の順で教室内を自由に動いて対話を行います。メモはあとでいいので，うなずきながら相手の話を聞くように教師から指示します。子どもは自分に必要なペースで動きます。同じ人物同士の交流では，ダラダラとゆっくり動きます。違う人物を選んだ友達との交流では，意見を聞きたい友達のところへシャープに動きます。

③で自分の席に戻り，改めて順位づけと理由を書きます。最後にふり返りです。教師が「一番考えさせられた友達の意見は」という書き出しを示しました。

ここでは，Ｈさんの思考を見てみます。最初の①で，次のように順位をつけていました。「１位：板垣……国民の意見をよくきこうとして国民を考えている。２位・３位：木戸……人々をまとめあげようとしている。大久保……何のためかもよくわからん工場や国民の大変さもわからずに，工場だ～とつっぱしっている。４位：西郷……わけもわからず，（朝鮮を）開国して，国民を考えず，手をくめばさい強だ～とつっぱしっていてはしたない」（下線部引用者）。

交流のあと，③のＨさんの順位は変わっていません。しかし，理由は次のように構造的に関連づけられ，学びが「深く」なっています。「木戸さんの，みんなという言葉で，国をまとめたり，法律を作ろうとしている意見にも迷ったが，板垣さんの国をまとめることをしっかり果たしたうえで，国民の声を取り入れながら，決めたほうがいいかなと思い，１位を板垣さんにしました。また，西郷さんも，国を楽にするため，こうしたのは分かるけど，やはり，国民の大変さを分かっていないから，一番後にしました」（下線部引用者）。

Ｈさんの最後のふり返りは次の通りです。「一番考えさせられた友達の意見

＊17　ダイヤモンド・ランキングとは，優先する順に選択肢をひし形に並べるもの。４つの場合，１段目に１位，２段目に２位と３位，３段目が４位となる。

は，Aさんの，大久保さんの意見です。私は，最初，国民にふたんがかかるからな……と思っていたけれど，Aさんの，産業が発たつすれば，兵器だけではなく，国民に役立つものをたくさん作れるから，大久保さんは，ものをつくることだけではなく，国民のことを考えていたと分かり，どうすれば，どっちの意見も取り入れられるか考えさせられた」（下線部引用者，一部表記を改めた）。

Hさんの思考の特徴は，交流を通して，「国民」という概念を明確に一貫して使い始めている点です。当初は，「国民の意見をよく聞く」板垣と「人々をまとめる」木戸ととらえていました。しかし，木戸を優先する友達と話すことで，「国民の意見を取り入れながらまとめる」という示唆を得ています。議会を「国民をまとめる」という統合機能をもつものと考え始めていると見ることができます。大久保については，Aさんと交流し，「国民に役立つ物を作れる」ととらえ直しています。そして，板垣と大久保について，国民にとって有益な双方の主張を，「どうすればどっちの意見も取り入れられるか」という新たな問いを見いだしています。

以上の活動（思考）空間の特質は，自分と異なる考えと対峙し理解することを通して，自分の考えを精緻にすることを促している点です。ここでは，相手を説得して意見を変えることも，交渉して妥協点を見いだすことも求められていません。各自が考えた順位は，それと異なる順位の考えと出合うことで未確定な（答えのない）状況に直面し，子どもたちは相手の考えを理解しようとするのです。

この授業は，2017年版の学習指導要領にある「資質・能力の三つの柱」に即して言うと，次のような資質・能力を子どもに育てたと見ることができます。

- 列強の東アジア進出の国際情勢（万国対峙）と明治維新による近代国家の形成を通して，近代化を政策の競合過程として理解している。政策を比較し，根拠と理由を伴って優先順位をつけている。（知識・技能）
- 近代国家の建設過程を，民主化，工業化，国防と外交という概念を働かせて考え，近代化の諸政策を関連付けて表現している。（思考・判断・表現）
- 明治の政治家による近代化の取組みを理解したり，自分と異なる意見を受け止めたりして，粘り強く視野を広げている。（主体的に学習に取り組む態度）

3　ワークショップ型授業からの示唆

ワークショップ型授業は，知識の教授と学習の主体化という２つの契機の関係に何を示唆しているでしょうか。ワークショップ型授業は，学習者の主体化の契機を最大限に位置づけています。教師の教授したい内容は，設定する活動（思考）空間の枠の中にあらかじめ埋め込んでおきます。学習者が枠の中で主体的に動いているときに，教師は全体に介入する指示や発言をしません。

この「枠の中の自由」という考え方からは，これまでの発問・指示中心の授業スタイルも，教師が発問や指示で，学習者の活動（思考）空間を設定していると見ることができます。この授業スタイルでは，教師が発問し，その発問に答えるように個人ないしグループに学習活動を指示します。その示された活動空間内で，子どもは思考したり表現したりします。ワークショップ型授業との違いは，教師が提供する活動（思考）空間が，活動中心の授業スタイルに比べてせまいため，学習者が試行錯誤する自由度が小さく，教師のコントロール度が高いことです。

しかし，その狭い活動（思考）空間においても，子どもは，すでに知っている知識や経験をもとに，新しいものを主体的につかんでいく活動をしています。子どもが資質・能力（有能さ）を発揮してそれを質的に高めるには，教師が最初に提示する活動（思考）空間のありようが問われることになります。子どもが学習を主体として遂行できるように，どんな知識や活動をどれだけどのように提供するのか。学習の主体化の契機に重点をおく学習指導が，今，改めて問われています。

まとめ

この章では，「客観的な知識の教授」と「学習の主体化」という２つの契機の相克と共存を３つの実践で見てきました。「福岡駅」（1954年），「女は損してないか―平等権」（1986年），「明治維新の人物ランキング」（2005年）の３つです。「福岡駅」の実践は，問題解決学習の典型であり，学習の主体化の契機を強調するものでした。「女は損してないか―平等権」の実践では，教師の教えたい内容と子どもが自立的に学ぶ内容との緊張関係がありました。「明治維新の人物ランキング」の実践は，子どもが活動する空間に知識を埋め込み，子どもがそれを使って主体的に学ぶことを示すものでした。子どもが学びの主体となるように，教師がどういう手立てをとり，支えるのか。その実践の中に，教師の創造性があらわれてくるのです。

さらに学びたい人のために

○奈須正裕・江間史明（編著）『教科の本質から迫るコンピテンシー・ベイスの授業づくり』図書文化社，2015年。

本書は，2017年版の学習指導要領が進める資質・能力ベイスの学習指導への転換について，奈須の問題提起をもとに，鶴田清司（国語），江間（社会），齊藤一弥（算数・数学），丹沢哲郎（理科），池田真（英語）の教科研究者が協働討議を行い，それぞれの教科の本質と授業づくりを示しています。

○池上彰『池上彰の「日本の教育」がよくわかる本』PHP 研究所，2014年。

本書は，2014年の時点で，日本の学校教育を考えるための基礎知識を解説したものです。第2章では，「ゆとり教育 VS 詰め込み教育」という観点から「教育の戦後史」を述べています。池上の説明に「本当か？」とつっこみながら読むと，視野を広げることができます。

第5章

学習指導と単元の構成

学びのポイント

- 学習指導案は，子どもの学習（思考）を指導するためのものであり，一定のコンテンツを子どもに伝える手順を示すだけのものではないことを理解する。
- 2017年版の学習指導要領が，各教科等の「見方・考え方」を働かせて「深い学び」の実現を目指すものであることを理解する。
- 「深い学び」のために「単元を見通した学び」のデザインが必要であることや，単元構成には個別単元の構成の水準と単元を横断したカリキュラム構成の水準の2つがあることを理解する。
- 単元のデザインにあたって，各教科等の「見方・考え方」を子どもが働かせる文脈をどのように生起させるかがポイントであることを，実践事例をもとに考える。

WORK 「根拠」と「理由」を区別しよう

2017年版の学習指導要領は，言語活動のいっそうの充実をうたっています。言語活動の充実とは，各教科等の特質に応じた言語活動を，教育課程全体で体系的に位置づけ実践することで，教科等を越えた汎用的な資質・能力の育成を目指すものです。たとえば，社会科の場合，次のように述べています。社会に見られる課題について，「考えたり選択・判断したりしたことを根拠や理由を明確にして論理的に説明したり，他者の主張を踏まえて議論したりするなど，言語活動の一層の充実を図るようにすることが大切である*」（下線部引用者）。

では，「根拠」と「理由」を明確にして説明するとはどういうことでしょうか。

小学校３年生社会科「店ではたらく人」の学習の一場面です。子どもたちは，買い物調べのインタビューをグループで整理したあと，スーパーマーケットの店内を教師が撮影したビデオ映像を観ました。教師は，「たくさんの人に買い物に来てもらうために，お店でしている工夫を予想してみよう」と発問しました。

子どもたちは，各自で考えたあと，次のような発表をしました。

「品物をとても安くしている」「看板があって，わかりやすくしている」「ならべ方をきれいにしている」「時間がたつと，もっと安くなる」「品物をたくさんならべている」「店やちゅう車場を広くしている」

子どもたちは，活発に発言しています。次の時間は，これらの予想を確かめるために，スーパーマーケットを見学する予定でした。

ここで子どもたちは，自分で見いだした事実を指摘しています。しかし，そうした事実（根拠）が，「たくさんの人がお店に買い物に来る」という主張（結論）にどうつながるかという理由を説明していません。「思考力，判断力，表現力等」は，その事実（根拠）と主張（結論）のつながりを考えて説明することで伸ばすことができます**。これは，論理的思考という汎用的な能力の育成を意味します。

上記の子どもが発言している事実に理由（なぜなら～）を補ってみてください。理由を考えることで，その事実が主張の根拠となるかを吟味できます。

例「ちゅう車場を広くしている。だから，たくさんのお客さんが来る。なぜなら，車で買い物にきて，一度にたくさん買ったものを運びやすいから」

＊　文部科学省，『小学校学習指導要領（平成29年告示）解説　社会編』日本文教出版，2018年，142頁。

＊＊　この「根拠，主張，理由」の３点セットは，「三角ロジック」と呼ばれている。「根拠A，だから主張B，なぜなら理由C」という構造で，論理的な説明の基本単位になる。各教科等での三角ロジックについては，鶴田清司『論理的思考力・表現力を育てる三角ロジック』図書文化社，2017年を参照。

導　入

授業の中で，子どもは教材に出会い，さまざまなことを考えたり，友達と関わってその思考を大きく変容させたりします。学習指導案は，そうした子どもの思考に教師がよりそい，子どもの追究と「生きて働く知識・技能」の獲得を促すために準備するものです。それは，一定のコンテンツを子どもに伝えるための教師の手順を示すだけのものではありません。現在，「深い学び」を促す学習指導が求められています。ここでは，「学習指導」の意味を確認してから，2017年版の学習指導要領が目標とする「深い学び」と，そのための「単元を見通した学び」について，考えてみます。

1　学習指導と「深い学び」

1　学習指導とは何か

授業にのぞむとき，教師は「学習指導案」を準備します。「学習指導」という言葉について，1947年版学習指導要領（試案）は，次のように説明しています。

「このことばを聞いて，その意味をごく常識的に考えると，知識や技能を教師が児童や青年に伝えることだと解するかも知れない。しかし，……学習の指導は，もちろん，それによって人類が過去幾千年かの努力で作りあげて来た知識や技能を，わからせることが一つの課題であるにしても，それだけでその目的を達したとはいわれない。児童や青年は，現在ならびに将来の生活に起る，いろいろな問題を適切に解決して行かなければならない。そのような生活を営む力が，またここで養われなくてはならないのである。……このような学習指導の目ざすところを考えてみると，児童や青年は，現在並びに将来の生活に力になるようなことを，力になるように学ばなくてはならない[*1]」

ここでは，次の２点を指摘しています。第一に，「学習指導」は，知識や技

＊1　文部省『学習指導要領一般編（試案）』昭和22年版，第四章の一。「学習指導要領データベース」より。https://www.nier.go.jp/yoshioka/cofs_new/（2023年５月８日閲覧）

能を伝えたり，わからせたりすることにとどまらないことです。知識や技能の教授の面だけに注目すると，「学習指導案」は，教師の発問や指示を列挙し，子どもにさせる活動を並べたものになります。ここには，教師の予定した教授のルートに沿って授業を滞りなく流すことを優先する考えがあります。こうした「教授」から子どもの「学習」への重点の移動を，「学習指導」という言葉は象徴しています。

第二に，「学習」の指導は，子どもが「現在並びに将来の生活に力になるようなことを，力になるように」学ぶことを目指すということです。子どもは，現在と将来の社会や人生においていろいろな問題に直面します。そうした問題を適切にとらえていく力として，知識や技能を生きて働かせるように子どもは学ばなくてはなりません。このことは，子どもの学習経験を，教室の中だけに閉じるのではなく，社会や人生に開かれたものにすることを意味します。

以上の点で，1947年版と1951年版の学習指導要領（試案）の考え方は，2017年版の学習指導要領の考え方に通底しています。2017年版は，教育に関する主要な問いを，「何を知っているか」から「何ができるか」，より詳細には「どのような問題解決を現に成し遂げるか」へと拡張ないし転換するものだからです（第1章参照）。

次に，2017年版の学習指導要領における学習指導について見てみましょう。

2　「深い学び」の学習指導

2017年版の学習指導要領は，各教科等の目標を，次の2つの部分で構成しています。前半部は，各教科等の特質に応じた「見方・考え方」を働かせ，学習活動を行い，育成を目指す資質・能力を示した柱書です。後半部は，「知識及び技能」「思考力，判断力，表現力等」「学びに向かう力，人間性等」の三つの柱で整理した目標を(1)(2)(3)と位置づけた部分です。

たとえば，小学校算数科の目標は，次のようになっています。

数学的な見方・考え方を働かせ，数学的活動を通して，数学的に考える資質・能力を次の通り育成することを目指す。

(1) 数量や図形などについての基礎的・基本的な概念や性質などを理解するとともに，日常の事象を数理的に処理する技能を身に付けるようにする。

(2) 日常の事象を数理的に捉え見通しをもち筋道を立てて考察する力，基礎的・基本的な数量や図形の性質などを見いだし統合的・発展的に考察する力，数学的な表現を用いて事象を簡潔・明瞭・的確に表したり目的に応じて柔軟に表したりする力を養う。

(3) 数学的活動の楽しさや数学のよさに気付き，学習を振り返ってよりよく問題解決しようとする態度，算数で学んだことを生活や学習に活用しようとする態度を養う。

小学校１年生の「数と計算」を見てみましょう。「数と計算」の領域で働かせる「数学的な見方・考え方」は，次のようなものです。「数の表し方の仕組み，数量の関係や問題場面の数量の関係などに着目して捉え，根拠を基に筋道を立てて考えたり，統合的・発展的に考えたりすること[*2]」。

たとえば，加法について次のような問題を扱った授業がありました。

「じゃんけんれっしゃをしています。りあさんの前に４人います。りあさんのうしろに２人います。ぜんぶで，なんにんいますか」

子どもたちはまず，これまでに学んだことを使って問題を解こうとしました。わかっていることは，「りあさんの前に４人います」「りあさんのうしろに２人います」です。きかれていることは，「ぜんぶでなんにん」とあるから「たし算」です。そうすると，４＋２＝６の式で，答えは６人になりました。教師が，りあさんを教室の前に呼び，その前に４人，そのあとに２人ならんでもらいました。子どもから次のような声がでました。

「えっ？」「７人だ」「一番うしろのゆうなちゃんがいらない」「ゆうなちゃんがもどればいい」「問題文とあってるよ」「ちがうよ。４＋２って答えがでた」

ここで教師が，「図に書いて考えてください」と指示しました。そして「式を考えてみましょう」と続けました。子どもから３つの図と式がでました（図

＊２　文部科学省『小学校学習指導要領（平成29年告示）解説　算数編』日本文教出版，2018年，42頁。

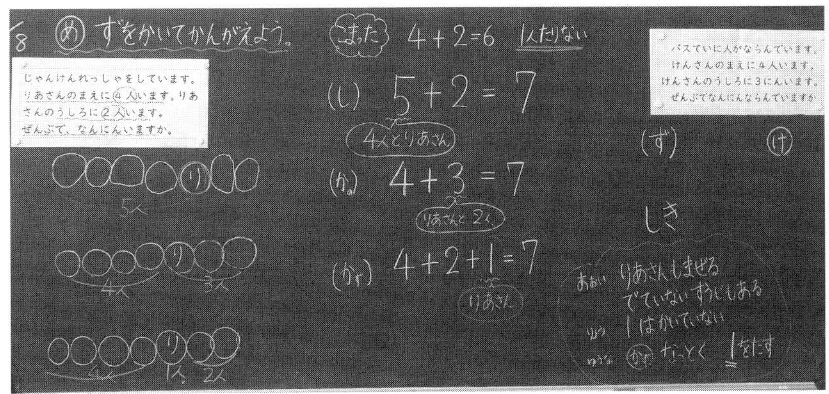

図5－1　子どもたちの考えた図と式の板書

出所：筆者撮影。

5－1）。

教師が意見をもとめると，ある子が次のように言いました。「自分とゆうとくんが5＋2と考えたのは，まえの4人とりあちゃんをあわせて5人で，それに2人をたして7人です」。教師が「なっとく？」と尋ねると，手をあげる子どもは5人ほどです。教師が「困っていることありませんか？」と尋ねると，「5という数字は（問題文に）ありません」「4＋3の3がわかりません」という子どもがいました。教師が，「じゃあ，図にもどって」と言います。それぞれの図と式を子どもが説明する中で，子どもたちは，りあさんの分の1を加えることに気付いていきました。最後の感想で次の発言がありました。

「りあさんをまぜて7人だから，全部で何人いますかだから，こういうときわからなくなったら，少しだけ紙（問題文）に書いてない数字もでるんだとわかりました」「紙（問題文）には4と2しか書いていない。全部で4＋2だと思います」「かずはさんの式（4＋2＋1＝7）に納得しました。かずはさんはちゃんと式を考えて1をたしたから，納得しました」

以上は，子どもがたし算を学んでいく普段の授業の1コマです。子どもは，これまで学習したことに引きずられたり，新しく学んだことに納得したりして，行ったり来たりしながら自分の考えを更新していきます。この授業で，子どもは問題場面を図や式で表して説明する数学的活動に取り組んでいます。既習の集合数のたし算の理解でいけば，４＋２でいいはずです。しかし，実際に友達が並んでみると，そうはなりません。ここで，子どもは，日常生活と関連づけて問題を見いだし，集合数と順序数の違いと意味を考える場面に直面します。

この授業で教師は，「問題を正しく図に表せること」や「図を根拠に式を説明できること」をねらいとしています。図を用いて問題文の数量関係を把握した上で，式の吟味に進むということです。式には，答えをだすために形式的な処理を可能にするという働きがあります。一方，式から具体的な事柄や関係を読み取ったり，数量関係をより正確に考察したりすることができる働きもあります。この授業で，子どもは，問題場面を表す式がいくつかあることに直面し，それらの式を図に戻って吟味し，より正確に表している表現を考察する活動に協働で取り組みました。数の性質と式に表す意味についての理解を質的に向上させた授業と言えます。

この授業は，問題文から式や答えのだし方を練習して解けるようにする水準の授業ではありません。「数学的な見方・考え方」を働かせて数の概念や数学的表現の意味について考察する水準を志向した授業です。後者の水準が，「深い学び」にあたります。2017年版学習指導要領は，深い学びを，「習得・活用・探究という学びの過程の中で，各教科等の特質に応じた『見方・考え方』を働かせながら，知識を相互に関連付けてより深く理解したり（中略）すること」[*3]と説明しています。では，この深い学びをどのように実現していくのでしょうか。そのために，学習指導要領は，「単元」という桁を強調しています。

2　単元を見通した学び

第４章で見たように，1947年版と1951年版の学習指導要領（試案）は，単元を，「児童・生徒の当面している問題を中心にして，その解決に必要な価値ある学習活動のまとまり」としていました。それは，学習の主体化を強調するものでした。2017年版の学習指導要領も，同様に学習の主体化を重視します。た

＊３　文部科学省『小学校学習指導要領（平成29年告示）解説　総則編』東洋館出版社，2018年，77頁。

だし，それを各教科等に本質的な「見方・考え方」を働かせる「深い学び」を実現するという文脈でとらえています。その点を，次のように説明しています。

「主体的・対話的で深い学びは，必ずしも１単位時間の授業の中で全てが実現されるものではなく，単元や題材など内容や時間のまとまりを見通して，例えば，主体的に学習に取り組めるよう学習の見通しを立てたり学習したことを振り返ったりして自身の学びや変容を自覚できる場面をどこに設定するか，対話によって自分の考えなどを広げたり深めたりする場面をどこに設定するか，学びの深まりをつくりだすために，児童が考える場面と教師が教える場面をどのように組み立てるか，といった観点で授業改善を進めることが重要となる。すなわち，主体的・対話的で深い学びの実現に向けた授業改善を考えることは単元や題材など内容や時間のまとまりをどのように構成するかというデザインを考えることに他ならない[＊4]」

ここで，「１単位時間の授業」の精度を上げるだけでなく，「単元や題材のまとまり」で「深い学び」をとらえていくことを強調しています。単元をどのように構成するかというデザインには，２つの水準があります。一つ目は，１つの単元をどう構成するかという個別の単元構成の水準です。上記の引用に述べている各場面を設定するための問いのデザインが問われます。二つ目は，単元を横断したカリキュラムをどう構成するかという単元間の水準です。次に，小学校社会科の単元を事例として，この２つの水準について考えてみましょう。

1　単元構成の水準のデザイン

事例とする単元は，小学校４年生社会科「水道水，下水，ごみから環境を考える」です。単元構成は，表５-１の通りです。

この単元のコンテンツの多くは，どこの学校でも行われているものです。しかし，この構成には，次の３つの特徴があります。

第一に，水道水，下水，ごみという３つの小単元で構成した点です。この結

＊4　文部科学省，前掲書，77～78頁。

表5－1 「水道水，下水，ごみから環境を考える」単元構成

第1次：水道の水はどこからくるのか	第2次：使われた水の行方を探る	第3次：水道水・下水・ごみから環境を考える
1　ふだん，どんな時に水道水を使っているの？ 2　毎日，どのくらい水を使って生活しているの？ 3　手洗いの活動を振り返り，1日に使う水の量を考える。 4　こんなに水を使って，水はなくならないの？ 5・6　水飲み場の蛇口を起点に，水道管の行方を探る。 7　水道水はどのようにして私たちに届くの？ 8・9　見崎浄水場の見学。 10・11　浄水場では，どのようにして水道水をつくるの？ 12　世界の国の水事情は？ 13　もっと水を大切に使いたいと考えるようになったわけを，説明し合おう。	1　使った水はどんな時に出るかな？ 2・3　水飲み場の排水口を起点に排水管の行方を探る。 4　学校と家の周りのマンホール調べを振り返る。 5　使われた水はどうやってきれいになるの？ 6・7　山形市浄化センター見学。 8　浄化センター見学の振り返り。 9　もし，浄化センターの機能が止まったらどうなるの？ 10・11　浄化センターの前，使われた水はどうしていた？〈下水道普及率と川の水質〉 12　最上川の水は，馬見ヶ崎川よりきれいか？ 13　下水処理場では，汚れた水をもっときれいにすべきか？大阪の淀川との水質比較。 14　皿の油をどう処理するか。 15　環境基本法について考える。	1　家のごみは，どうまとめてどう出しているの？ 2・3　ごみを家でどう分けるか。山形市のごみ分別表，無料か有料か。 4～6　清掃工場・リサイクルセンター・最終処分場の見学。 7　見学して心が動いたことは？ ごみは再利用できること。 8　山形市のごみの量の移り変わりは？ 平成22年のごみ有料化で減って横ばい。 9　本当にごみを減らしていけるのか？ 10　山形市と寒河江市のごみ処理の仕方のどちらに賛成か？プラスチックを燃やすか分別・再利用するか。 11・12　水道水・下水・ごみの学習を振り返り，「環境」をテーマにした「五七五作文」をつくろう。「自分の考えの変わってきたこと」を説明し合おう。

出所：奈須正裕（編著）『教科の本質を見据えたコンピテンシー・ベイスの授業づくりガイドブック』明治図書，2017年，75～76頁。

果，第1次と第2次で「使う水」と「使った水」の両方を一貫して学習することができました。これは，環境から飲料水を取り出すにも，使った水を環境に戻すにも，人間の営みがあることを示すことになりました。

第二に，水道水と下水を学習した後に，環境基本法を取り上げて「環境への負荷」などの概念を学習した点です。「環境への負荷」とは，「人の活動により環境に加えられる影響であって，環境の保全上の支障の原因となるおそれのあるもの」（第2条）です。これは，人間の生活と環境保全とのバランスに着目して社会をとらえる見方を支える概念です。社会科の本質的な理解に関わる概念

のひとつと言えます。

第三に，ごみの学習の最後に，単元の学習全体を振り返り，「環境」をテーマに学んだことを「五七五作文」で表現する活動と「自分の考えが変わってきたこと」を説明する活動を位置づけた点です。これは，「自身の学びや変容を自覚できる場面」の設定です。

この事例から，単元を構成する問いについて，次の4種類を指摘できます。

第一の問いは，獲得する知識が明確な問いです。たとえば，「浄水場では，どのようにして水道水をつくるの？」です。この問いは，調べたりすればある特定の事実的知識に行き着きます。これらの知識は，単元で扱う具体的な問題解決の文脈を構成するのに必要なものです。

第二の問いは，社会生活の文脈で判断する問いです。たとえば，第2次の下水の学習の最後に，教師は，油のついた皿を実際に示し，水で洗うかキッチン・ペーパーでふきとるかを子どもに尋ねました。わずかな油を暮らしの中で自分ならどう処理するかを考えるオーセンティックな場面の設定です。皿の油をキッチン・ペーパーでふきとることについて，子どもの意見は，賛成・少し反対・反対に分かれました。反対の理由は，キッチン・ペーパーが何枚にもなりコストがかかること，手間と時間がかかること，などです。これらの判断は，生活の文脈に根ざしている点でリアルですが，そこに限られているものでもあります。

第三の問いは，概念を活用して考える問いです。環境基本法で「環境への負荷」を学習した後，子どもは，環境基本法から何を考えたかを教師から問われました。ある子どもは，次のように書いています。

「環境基本法から考えたことは，環境をそのままにすることを考えたいけど，油をふきとった紙はリサイクルもできないからゴミになるだけだから，そこはどうなのかがわからない。そこで（油を）流しちゃうと下水処理場にわるいけど，どうすればいいかわからない」（括弧内は引用者）

この子どもは，人間の暮らしが環境に負荷を与えざるを得ないことを直観的にとらえ，戸惑いを述べています。自分の判断が問われた場面を，人間の暮らしと環境保全の関係（トレード・オフ）の文脈で問い直していると言えます。こうしたジレンマが，次のごみの学習に向かう問題意識を醸成します。

第四の問いは，単元の学習を振り返り，自分の考えを整理する問いです。たとえば，単元終末で，「環境」をテーマに，単元の学習の前と後で自分の考えが変わったことは何かを子どもは教師から問われました。ある子どもは，次のように書いています。

「水道水，下水，ごみの学習をして考えが変わってきたことは，学習をする前は，もやせるごみをたくさんもやすのは，かんきょうにわるくないと考えていたけど，今はなるべくかんきょうにいいように，せいそう工場の人たちがはたらいていてくれていることがわかったから，これからはごみをへらそうとがんばりたいです」

「なるべくかんきょうにいいように」という表現に，この子の「環境への負荷の低減」の理解を読み取ることができます。「せいそう工場」が，その役割を担っているという，ごみを減らす社会のマクロな営みが「わかった」としています。同時に，個人レベルで自分なりにごみを減らす取り組みを「がんばりたい」と述べています。この単元を学んだ子どもたちは，単元終末で次のような五七五作文を書いていました。

「水とごみ　ほうりつしっかり守ってね」

「守ろうよ　3つのRと環境を」

子どもたちは，環境と人間の生活との関わりを視野に入れて表現しています。

従来，ごみの単元終末では，暮らしの文脈でごみの減量を子どもに考えさせてきました。「自分たちにできることを考えよう」という問いです。そうすると，「分別は一人一人の心がけ」「ごみをだすルールを守ればごみがへる」と子どもは表現します。しかし，これは個人の心構えや態度からごみ減量に焦点をあてたものです。こうした暮らしや経験の文脈に限られた学習を，この単元のように，汎用的な概念を活用する水準に引き上げていく必要があるのです。

次に単元を横断する水準について考えてみましょう。

2　単元を横断したカリキュラム水準のデザイン

この事例の単元の「知識及び技能」は，飲料水の確保と廃棄物の処理という具体的な内容知識を扱うことを通して，自分たちの生活や産業と環境保全との相互関係（ある場合にはトレード・オフになるような関係）という本質的な理解を射程に入れたものでした。この単元で，子どもが獲得した資質・能力は，次のように表すことができます。

知識・技能：飲料水の供給や廃棄物の処理を通して，自分たちの生活や産業と環境保全との相互関係を理解している（知識)。飲料水の供給や廃棄物の処理の経路を，見学・調査をもとに環境と関連づけて整理している（技能)。
思考・判断・表現：飲料水の供給や廃棄物の処理について，生活と環境保全とのバランスに着目して社会をとらえる見方を働かせて，それらの事業が果たす役割について考えたり，表現したりしている。
主体的に学習に取り組む態度：飲料水の供給や廃棄物の処理について，生活や産業と環境保全との相互関係を理解したり，それらの事業が果たす役割について粘り強く考えて表現したりしている。自分の考えの変容の過程を内省して表現している。

小学校社会科における「社会的事象の見方・考え方」は，次のものです。

「位置や空間的な広がり，時期や時間の経過，事象や人々の相互関係などに着目して（視点)，社会的事象を捉え，比較・分類したり総合したり，地域の人々や国民の生活と関連付けたりすること（方法)[＊5]」

この単元で扱った「人間の生活と環境保全とのバランスに着目して社会をとらえる見方」は，この「見方・考え方」にある「事象や人々の相互関係」のひとつです。より一般的な問いの形で言えば，「人間の生活や産業と環境保全との両立をどう図るか」という問いになります。

この人間と環境に関わる一般的な問いは，小学校４年生の事例の単元以外の社会科の単元に関連づけることができます。たとえば，５年生の「国土の自然環境と国民生活との関連」では，「公害の防止」を扱います。公害は，たとえば，水俣湾への有機水銀の排出など，産業活動によって環境に過大な負荷を与え，人間の健康や生活環境に被害が生じたものと見ることができます。また，

＊５　文部科学省『小学校学習指導要領（平成29年告示）解説　社会編』日本文教出版，2018年，18頁。

６年生の「グローバル化する世界と日本の役割」は，地球環境問題を例に，「豊かさと環境保全の両立」や「持続可能な社会」を扱います。ここにも，「人間の生活と環境保全とのバランス」という見方は関わっています。この一般的な問いは，中学校社会科の内容にも延長できます。たとえば，地理的分野では，「人間と自然環境との相互依存関係」を，地理ならではの視点のひとつとしています。また，公民的分野では，経済学習で「公害の防止など環境の保全」を扱うことになっています。以上のように，単元を横断する一般的な問いと概念に注目することで，多学年にわたる単元内容をより一貫性と関連性をもったカリキュラムにすることができます。これは，個々の単元内容を通して，子どもの資質・能力を育てるという射程をもつことを意味します。

このように，教科の「見方・考え方」に関わる問いや概念にてらして子どもがいくつかの単元内容を学んでいくことで，子どもたちから「結局のところ，そんなに簡単に解決しない。人間の生活と環境のバランスをどうとるかだよね」といった発言が出てくれば，子どもが教科の本質的な理解に迫りつつあると言えます。2016年12月の中央教育審議会答申は，「新しい知識が，既に持っている知識や経験と結び付けられることにより，各教科等における学習内容の本質的な理解に関わる主要な概念として習得され，そうした概念がさらに，社会生活において活用されるものとなることが重要である[*6]」としています。

こうした単元を横断するカリキュラムの水準では，個別の単元内容の文脈で学んだ概念を別の単元内容の文脈にどのようにつないでいくかという新たな実践的な課題を指摘できます。教科の本質的な概念を中心に，単元での問いと単元を横断する一般的な問いを，どう連動させて設計するかという課題です。

まとめ

この章では，2017年版学習指導要領の「深い学び」の学習指導について考えてきました。小学校１年生の算数の加法の単元では，日常生活と関連づけて問題を見いだし，集合数と順序数の違いと式の意味を考える場面を準備していました。そこで

＊６　中央教育審議会「幼稚園，小学校，中学校，高等学校及び特別支援学校の学習指導要領等の改善及び必要な方策等について（答申）」2016年12月21日，29頁，注60。

は，数の性質についての理解を広げ，問題を正しく図に表したり，図を根拠に式を説明できたりする資質・能力の育成を考えていました。4 年生の社会では，「環境負荷」という概念に着目し，人間の暮らしと環境保全とのバランスという文脈で，飲料水の確保と廃棄物の処理を考える単元をデザインしていました。そこでは，自分たちの暮らしや産業を，環境保全との相互関係のもとで考えて判断できる資質・能力の育成を射程に入れていました。これらの事例は，深い学習を促すには，その教科ならではの「見方・考え方」を子どもが働かせられるような学びの文脈を，準備することが大切になることを示しています。

さらに学びたい人のために

○横浜市小学校算数教育研究会『Before・After で分かる！数学的に考える資質・能力を育成する算数の授業』東洋館出版社，2019年。

小学校算数の24事例を取り上げて，Before の授業の単元デザインに，「数学的な見方・考え方及びその成長」「ゴールの姿」「子供の問い」の観点から修正を加え，After の授業について「学びの文脈の生起」と「育成する資質・能力」という点から，「本実践の価値」を述べています。

○奈須正裕（編著）『教科の本質を見据えたコンピテンシー・ベイスの授業づくりガイドブック』明治図書，2017年。

この章で扱った社会科の単元のほか，国語，理科，総合的な学習の時間など15事例を取り上げて，コンピテンシー・ベイスの授業づくりを述べています。編著者の奈須が「15事例の読み解きガイド」を執筆し，各教科等の本来のあり方を問い直し，実践を再構築するための学びのポイントを指摘しています。

○江間史明「小学校社会科における『見方・考え方を働かせる』単元デザイン――第 4 学年『循環』と『環境負荷』を中核概念として」『山形大学大学院教育実践研究科年報』14号，46～55頁，2023年。

子どもが「見方・考え方を働かせ」ていくことを促すような単元とはどういうものでしょうか。この章で扱った社会科の単元を発展させて，その単元デザインの方略を明らかにしています（論文タイトルで検索すれば入手できます）。

第6章

授業の構成と学習指導案

学びのポイント

- 学習指導案という様式のフレームと書くべき項目（要素）を理解する。
- 学習指導案が，授業の骨格を構成するのに必要なポイントを，過不足なく網羅（カバー）していることを理解する。

WORK　発問のあとに指示を意識しよう

以下は小学校５年生社会科の工業学習で，自動車の開発の仕事を学習する導入の場面です。教育実習生の授業で，『　』は実習生の発言，「　」は子どもの発言です。

実習生が，『10年後，こういう車があったらいいなというのがある人？』と発問しました。「はい」と言いながら手をあげた子が４人。すぐ７人，10人とふえてきます。『だれにしようかな』と実習生がつぶやきます。「はい」「はい」という声が大きくなりました。

『Ｄ君』と実習生が指名しました。「あー」という声の中でＤ君が発言しました。「めちゃくちゃ速くて，空を飛べて瞬間移動。そんなことのできるキャンピングカーがいい」。実習生が『どうして？』と問い返すと，「だって，すぐどこにでもいけるから」とＤ君が応えました。

Ｄ君がすわると，「はい」「はい」と手があがります。実習生は，『どうしようかな』とつぶやき，『Ｍ君』と指名しました。Ｍ君は，「やった」と言いつつ発言しました。「今のスポーツカーはガソリンというか排気ガスで。地球にやさしい，ガソリンとか以外で走れる車がいいです」。

「はい」「はい」という大きな声がつづきます。

実習生は，負けないように声をはりあげました。『いろいろアイデアあるよね。実際に取り入れてもらえるかな』。こう言いつつ，開発部門の仕事をしている写真と組立工場のラインの写真をはりました。『２つの写真を比べてどんな違いがあるか考えてください』と発問しました。数人の子どもから「はい！」という大きな声と手が，いっせいにあがりました。

授業後，実習生は，「どうしてこうなってしまうのか？」と戸惑っていました。彼は，子どもの考えたつぶやきを教師がひろい，落ち着いてすすむ授業にあこがれていました。しかし，実際は，実習生の言葉や行為が，子どもの反応の早さとアピール競争を生んでいました。挙手しない子どもは，事実上，授業で無視されています。この反応の早さとアピール競走をどうすればとめられるのでしょうか。カギは発問のあとに実習生が指示をすることです。どんな指示が必要かを考えてみてください。

● 導　入 ● ● ● ● ● ● ●

「授業が流れる」という言葉があります。その授業の流れ方は2つあります。一つは，よどみなくスムーズに進行することを優先するものです。教師は，学習活動を次々と指示したり，「他に」と言って教師の期待する答えが子どもから出てくるのを待ったりします。もう一つは，子どもが困難に直面する事態をあらかじめ組み込み，授業の流れをよどませたり停滞させたりするものです。子どもは困ったときに初めて真剣にその事態に取り組みます。そこで今までの考えを組み換えたり，高めたりするのです。こうした授業の流れを考えることを「授業を構成する」と言います。通常，学習指導案を書く行為によって行います。学習指導案は，授業を構成するためのフレームとその諸要素を示しています。この章の目的は，学習指導案のフレームとその諸要素を理解することを通して，授業を構成するときに考えるべきポイントを明確にすることです。

● ● ● ● ● ● ●

1　学習指導案のA面(単元案)に書くべき諸要素とその関係

学習指導案のＡ面は，実施する授業を位置づける単元について書く「単元案」です。単元案には，①単元名（題材），②単元目標，③教材観，④児童観，⑤指導観，⑥評価，⑦指導計画を明記します。これらの各要素は，相互に連動しています。各要素の対応関係を理解すれば，学習指導案は，理づめでシステマティックに書けます。必要なのは，センスよりもていねいさや粘り強さです。では，各要素を見ていきましょう。

ここで事例とする学習指導案は，小学校４年生社会科の廃棄物の処理の単元です。筆者の授業で2020年度の履修学生が作成したものです。[*1]

①単元名（題材）

2016年12月の中央教育審議会答申は，単元を，「各教科等の系統的な内容を扱いつつ，その中での学習のまとまりを子供にとって意味のある学びにしよう

＊1　筆者の大学の授業（90人受講）では，４人のチームで学習指導案を作成する。事例の学習指導案は，筆者が一部修正。使用教科書は『新しい社会４』（東京書籍）である。

とする様々な工夫*2」とします。本書の第４章第１節で，教材単元と経験単元について説明しました。教材単元の考えでは単元名を内容で表現します。たとえば，「ごみのしょりと利用」です。一方，経験単元の考えでは単元名を子どもの活動で表現します。例えば，「ごみから環境を考えよう」です。客観的知識の教授と学習の主体化の２つの契機を授業者はどう考えて単元をつくろうとしているのか。単元名は，そのことを端的に示してくれます。立ち止まって考えてみてください。

②単元目標

単元目標は，この単元を通して子どもをここまで高めたいというゴールの姿を教師が設定するものです。資質・能力の三つの柱にそって書きます。「知識及び技能」「思考力，判断力，表現力等」「学びに向かう力，人間性等」です。３つの目標は，ホールケーキを切り分けたピースのように，実体的に分けられるものではありません。子どもの学習の事実は１つです。１つの学習の事実を３つの角度から見て記述したものになります。文末表現は「○○できる」です。

(1)　廃棄物を処理する事業は，衛生的な処理や資源の有効活用ができるように進められていることや，生活環境の維持と向上に役立っていることを理解できる。(知識及び技能)

(2)　廃棄物を処理する事業と環境を関連づける見方・考え方を働かせて，廃棄物処理の事業の様子をとらえ，その事業の果たす役割を考えたり，ごみの減量に自分たちができることを選択・判断したりしたことを表現できる。(思考力，判断力，表現力等)

(3)　廃棄物を処理する事業が果たす役割を理解することで，ごみの分け方や出し方を見直したり，自分にもできるごみを減らす工夫を粘り強く考えたりできる。(学びに向かう力，人間性等)

後にでてくる児童観のところで描かれる子どもたちの単元前の姿を，この目標の水準に高めることが，この単元での教師の仕事になります。

＊2　中央教育審議会「幼稚園，小学校，中学校，高等学校及び特別支援学校の学習指導要領等の改善及び必要な方策等について（答申）」2016年12月21日，26頁，注55。

③教材観

教材観は，「学習指導要領との対応」と「単元設定の理由」の２つを書きます。「学習指導要領との対応」は，通常，「本単元は，学習指導要領の内容○○に基づいて設定した」という記述になります。その単元で扱う内容と学習指導要領の該当する内容項目との対応を明示します。学習指導要領の内容項目の文言は，一度，自分の手で写経のように書き写すことを勧めます。よくわからない語句が見えてきます。各教科書会社の教科書を教材研究するための最初の切り口になります。

「単元設定の理由」は，この単元を子どもが学ぶ意味や価値を教師として記述することです。この単元を通して子どもが何を考え判断することができるのか，教師として子どもと一緒に追究していきたい内容を書くことになります。

教材観　本単元は，小学校学習指導要領社会編第４学年の内容(2)アの(イ)(ウ)，イの(イ)に基づいて設定した。私たちは，普段何気なくごみを捨てているが，資源は有限である。昔は，ごみをそのまま埋めたり焼却したりして処理していた。その後，ごみを処理する仕組みが改善され，公衆衛生を向上させ，環境に与える負荷を軽減してきた。ごみ処理には多くの人が携わっており，地域の人々の協力もあり成り立っている。廃棄物に関するきまりや法律を知ることで，自分たちのごみの分け方や出し方を見直すことができる。ごみを減らすために自分たちが協力できることを考え，生活に活かしていくことができるようになる単元である。

④児童観

児童観には，単元で扱う内容と素材について，子どもたちが，どのようなことをすでに知っていて，どのようなことをまだ知らないのかについて書きます。そこから，授業者としてどのような点でもっと伸びてほしいと考えているかを書きます。

児童観　子どもたちは，ごみには分けて出すための種類があることや，アルミ缶やペットボトルを再利用できることを知っている。しかし，ごみの分別が生活のさまざまなごみに及んでいることや，そうした分別をすることの意味についてはまだ理解していない。ごみ置き場のきまりに加えて，廃棄物に関する法律を知ることで，ごみをとらえる視野を広げることも必要である。

この児童観のところに，「この学級の児童は，素直で，男女の仲がよく」というような記述をする場合があります。そうした記述は書いてもかまいませんが，単元目標に関わらない場合は必要ありません。それよりも単元で扱う内容についての子どもの現状分析が必須です。そうしないと他の諸要素（目標等）との関係が不明確になるからです。

⑤指導観

この指導観を書くまでに，子どもの単元前の姿（児童観）と，目標とする単元後の姿（単元目標）や単元を学ぶ意味（教材観）が明らかになっています。指導観は，子どもの現状と目標とする水準の間にある「落差」を埋めるための教師の手立てを記述します。単元のテーマや単元への導入の工夫，学習活動や必要とする資料などを書きます。これは，⑦の指導計画に関連します。

指導観　「ごみが抱える問題に自分たちができることは何か」というテーマを中心に単元を考える。単元導入で，子どもたちが資源の有効活用という点から日常生活と廃棄物を関連づけられるように，家庭ごみの分別について考えさせる。子どもたちが分別した結果を山形市の家庭ごみの出し方・分け方のポスターを見て確かめ，ごみの正しい分別の仕方がわかるようにする。ごみの実態やごみ置き場のきまり，廃棄物に関する法律を理解できるようにし，そこからなぜごみを分別して出さなければならないかの疑問をもたせるようにする。

廃棄物を処理する事業の見学については，事前に調べたいことの問いをたてて，目的をもって見学できるようにする。実際に見学して話を聞くことで，子どもたちがごみを減らすために役立ちたいと思えるようにする。

単元終末では，「ごみが抱える問題に自分たちができることは何か」という問いについて，限られた資源の有効利用と環境負荷の軽減という点から分別を考え，単元で学んだ内容を振り返り表現できるようにする。

この指導観は，「社会的な見方・考え方を働かせる」場面として，単元の導入と終末を想定しています。導入では「資源の有効活用という点から日常生活と廃棄物を関連づけ」ることです。終末では「限られた資源の有効利用と環境負荷の軽減という点から単元で学んだ内容を振り返り表現できる」ことです。分別するという行為の根拠と理由を考えることに焦点をあてています。

⑥評　価

評価には，この単元の評価規準を書きます。単元の中で，あるいは単元を通して高めてきた子どもたちの学習状況（伸び）を把握するためのよりどころです。子どもたちを高めたいゴールの姿は，「単元目標」にあります。この単元目標を，評価の観点にそって書きくだせば，評価規準になります。評価の観点は，「知識・技能」「思考・判断・表現」「主体的に学習に取り組む態度」の3つです。単元目標と評価規準の観点は言葉と意味が違う点に注意してください。単元目標と評価規準は，いわばコインの裏表の関係です。評価規準の文末表現は，「○○している」となります。

(1)　廃棄物を処理する事業は，衛生的な処理や資源の有効活用ができるように進められていることや，生活環境の維持と向上に役立っていることを理解している。（知識・技能）

(2)　廃棄物を処理する事業と環境を関連づける見方・考え方を働かせて，廃棄物処理の事業の様子をとらえ，その事業の果たす役割を考えたり，ごみの減量に自分たちができることを選択・判断したりしたことを表現している。（思考・判断・表現）

(3)　廃棄物を処理する事業が果たす役割を理解することで，ごみの分け方や出し方を見直したり，自分にもできるごみを減らす工夫を粘り強く考えたりしている。（主体的に学習に取り組む態度）

評価規準自体は，ある意味で，単元目標から機械的に書き起こすことができます。ただ，この単元で子どもに期待する姿や伸びをイメージすることを忘れないでください。

⑦指導計画

指導計画は，指導観に書いた内容を単元に何時間で配置するかを書きます。B面（本時案）で述べる授業が単元のどの授業時間かを「本時」として示します。

指導計画（12時間）

1　ごみを分別する（本時）	6　ごみしょりがかかえる問題（1時間）
2　ごみのゆくえ（1時間）	7　ごみしょりのくふう（1時間）
3　もえるごみのゆくえ（2時間）	8　ごみしょりについてまとめる（1時間）
4　もやしたあとのくふう（2時間）	9　自分たちのできることを考える（1時間）
5　ごみが生まれ変わる（2時間）	

指導計画は，使用する教科書の出版社のホームページを参考にしてください。教科書を作成した側が考えた年間指導計画が掲載されています。自分の単元構想にてらしてアレンジを加えてください。なお，⑥評価と⑦指導計画をまとめて「指導・評価計画」の1枚の表で記述する場合もあります。単元の展開に沿って，どこでどんな評価をするかを示すものです。

2　学習指導案のB面(本時案)に書くべき諸要素とその関係

学習指導案のB面は，本時（1時間）の授業構成について書く「本時案」です。本時案には，⑧本時の目標，⑨学習過程，⑩評価を明記します。各要素を見ていきましょう。この節の最後に，事例の学習指導案のB面を示しています。

⑧本時の目標

B面の本時案は，1時間の授業の展開を書きます。そのため，学習活動や発問を並べて，学習過程を埋めることに意識が引きずられます。その結果，「何のためにその活動をするのか」「その活動で何を学んでほしいのか」という点が曖昧になりがちです。そのときに立ち戻るのが，本時の目標です。

本時の目標は，単元目標を本時の内容で具体化したものです。本時の活動を通して何を子どもに身につけてほしいのか。その教師の求めるゴールの姿を，本時の目標に書きます。

⑨学習過程

学習指導案は，学習過程を1枚の表で表すのが通例です。この表は，タテに見ると，導入—展開—終末という時系列に沿った学習活動の通時的展開を表します。ヨコに見ると，「学習活動」「主な発問（◎）と指示（△），子どもの反応（○）」「指導上の留意点」が並んでいます。これは，各々の学習活動における授業者の指導と子どもの思考との相互作用の共時的展開を表します。「学習活動」は子どもを主語に文章を書きます。「指導上の留意点」は教師を主語に文章を書きます。

学習過程を書く際のポイントは4つあります。

第一に，本時の学習課題を，導入の最後に明記することです。通常，四角で囲みます。事例では，「ごみを分別する理由を考えよう」です。「ごみをどうして分別するのか」と疑問文で書く場合もあります。この学習課題が，本時で子どもが追究してはっきりさせたいことになります。教師から言えば，その学習課題の追究を通して，結果として，子どもが目標の水準に達すると考えるものです。一方，同じ課題でも，たとえば，「ごみを分別してみよう」は，単に作業を示す課題にすぎません。作業を通して何を子どもに考えてもらいたいかが不明です。作業課題は，学習課題に変える必要があります。

第二に，子どもが考えるのを支える材料を十分に示すことです。子どもの生活経験や既習の内容と接続する材料が十分にあれば，子どもは考えやすくなります。また，子どもは，自分の主張に根拠や理由を伴わせることができます。事例では，導入でごみの分別ゲームを位置づけています。子どもにどんなごみを示して分類してもらうのか。教師によるごみの選択が問われます。

第三に，発問をするときに必ず指示と1セットにすることです。発問や指示は，子どもに話す言葉で書きます。事例では，学習活動の3に，発問「宇都宮市のごみの量の資料を見てみましょう。なぜもえるごみが一番多いのでしょうか」があります。この発問だけすると，すぐ考えついた子どもが手をあげます。もし，授業者がその子を指名すれば，まだ考えていたい子どもは授業の流れから外れます。しかし，事例ではこの発問に次の指示が続きます。「分別してみたことをもとに，考えをワークシートに記入してください。5分間とります」。この指示で挙手の反応速度競争にならずに，一人ひとりの子どもに考える場所と時間を提供できます。教師が個別指導する時間の余裕も同時に生まれます。

第四に，発問に対する子どもの反応を予想して書きこむことです。教師の提示した材料を使って，この発問に答えようとしたら，子どもがどう考えるか。自分で発問して自分で答える，いわば一人芝居です。もし，子どもの反応があれこれ予想できなかったら，材料か発問か，どこかに無理があります。改善が必要です。学級の○○君ならこう言うだろう，と子どもの名前で予想できたら，学習指導案を子どもの側から考える準備ができていることを意味します。

⑩評　価

評価には，本時の評価規準と評価のための材料を書きます。本時の目標と評価のコインの裏表関係は，単元案と同じです。目標と評価の観点の言葉が違う点は，あらためて注意してください。

【資料】学習指導案B面（本時案）の例

ごみのしょりと利用

本時の指導　小教材：ごみを分別しよう（12時間の１時間目）

１．目　標

⑴　日常生活のごみを分別する活動を通して，ごみを分別する理由を考え表現することができる。（思考力，判断力，表現力等）

⑵　ごみ置き場のきまりや廃棄物に関する法律を理解できる。（知識及び技能）

２．学習過程

区分	学習活動	主な発問（◎）と指示（△），子どもの反応（○）	指導上の留意点
導入（15分）	１．ごみを分別する	ここには，10種類のごみの写真があります。ペットボトル，プリンのカップ，アルミ缶，ジャムの空き瓶，CD，新聞紙，オロナミンCのふた，お菓子の箱，牛乳パック，カレンダーです。 ◎ここにあるごみを捨てられるように６つに分類してみましょう。 △黒板をみて，３分間で考えてみてください。 △黒板にでて，写真を動かして発表してください。 ○アルミ缶は，ビン・カンだと思います。 ○お菓子の箱は，もえるごみだと思います。 ○新聞紙は古紙類だと思います。 ○ CD は，雑貨品だと思います。 ○牛乳パックは，スーパーにもっていきます。 ○カレンダーは，もえるごみだと思います。 ○えっ，ちらしと一緒にだすかもしれない。	・黒板に，６つの○を書いて，それぞれ「もえるごみ」「古紙類」「ビン・カン」「プラスチック類」「雑貨品」「ペットボトル」と分別の種類を記入する。 10種類のごみの写真を黒板にはる。 ・黒板に出てきてごみの写真を動かし，どこに分類するかをわかるようにする。 ・児童が分類するときに迷いそうなものをごみとして選ぶ。

	２．ごみの分け方・出し方のきまりを知る。	△山形市の家庭ごみの分け方・出し方のポスターで，確認してみましょう。３分間とります。 ○アルミ缶はビン・カンであたりだね。 ○お菓子の箱は古紙類なんだ。 ○新聞紙は古紙類であたりだね。 ○ CD は，プラスチック類なんだ。 ○牛乳パックやカレンダーは古紙類です。 T説明：カレンダーとか牛乳パックとかお菓子の箱をもえるごみに分けていた人がいたけど，リサイクルできるものをもえるごみにしています。 ごみを分別する理由を考えよう	・山形市の家庭ごみの分け方・出し方のポスター（黒板にはる用）を用意する。児童用にポスターの縮小コピーを配布する。 ・ポスターで確認しながら，ごみの写真を正しい分別に移動する。
展開（20分）	３．宇都宮市のごみの資料を分析する。	◎宇都宮市のごみの量の資料を見てみましょう。なぜもえるごみが一番多いのでしょうか。 △分別してみたことをもとに，考えをワークシートに記入してください。５分間とります。 △発表してください。 ○もえるごみじゃないのを間違ってもえるごみにすてているから。 ○家で出るごみは，もえるごみが一番多いから。 T説明：本当はリサイクルできるものをもえるごみにしています。	・教科書 p. 57の図３。 ・机間指導で児童の考えを把握し，発表してもらいたい児童の考えを選んでおく。
	４．ごみに関するきまりと法律を知る。	◎ごみ置き場の看板の写真と「廃棄物の処理及び清掃に関する法律」についての資料を見てみましょう。気づいたことはありますか。 △ワークシートに記入してください。５分間とります。 △発表してください。 〈ごみ置き場の写真〉 ○資源物を持ち帰ると，ばっ金をとられるという宇都宮市の条例があります。 ○曜日によって，出すごみの種類が決められています。 〈法律〉 ○生活環境を守ることと，公衆衛生の向上が目的です。 ○はいき物を減らし，正しい分別，ほかん，しゅう集，運ぱん，さい生，しょりをします。 ○勝手に捨てるとばっ金があります。	・教科書 p. 57の図４の資料，環境省の廃棄物処理法について，目的や罰則を抜粋し，簡略化した資料を用意する。

終末（10分）	5．ごみを分別する理由を考える。	◎では，なぜこのようにきまりや法律をつくって，ごみを分別しなければならないのでしょうか。 △考えをワークシートに書きましょう。5分間とります。 △発表してください。 ○それぞれのごみの処理方法が違うから。 ○ごみの中でも，リサイクルできるものがあるから。	・机間指導を行い，児童の学習の成果を確認する。 ・ワークシートに書くことで，児童の学んだことが目にみえるようにする。

3．評　価

(1) 日常生活のごみを分別する活動を通して，ごみを分別する理由を考え表現しているか，ワークシート（学習活動3と5）で評価する。（思考・判断・表現）

(2) ごみ置き場のきまりや廃棄物に関する法律を理解しているか，ワークシート（学習活動の4）で評価する。（知識・技能）

3　学習指導案による模擬授業

さて，ようやく学習指導案を書きあげました。大学では，この学習指導案を使った模擬授業に進みます。友達の学生20人程度を児童役に見立てて授業をします。事例とした学習指導案を書いたチームの学生たちも，模擬授業を行いました。模擬授業のあとの事後検討会では，導入にある分別ゲームの10種類のごみの選択や，宇都宮市のもえるごみの多さを考える活動が議論になりました。授業者をした学生Ｙさんは，模擬授業のあと，次のように自分の課題を振り返っています。

> この（導入の）場面では，分別ゲームで誤って「もえるごみ」に分別してしまっていた資源ごみが多かったことに触れ，「リサイクルできるものまで，もえるごみに捨ててしまうのはもったいない」ことを確認した。その後に宇都宮市のごみの量のグラフを見て，「なぜもえるごみが一番多いのでしょうか」という問いを考えさせた。私たちが求めていた答えは，分別ゲームでも確認したような「リサイクルできるものまで，もえるごみに捨ててしまっているから」だった。そう考えてくれた児童もいたが，もえるごみが多い理由はそれだけではなかったはずだ。実際に，児童の中には「生ごみなども，もえるごみに含まれるから」や「もえるごみに分別されるごみが，他の種類のごみよりも多いから」と記述して

いる人もいた。分別を誤るとさまざまな弊害が出るということに目を向けたい一心だったが，児童の中に生まれた小さな疑問や私たちとの温度差に気がつくことができなかった。あくまでも学習指導案は指針で，臨機応変な対応や児童の反応の観察，机間指導が必要なのだと再認識した。

授業者の学生は，学習指導案にとらわれすぎて児童の考えを十分にくむことができなかったことを課題としています。このように，模擬授業は，学習指導案を学習者の視点から吟味する機会となります。ここで「あくまでも学習指導案は指針」と述べている点について，次の2点を指摘できます。

第一に，学習指導案の学習過程で子どもの考えをていねいに予想しておいたから，その予想とずれた子どもの思考を敏感にとらえられたということです。予想が不十分であれば，出てきた子どもの思考の各々にその場で対応することになり，頭の中が真っ白になります。一方，子どもの反応を事前にていねいに予想して学習過程を緻密にすると，学習指導案通りに授業を流したくなるかもしれません。しかし，授業者の予想とずれたとき，子どもは確かに自分の思考をしているのです。ある意味で，授業者の予想が裏切られることを期待して子どもの考えの予想を学習指導案に書き込むことになります。それを書き込むことで，一人ひとりの子どもの思考の現れに耳を澄ますように，授業者の感覚を「チューニング」できるのです。

第二に，授業者の予想とずれた子どもの考えは，本時の目標に立ち戻って子どもに提示する材料を再検討することを促します。この事例の場合，宇都宮市という市全体のごみの量の棒グラフを材料に考えています。しかし，「生ごみなども，もえるごみに含まれるから」や「もえるごみに分別されるごみが，他の種類のごみよりも多いから」という意見は，各家庭でのごみの分別の経験をもとにしていると考えられます。そう考えると，たとえば，市町村の出す「家庭系もやせるごみの組成分析」のような円グラフを加えると，子どもには考えやすいかもしれません。家庭ごみが，生ごみや新聞・雑誌，雑がみ，布類，などを何パーセント含むかを示すものです。本時の目標は，「日常生活のごみを分別する活動を通して，ごみを分別する理由を考え表現することができる」でした。分別するという活動の文脈を一貫させて，考える材料を提供するという改善点を指摘できます。

まとめ

この章では，学習指導案のフレームと書くべき項目（要素）について見てきました。各々の要素は，授業を構成するときに欠くことのできないポイントです。単元案（A面）と本時案（B面）は，いずれも大事ですが，より重要なのは，単元案（A面）です。なぜなら，第５章で見たように，2017年版の学習指導要領は，「単元を見通した学び」を通して，子どもの学びを「深くする」ことを目指しているからです。たとえば，単元目標がなければ学習のゴールが定まりません。教材観がなければ単元の設定理由がわかりません。児童観がなければ単元を学ぶ前の子どもたちの現状がわかりません。指導観がなければ現状から目標の水準まで子どもたちをどう高めるかがわかりません。評価規準がなければ子どもたちの学習状況をどう把握しようとしているかがわかりません。

学習指導案は，授業に限らず，学校の教育活動を構想し吟味するツールになります。運動会や遠足も学習指導案を書くことで，その活動を吟味できます。

さらに学びたい人のために

○奈須正裕（編集代表），江間史明・吉村敏之（編著）『新しい学びの潮流５　教師として生きるということ』ぎょうせい，2014年。

本書では，教師として学び成長するための「技」について述べています。授業を記録する，出かけて授業を見る，校内研究会で学ぶ，などです。また，初任時代からの教師としてのライフコースを小・中学校の教師が語っています。「子どもの事実から学ぶ」ことの実際を知ることができます。

○佐伯胖『「わかり方」の探究』小学館，2004年。

学習指導案では，子どもが「考え表現する」と記述することがあります。しかし，そもそも「考える」とは何をすることなのでしょうか。本書は，「わかる」「できる」「考える」「おぼえる」「遊ぶ」などについて，認知科学の成果にてらしながら，「どういうことか」と原理的に問い，その意味を平易に述べています。すこし時間のあるときに読んでみることを勧めます。

第7章

個に応じた指導（個別最適な学び）と環境による教育

学びのポイント

- 授業における多様性―子どもの学習適性について理解する。
- 「個に応じた指導」の背景にある学習理論を理解する。
- 一斉授業の課題と，個に応じた指導の実践について学ぶ。
- 環境による教育の具体的イメージをもつ。

WORK 「令和の日本型学校教育」

2021年1月26日，中央教育審議会は「『令和の日本型学校教育』の構築を目指して～全ての子供たちの可能性を引き出す，個別最適な学びと，協働的な学びの実現～（答申）」を公表しました。副題にある「個別最適な学び」とは，本章の主題である「個に応じた指導」を学習者視点で整理した概念です。

「子供たちの知・徳・体を一体で育む『日本型学校教育』は，全ての子供たちに一定水準の教育を保障する平等性の面，全人教育という面などについて諸外国から高く評価されている」（5頁）と同時に，深刻な問題のあることが，新型コロナウイルスの感染拡大で明らかとなりました。

その典型が「学校の臨時休業中，子供たちは，学校や教師からの指示・発信がないと，『何をして良いか分からず』学びを止めてしまうという実態が見られたこと」であり，「これまでの学校教育では，自立した学習者を十分育てられていなかったのではないか」（13頁）との懸念です。

その原因について答申は「『みんなと同じことができる』『言われたことを言われたとおりにできる』上質で均質な労働者の育成が高度経済成長期までの社会の要請として学校教育に求められてきた中で，『正解（知識）の暗記』の比重が大きく」なっていたこと，「『みんなで同じことを，同じように』を過度に要求する面が見られ，学校生活においても『同調圧力』を感じる子供が増えていった」（8頁）ことなどを挙げています。

「令和の日本型学校教育」では，これらの問題を克服し，すべての子どもが自立した学習者へと育つことを目指します。そこで重要になってくるのが，子どもたち一人ひとりの多様性に応じる教育，つまり「個に応じた指導」＝「個別最適な学び」なのです。

問い　速すぎて授業についていけない，すでに知っていることばかりで退屈だった，学習の仕方が自分に合っていない，やりたいことがやれないなど，授業で個に応じてもらえなかった不満はありますか。自由に話し合ってみましょう。

導　入

「学級の人数が少なければ，もっとしっかり教えられると思っていた。でも，次の学校では学級の子どもは10人だったが，今度は一人ひとりが違いすぎて，うまく指導できない」。子どもの数に関係なく，教師が一人で指導する以上，このような悩みが尽きることはありません。学校が「子どもたち一人ひとりが，その子らしく学び，その子らしく育っていく場」となるために，教師は意図的・計画的に策を講じる必要があります。「個に応じた指導」とは，このような教育の思想ないし立場と，それを実現するさまざまな教育方法や教育技術の総称を意味しています。この章では，個に応じた指導の背景にある理論と，それに基づく具体的な実践技術について考えます。

1　個に応じた指導（個別最適な学び）

1　授業の中で見られる子どもの違い

一斉授業の難しさは，子どもたちは教室で一斉一様には学んでいないという実態にあります。たとえば授業では，しばしば個々に取り組む学習活動が組み込まれます。算数の問題を解く，社会科の資料から自分の考えを書く，理科の実験装置を組み立てる，国語の物語文を一読するなどです。こうした活動を遂行するのに必要な時間は，子どもによってそれぞれ異なります。

算数の自力解決場面を想像してみましょう。一斉授業では一定の時間で教師が仕切らないと，次の展開に進むことができません。そして，そこにはつねに，問題が早く解けて待たされる子どもと，「できていない人もいったん鉛筆をおいて」と指示され思考を止められる子どもが存在します。待たされる経験が繰り返されると，子どもは「授業は簡単すぎてつまらない」と感じてしまいます。他方，自分で解決できない経験ばかり重なると「授業についていけない」と意欲や興味がもてなくなってしまいます。ついには，そのような子どもたちに対して「力はあるのにやる気のない子」とか「基礎ができていない子」という評価がくだされてしまうのです。

2　学習に影響する適性への着目

学習の進み具合（学習速度）のみならず，既有知識の状態や学び方の実態などにおいても，子どもは一人ひとりそれぞれに異なっています。こうした学習の成立や質に影響を及ぼす個々の特徴は「学習適性」と呼ばれています。学習適性には学習速度の他に，習熟度，学習スタイル，興味・関心，生活経験などがあります。

学習適性に着目することは，なぜ重要なのでしょうか。たとえば学習速度について，キャロル（J. B. Carroll）は「学校学習の時間モデル」について以下の２つのことを指摘しています。

⑴　どのような学習者でも，十分な時間さえかければ，どのような学習課題でも達成することができる。
⑵　現実に生じている学習到達度の差異は，その人が必要としていた学習時間量に対し，実際にどの程度の学習時間が費やされたかによって決定される。

つまり，教室にいるのは速い子と遅い子であって，できる子とできない子ではないのです。ブルーム（B. S. Bloom）は，キャロルの主張に基づいて，一人ひとりの学習速度に適合した学習機会を保障すれば，いわゆる「落ちこぼし」は解消できると考え「完全習得学習」を提唱しました（完全習得学習については第３章参照）。

3　実践的技術①：無学年制による「はげみ学習」

教師にとって重要なのは，キャロルの時間モデルやブルームの完全習得学習を現場でどう活かすかという実践的問題です。従来の授業時間やその設定には，学期や学年の区切りが明確にあり，学年ごとに教科書の内容を指導することが通例となっています。しかし，私たちは経験的に，４年生までは伸び悩んでいたのに，５年生の半ば頃から急速に力を伸ばしはじめて，卒業の頃には十分に遅れを挽回し有能さを発揮するような子どもがいることを知っています。だとすれば，学期や学年ではなく，小学校６年間や中学校３年間（あるいは９年間）をスパンとしたフレキシブルな指導を構想することはできないでしょうか。

その方策の一つに，「無学年制（ノングレードシステム）」による指導があります。学年の制限をなくし子どもの習得ペースに合わせた指導を工夫します。繰り返し学習による定着が効果的な知識技能や，積み上げの構造が明確で教材化が容易な領域について有効な方法と考えられています。

一つの事例として小学校で「はげみ学習」と呼ばれる実践を見てみましょう。はげみ学習は，通常の配当学年にとらわれず，小学校６年間で学ぶべきものを系列化し，それぞれを細かいステップ（80～130程度）に分けて行います。各ステップには学習内容に習熟しているかどうかを診断できるチェックテストが用意されており，子どもたちはチェックテストの問題を解き，自己採点を行います。間違っていた問題があれば補充学習を行い，十分に習熟したら次のステップに進みます。補充学習には，教師の個別指導や友達との教え合いの他に，パソコンや各種メディアを用いて個別学習するなどさまざまな方法があり，子どもは自分に合った補充学習の方法を選択できるようになっています。すべてのステップを修了した子どもは教師の手伝いや他の子どもの学習の手助けをしたり，発展学習に取り組んだりします。

はげみ学習は，下学年の内容を学習する子もいるので，指導は全校ティームティーチングで行われます。ある学校では，特別支援学級の子どもたちも，はげみ学習の時間はみんなと同じ空間で学習していました。自分のペースで自分に合った課題に取り組んで，みんなと同じ場で診断テストを受けて達成できたときは，どの子も満面の笑みでした。

4　ATI（適性処遇交互作用）

教科の学習において，ある概念を獲得する過程には複数の筋道があります。たとえば，体験を通して得られた結果や事実を検討し，そこから帰納的に法則や定理を見いだす筋道と，他方，最初に法則や定理を学び，それがどのような問題や事例にも当てはまることを確かめていく演繹的な筋道があります。理科や算数・数学の授業で発見的な学習をねらう場合には，帰納的筋道を重視して工夫します。しかし教室には，帰納的な筋道では理解しづらいけれど，演繹的な筋道ならばうまく学べるという子もいます。その子にとってうまく学べない筋道（学び方）で努力を促すのは，指導として得策とは言えません。

教科のねらいや単元の目標を達成するのに，このやり方やこの思考の筋道でと教師の都合で限定するのではなく，複数のアプローチを準備し子どもたちの学習適性に合わせて選択できるようにすれば，もっと多くの子どもたちが教科をうまく学べて「自分はこの教科が得意だ」と思えるかもしれません。

クロンバック（L. J. Cronbach）は，このような個人のもつ学習適性によって与えられる処遇（指導法や教材など）の効果が異なる現象を，ATI（Aptitude Treatment Interaction：適性処遇交互作用）と名づけました。たとえば，入門期の英語指導で実験を行った安藤らの研究[*1]では，文法中心の指導と会話中心の指導で学力の向上を検討したところ，指導ごとでテスト成績を比較した場合にはほとんど差がありませんでした。しかし，子どもたちの言語性知能（学習適性）を考慮して比較してみると，言語性知能の高い子どもたちは文法中心の指導で，言語性知能の低い子どもたちは会話中心の指導でよりうまく学べていたことが明らかになりました。

ATIの考え方は，現状ではうまく学べていない子どもも，別の学習方法や教材であれば学べるかもしれないという可能性を示しています。そして授業においては，一人ひとりの学習適性に応じた学習の仕方や課題を準備し提供するのが望ましいことを示唆しています。このことは一単位時間の授業のみならず

＊1　安藤寿康ほか「英語教授法の比較研究――コミュニカティヴ・アプローチと文法的・アプローチ」『教育心理学研究』40巻3号，1992年，247～256頁。

単元の指導計画にも影響します。具体的には，子どもの学習適性に合うような学習コースや課題を，同じ単元で可能な限り複数用意することになります。実際にどのような実践が考えられるのでしょうか。

5　実践的技術②：課題選択学習

課題選択学習とは，通常の教科学習のように一斉にみんなで一つの学習課題に取り組むのではなく，複数の課題を提示して，子どもが自らの興味・関心に応じて取り組みたい課題を選択して追究する学習方法です。この学習は，単元の目標を達成するための学習課題が複数考案できる，つまり並行課題が設定できれば実施可能となります。

たとえば，社会科の地域の伝統文化に関する学習でいえば，教科書や副教材にある伝統工芸を課題として追究しなければ単元の目標が達成できないわけではありません。また，全員が同じ伝統工芸で学ぶ必要もありません。であれば，教科書の事例も含め，さらにいくつかの伝統工芸の事例を提示し，選択できるようにすることで，子どもの興味・関心に応じた自己決定的で自己調整的な学習とすることが可能になります。

この課題選択学習で重要なのは，並行課題がどれも学習の質を保障するものになっていることです。どの課題であっても，単元の目標に照らして教科の見方や考え方で指導事項の内容が学べるかの吟味が必要です。また，選択事例が子どもたちの興味関心や発展的な追究に応えられるような内容的魅力を備えていることや，選択しがいのあるバリエーションになっていることも重要です。

6　実践的技術③：単元内自由進度学習

さらに選択の幅が広い学習方法として，単元内自由進度学習があります。この方法は，単元の指導事項である内容を子どもが自力で学習するため「教科の一人学び」とも言います。歴史的には1920年にパーカースト（H. Parkhurst）よって実施されたドルトン・プランの教育にその発祥を見ることができます。

日本でも大正自由教育運動の中で実践され，その後1980年代に愛知県東浦町立緒川小学校の実践研究[＊2]などで知られるようになりました。

この学習方法では，子どもが単元のねらいを理解し，自力で学習をすすめる意欲を保ちながら，見通しをもって，多様な学習手段を駆使して課題に取り組みます。教師は子どもの学習適性を考慮した学習の仕方や課題を設定し，学習を促進するような間接的指導にさまざまな工夫を行います。また学習形態の特徴としては，複数の教科や単元を同時進行する設定にして，長い学習時間を子どもたちに任せることがあげられます。

単元全体の流れは，子どもの側でいうと「ガイダンスを受ける」「学習計画を立案する」「コースの課題に取り組む（個人追究）」「まとめで知識や成果を共有する」の４つで構成されています。前述のATIの考え方が反映されているのが，学習計画と個人追究の場面です。

学習計画では，子どもたちに「学習のてびき」（図７-１）と「学習計画表」が渡されます。「学習のてびき」には，単元の目標と学習の流れ（課題の提示と学習材の指示）や標準時数（教科書が示している単元の時数を参考にしている）などが示されています。また，子どもたちの学習適性の違いを配慮して，同じ単元でも学習の流れや課題が異なる「てびき」が３種類くらい提示されます。これは「学習コース」とも呼ばれています。子どもは，自分に合った（あるいは取り組んでみたい）コースを選択し，そのコースの「学習のてびき」を拠り所に各自で学習計画を立案し計画表に書き込みます。

学習計画について，国語の近代文学に親しむ単元（10時間）と，理科のてこの規則性を追究する単元（10時間）を同時に学習する場合で説明しましょう。子どもたちは，合計20時間のうち「個人追究」に充てられた16時間について，何をどんな順で取り組むか各自で計画します。たとえば，16時間内で両方の単元の課題をすべてやり遂げるために「先に国語の課題を全部やって後から理科をやる（その逆もあり）」「国語と理科の課題を交互にやっていく」「やりたいほうからやる」「苦手なものをまずやってしまう」というように，自分で見通し

＊２　愛知県東浦町立緒川小学校『〔オープンスクール選書７〕個性化教育へのアプローチ』明治図書，1983年。

自由進度学習	理科「てこのはたらき」学習のてびき

名前（　　　　　　　　　　　　　　　　）

「道具のひみつコース」

目 標　　　　　　　　　　　　　　　標準時間　８時間

- 実験を通して、てこの規則性を理解する。
- 力を加える位置や力の大きさと、てこの働きとの関係について説明することができる。
- 身の回りの道具から、てこのはたらきが利用されていることを見つける。

学習の流れ

学習内容	教科書など	学習カード	答えカード
①「さおばかり」を作る。		学習カード１	
★チェック１　さおばかりで石の重さをはかって提出する			
② てこのはたらきについて調べる。	P.72~73	学習カード２	答えカード２
③「てこ」を利用した道具を探し、しくみを調べる。	P.77~78	学習カード３	
④ 探した道具のしくみや特徴をまとめる。	解説動画	学習カード４	
★チェック２　学習カード２・３・４を先生見せて説明する			
⑤ てこ実験器で棒の左右に同じ重さのおもりをつり下げるとき、どのようにすればつり合うか調べる。	P.67~68	学習カード５	答えカード５
⑥ てこ実験器で棒の左右に重さの違うおもりをつり下げるとき、どのようにすればつり合うか調べる。	P.69	学習カード６	答えカード６
⑦ 棒が水平につり合うときのきまりについてまとめる。	P.70~71 解説動画	学習カード７	
★チェック３　学習カード５・６・７を先生見せる			
⑧「棒が水平につり合うときのきまり」と「てこのはたらきとその利用」について画用紙にまとめる。		資料カード	

ここまでは必ず終わりましょう

発展学習にいく前に、国語が終わってない人は、国語をやりましょう

発展 自由選択	
	ガイダンス「疑問その１」のシーソー問題を解決しよう
	ガイダンス「疑問その２」の画びょう問題を解決しよう
	計算でつり合いをみつけよう
	「ものづくりヒント集」を参考にして、「モビール」や「やじろべえ」などを作ろう
	洗濯物を上手に干してみよう

図７−１　「学習のてびき」の実例

注：１つの単元の中で取り組む課題の数は，単元の内容や学習の流れにもよるが，１つのコースにおよそ６～10程度の課題が設定されている。このコース（道具のひみつコース）は，学習適性を配慮して，教科書に準拠せず「ものづくり」の課題からスタートする構成となっている。

出所：愛知県東浦町立石浜西小学校の実践資料を参考に筆者作成。

をもって進め方を考えます。

また「個人追究」では，学習する場所も子どもが選択できるようにします。国語と理科の単元であれば，教室と理科室の他に余裕教室やオープンスペースや廊下などでも学習できるよう，単元の「学習コーナー」を設けて必要な情報や教材を自分で取りにいったり，コーナーでも学習できる整備をします。ある1時間の授業を見ていると，国語に取り組んでいる子どもたちは，ある子は文学教材の資料を読み，ある子は辞書で旧仮名遣いや慣用句を調べ，あるいは，パソコンで夏目漱石の作品紹介の記事をまとめたり，芥川龍之介の作品の朗読テープを聴いています。そして，同じ時間に理科に取り組んでいる子どもたちは，ある子はてこ実験器でつり合いを調べ，ある子はてこを利用した道具を使って実験し，あるいは学習動画を見ていたり，モビールを作っています。このように，それぞれの場所で個々さまざまな学習が展開されるのです。

なお，個人追究の学習を進める過程には，それぞれのコースの途中に2つ程度のチェック・ポイントが設けられ，個別に教師のチェックを受けたり，理解できているか自己診断する小テストなどに取り組みます。それがクリアできれば，あとはすべて自分のペースで学習を進めていきます。

単元内自由進度学習は，ある程度の長い学習時間を自分の裁量で進めていくのが特徴です。初めて計画を立てるときは戸惑う子も多く，計画通りにいかない場合もあります。難しい課題に時間がかかった場合は途中で計画を修正し，期限までに残りの課題が終わるよう調整します。一方で，思った以上に早く進んで発展学習を存分に楽しむ場合もあります。こうした経験を重ねていくと，自分の学習の取り組み方の癖や学習の仕方の好みなどが，自分でもわかってくるようになります。ひいては，自分の学習適性に関するメタ認知を促し，学習成立や目標達成への見通しをもつなど，学習を自己調整する能力を培っていくことが期待できると考えられます。

2　環境による教育

ATI に基づく授業づくりでは，子ども一人ひとりの学習適性に応じて多様な指導法や教材の準備が求められます。教師の立場から見れば，現実的にこれらを同時にすべて行うことは不可能です。しかし，私たちは，子どもは適切な環境さえ提供されれば，自ら進んで環境に関わり，環境との相互作用を通して学びを深めていくことを知っています。だとすれば，子どもを取り巻くさまざまな物的環境に着目し，そこに積極的に教育的機能を付加することによって，教師の直接的指導がなくても，環境が子どもの学習成立を支えたり，学びを深めるような機会を増やすこともできると考えられます。問題は，環境をどのように整えることが，教育の方法や技術になりうるかということです。

このことについて示唆に富むものとして「アフォーダンス（affordance）」という概念があります。どのような考え方なのでしょう。

1　アフォーダンス

たとえば，校舎内には「廊下は走らない」という張り紙をよく見かけます。この注意書きは明治期からあったと推察されますが，残念ながら走る子どもがいなくなったことはありません。それはなぜでしょうか。その原因を，子どもの素行や教師の指導に求めるのではなく，学校の廊下の形状にあると考えるのが，アフォーダンスという概念です。つまり，廊下という物理的空間（多くの場合，一直線で見通しがよく，床は平らで硬くて，建物の北側にある寒々とした空間）が，走る行為を導いている（可能にしている）と解釈するのです。

アフォーダンスは，知覚心理学者ギブソン（J. J. Gibson）によって，「与える，提供する」という意味の afford から生まれた造語です。その後1980年代に，ノーマン（D. A. Norman）がデザインの分野でアフォーダンス理論を応用し，建築やプロダクトデザインなどにも，その概念が広がりました。[＊3]

アフォーダンスとは，物理的な環境はつねに何らかのメッセージを発してお

＊3　ノーマンの著書（原題は *The Design of Everyday Things*）は1990年に邦訳本が刊行され，その後，増補・改訂本が刊行されている。D. A. ノーマン，岡本明・安村通晃・伊賀聡一郎・野島久雄（訳）『誰のためのデザイン？　増補・改訂版――認知科学者のデザイン原論』新曜社，2015年。

り受け取る人の行動に影響を与えている，という考え方です。学校の廊下の例でいうならば，走ってしまう廊下は，「廊下と私には走るというアフォーダンスが存在する」あるいは「この廊下が走るという行為をアフォードする」と表現することができます。

アフォーダンスの概念は，一見不可解に見える子どもの行為に解釈を与えてくれます。たとえば，テーブルに幼児が這い上がるのは，その形状（足がかけられる高さや，体をのせても大丈夫な平面）が幼児に「登る」という行為をアフォードしていると言えます。しかし，もしもそのテーブルにクレヨンが置いてあったら，その状態は幼児に「描く」行為をアフォードするかもしれません。このように，人と物的環境の関係は，その人の状態や，環境の形状・状態によって変化します。

2　物的環境を活かした教育方法

教育の現場や実践でアフォーダンスがもっとも効果的に機能しているのが幼児教育です。幼児教育では，子どもは生まれながらにして有能な学び手であり，学習は子どもと環境との相互作用において成立するという理念に基づいて「環境による教育」が行われています。屋外の砂場や室内の道具や材料コーナーなど，遊びを誘導する場面や安全配慮などで，アフォーダンスの概念がうまく活かされている事例を多く見かけます。また，遊びを通して成長を促す，あるいは遊びを洗練された質の高いものにするために，子どもたちの周りにある物理的環境を意図的・計画的に工夫する方法があり，これを「環境構成」と呼んでいます。

環境構成という教育方法は，幼児教育に限らず小学校や中学校においても，子どもの主体的な学習を誘発し，学習意欲の持続や個別最適な学びが可能となるよう，物的環境がもつ力を有効利用する意図的で計画的な指導方法ととらえることができます。具体的にどのようなものか，２枚の写真（図７-２）を見てみましょう。

廊下のベンチコーナー

川の学習コーナー

図７－２　学習環境整備の例

出所：筆者撮影。

3　実践的技術④：学習環境整備

左側の写真は，校舎ができたばかりの様子です。教室への通路の一部がくぼんでいて，壁に木製の板がはめ込まれています。あなたが「これはベンチだ」と思ったならば，この板の形状や設置の高さが，あなたに座ることをアフォードしていると言えます。右側の写真は，左の写真の場所に，水槽を置いて地域の川に生息する水生生物を飼育している「川の生き物の学習コーナー」です。壁面には水槽にいる水生生物を紹介する掲示物を貼ったり，棚を設置し魚の関係図書を置いています。子どもたちは，休み時間でも水槽の魚を観察したり，掲示物や本を見ています。展示や掲示が子どもに見ることや読むことをアフォードしているのです。

このように壁面掲示や展示物を「常時可視状態の情報ツール」と考えれば，ツールの活用で，単元の内容に関する情報提示や，知的好奇心を刺激し問いをもつ手がかりをつくることができます。また，調べたことの情報交流や形成的評価の場として，空間を計画的に整備し利用すれば，それらは教師の直接的指導をサポートする役割を担うことが期待できます。こうした取り組みは「学習環境整備（学習環境づくり）」と呼ばれています。学習環境整備は，子どもの学習活動を刺激し促進するように意図して行われます。整備された学習環境には，以下の３つの機能（役割）があると考えられます。

図7-3　伝統工芸の学習環境

出所：筆者撮影。

⑴　学習したくなる雰囲気や課題への動機づけや，何をどのように学ぶのか見通しがもてるようにする役割

⑵　見たり読んだり聴いたり触ったり体験してみることを通して気付きを引き出し，それによって課題解決に導くような学習材提示や情報提供の役割

⑶　単元の学習履歴や学習成果を可視化し，子どもたちが知識を共有したり鑑賞したり考察できるようにする役割

では，前述の課題選択学習で考えると，伝統工芸の学習のための環境整備とはどのようなイメージになるのでしょう。図7-3を見てみましょう。廊下の一角に地域の伝統工芸の紹介コーナーが設けられます。そこには関連図書や工芸資料館のパンフレットなどが置かれています。壁には大きな写真や実物展示などがあり，職人の動画やインタビューが視聴できるQRコードが掲示されていて，各自の端末から自由にアクセスできるようにしています。このような学習環境の中で，子どもたちは自分の興味や学びやすい情報や課題解決の方法を選択しながら，それぞれに自分のペースで課題に取り組むといった授業が展開していきます。

こうした環境整備には準備に時間と労力が必要となりますが，教師の労作は子どもたちの学習意欲を喚起し，普段は授業に積極的ではない子どもが反応を示す場面もよく見かけます。教科書のように授業が終わると閉じられることもないので，休み時間でも本を立ち読みしていたり，展示物を触っている子どもがいたりして，実学習時間を増やす機会となっています。

まとめ

一斉授業は，複数の子どもたちに対して教師が同時に直接的に関与することが大きな前提となっています。ところが子どもの学習成立にはそれぞれの学習適性があり，授業中に一人ひとりの子どもに応じようとすると，教師の数はいくらでも必要になってきます。これは現実的には難しい対応です。

そこで，学習内容の学年配当的指導や統一課題の学習などを見直し，子ども自らが自身の学習適性に合った学習の仕方が選択できるよう，物的な学習環境も整備充実して学習指導に有効活用するなど，教育の方法や技術のレパートリーを柔軟に増やしていくことが，今後ますます教師の力量として求められることになるでしょう。

さらに学びたい人のために

○C. A. トムリンソン，山崎敬人・山元隆春・吉田新一郎（訳）『ようこそ，一人ひとりをいかす教室へ――「違い」を力に変える学び方・教え方』北大路書房，2017年。

原題は *The Differentiated Classroom : Responding to the Needs of All Learners* です。読後に邦訳タイトルがぴったりだと実感します。実践紹介やエピソードが豊富で，目指したい授業や教室のイメージがつくりやすい本です。

○竹内淑子『教科の一人学び「自由進度学習」の考え方・進め方』黎明書房，2019年。

著者は「自由進度学習」と呼ばれる実践を35年以上続けてきたエキスパートで，その方法と技術が惜しみなく盛り込まれています。教師の成長，多文化共生，インクルーシブの視点からも学ぶところが多い本です。

コラム①
板　書

教室の前には，黒板があります。黒板にはどんな機能があるでしょうか。

第一に，教師が伝えたい内容を整理することで，板書が子どもの理解と定着を促すという考え方があります。

学習課題を提示したり，学習活動の流れや授業のまとめを示したりすることです。こうした板書は，一見してわかりやすくまとまっています。子どものノートの「見本」にもなります。最近は，「目標」「まとめ」などのラミネート加工されたマグネットを黒板の左上や右下に貼る場合もあります。

しかし，こうした板書は，子どもが疑問をもっても，取りつく島がありません。「どうしてそうなるの」「本当にそうなの」というマグネットは用意されていないのです。

こうした板書の考え方に対して，第二に，ともに学んでいくために「子どもとつくる」ものとして板書をとらえる考え方があります。授業で扱う思考対象や教師と子どものやりとりを黒板に綴っていくものです。2017年版の学習指導要領に関わった齊藤一弥は，板書を「子どもの学びに合わせて丁寧に描くことは教師の『技』の1つとして欠くことはできない」と言います。

小学校5年生算数「割合」を扱った齊藤の板書（写真）を見てみましょう。板書からは，次のような教師の仕掛けと子どものやりとりを読み取れます。板書の左側から見てみます。

①力士とレスリング選手のイラストを見て，各々の様子について子どもが自由に発言しました。たとえば，力士は「強い」「おでぶ」「重たい」，レスリング選手は「筋力がある」「ムキムキ」などです。勝手に60キロと体重を推定した意見もでてきています。

②力士とレスリング選手の体重が同じ7キロ減ったと教師が伝えて，「どちらがやせたように感じますか」と尋ねました。「どちらがやせたかはもとの体重が必要になる」という子どもの発言から，教師は，力士（140キロ）とレスリング選手（70キロ）を示しました。この学級の子どもの感覚では，力士のほうがやせたとする子が20人でした。このあと，「力士のもとの体重に比べると，7キロは20分の1だから，

もとの体重との関係で考えないといけない」というあやかさんの発言があります。子どもたちの考えはゆさぶられ，レスリング選手がやせたとする子が21名になりました。

③この子どもたちの直観的判断を，「割合」を用いて数学的に説明していくことがここからの授業になります。教師は，そのための文脈を用意していきます。「２つの図を使って考えてみると…？」として，力士とレスリング選手のもとの体重（基準量）とやせた７キロ（比較量）の関係（割合）を図と式で説明していきます。「もとにした量を１としたときの比べられる量の大きさ」です。それぞれのやせた割合が，20分の１（力士），10分の１（レスリング選手）になることがわかり，子どもは自分の直観的判断が数学的に正しいことを確かめます。

④最後に，体重とやせた量の双方が違うレスラーとバスケ選手について，「どちらがやせた？」を考え，割合の意味を確認して授業を終えています。

以上のように，この授業は，子どもの経験に根ざした直感的判断を認めた上で，それを「割合」の数理を使って明確にしていくという筋道で進んでいます。この板書は，１枚の黒板の中に，左から右への学習過程の通時的展開と，それぞれの学習活動での子どもとの相互作用の実際を書きとめています。教師は，各々の局面での子どもの思考にていねいに対応しつつ，学習活動のステージを次々にもち上げて，子どもの思考を刺激し続けています。

このような板書をあらかじめデザインし，欄外に目標と評価規準を加えれば，板書の形で本時案の学習指導案を構成することができます。

この「割合」の授業については，次の文献でさらに学ぶことができます。奈須正裕・久野弘幸・齊藤一弥編著『知識基盤社会を生き抜く子どもを育てる』ぎょうせい，2014年。

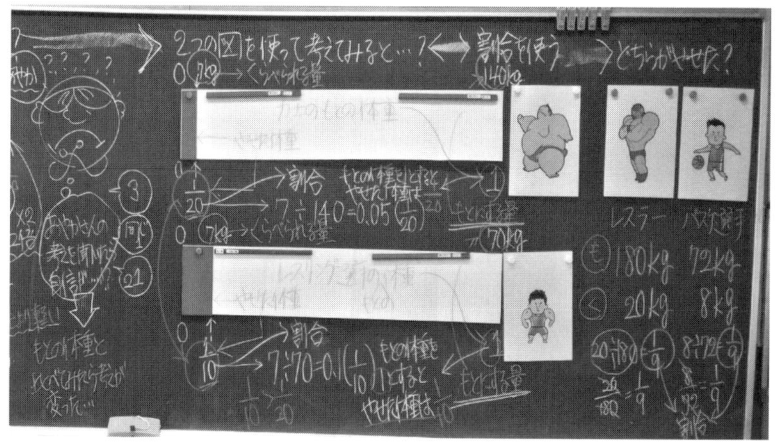

（齊藤一弥氏提供）

コラム②
座席表

座席表は，学級の子どもの座席配置を示す図です。子ども１人に１つのマスがあり，名前が書きこまれています。この座席表のマスのスペースに，一人ひとりの子どものデータを書き込み，蓄積していきます。この座席表には，子どもの観察の記録と授業構成のツールという２つの用途があります。

①　子どもの観察の記録（カルテ）

教育学者の上田薫は，子どもの言動で「教師が自分の予測とくいちがったものを発見したとき，すなわち，『おやっ』と思ったとき，それを簡潔にしるす」ことを重視します。

ある小学校教師の場合を見てみましょう。教師は，Ａ児⑥（小３）に次のような記録をとっていました。Ａ児は，仲のよかったＢ児が転校した後，一人で過ごすことが多くなったこと，「外でみんなと遊んでみたら」と教師が声をかけても，消極的な言葉が返ってきたこと，ある日の日記に学級目標を引用して，「楽しいクラスにしたい」と書いたこと，などです。教師は，Ａ

①　土田　（テレビ） どんどん便利 火起こし・火の様子を見て→タイマーセット 機械本体が考えるようになってきている 「機械そのものが考える」というのは，「これからのくらし」を考える上でポイントとなる。未来のくらしを見つめたときに，積極的に参加してくることを期待したい。	②　田辺　（洗濯機） 便利 人の力・知恵で動かす→電気 昔のくらしにおける「知恵」を強調している。手作業とともに，昔のくらしのよさを振り返る際の発言に期待したい。
③　倉田　（洗濯機） 便利 自分たちの手→電気が使えて手作業が少ない 「便利」と考える理由について，端的に書き表している。「手」「電気」について，具体的な道具や事実をもとに語ってもらうことで，聞き手の子どもたちが話をつなげやすくなるような状況をつくり出すことを期待したい。	④　飯田　（炊飯器） 本当に進化 難しいこと→ボタン１つ 板からプラスチックや鉄に。ぼくが大人になるときは，どんなに進化しているのか楽しみ。 これまでの進化をもとに，「これから」について考えている。「ボタン１つ」，①児の「機械本体が考える」という考えをつなげ，未来のくらしを見つめる足がかりとなることを期待したい。
⑤　牧田　（電話） 便利 洗濯は井戸水，冬の川→家の中 辛い思いをしなくていい 昔のくらしにおける「大変さ」を強調している。昔のくらしの大変さを振り返る際の発言に期待したい。	⑥　Ａ児　田中　（洗濯機） お母さんも仕事ができるように 昔は毎日手作業で時間がかかる→全自動が多く，お母さんは時間が余り仕事をすることができる ⑦児の考えと対比しながら「時間のゆとり」が「女性の社会進出」につながったことを全体で確かめたい。この話は，洗濯板での体験において，ゲストティーチャーから聞いた内容でもあるので，そのときのことを想起させたい。

児について，現在の状況を変えたいという前向きな姿勢が現れつつあると読みとりました。

② 授業構成のツール

以上のA児のデータをもとに，教師は，小3社会「昔のくらしと今のくらし」の単元を構想しました。A児が，道具の変遷をもとに，昔と今を比較してこれからの自分のくらしを見つめ，自ら学級の仲間に発信する積極的な姿を期待し後押ししたいと考えたのです。

下の表は，その授業の座席表授業案の一部です。子どもの名前のマスには，その子が調べた道具や道具の変遷についてのとらえ，その子への教師の期待を書いています。

授業の通時的展開については，コの字の座席配置で中央にできたスペースに書いています。この座席表の利点は，授業で子ども一人ひとりを活かす場面を具体的に示せたり，教材と子どもとの関係や子ども同士の相互作用を空間的に見渡せることです。たとえば，事例の座席表の場合，②と⑤，⑥と⑦，①と④と⑧のつながりを教師が構想していることがわかります。実際には，①の土田君の発言が転機になり，「便利」か「便利すぎる」かが焦点になりました。

この座席表を書いた教師は，静岡市立安東小学校の実践に学んでいます。

教育実習の最初の1週間，子どもの様子を座席表に記録してみてください。

1　前時の学びを振り返り，本時の課題をとらえる。
・「楽になった」「便利になった」という考えが多いことを知らせ，課題を示す。

道具の工夫によって，くらしが楽に便利になってきた理由を説明し合おう。

2　くらしが楽に，便利になってきた理由について考え合う。
・③児の話を起点にして，「自分たちの手」（昔）と「電気」（今）をキーワードにしながら具体的事実を取り上げていく。
〈昔〉　大変さ⑤　知恵②
〈今〉　時間のゆとり⑥⑦　考えて動く機械①④
〈これから〉　①⑧
・電化製品が多く，電気をたくさん使っている今のくらしをよいと考えているのかどうかを問いかけることで，これからのくらしのあり方に目を向けることができるようにする。
3　本時の学びを振り返る。
・「電気をたくさん使っている今のくらしは」という書き出しで振り返ることで，「今のくらし」に対する自分の考えを再構成することができるようにする。

⑦　羽賀　（洗濯機）	⑧　久須本　（ラジオ）
便利に快適に 手作業→ボタン 暇な時間ができて快適に 「暇な時間ができる」（時間が余る）という考えは，⑥児（A児）と似ている。しかし，強調したいのは，機械による時間の短縮が時間のゆとりを生み，くらしの快適さにつながるということだと思われる。⑥児の考えとつなげ，対比してみることもおもしろいのではないか。	とっても便利 昔は洗濯に3時間 自動ではなかったものが自動に（ロボ掃除機等） 博物館見学を振り返った際，「今は電気を使っているけど，昔はエコ」と発言した。「電気を使いすぎるのはよくない」という考えをもっていることがうかがわれた。「電気をたくさん使う今のくらし」について話題となったとき，積極的に話し合いに参加してくることを期待したい。

（山形大学附属小学校　授業研究会資料）

第8章

算数・数学科の実践

――教えて考えさせる授業――

● ● ● 学びのポイント ● ● ●

- 算数・数学教育における典型的な授業展開としての「解説・演習型」と「問題解決型」について知り，それぞれの問題点と原因について考える。
- 「教えて考えさせる授業」における授業展開の4段階とそれぞれのポイントについて知るとともに，それらがどのような筋道で内容的な習得はもとより，メタ認知をはじめとするさまざまな資質・能力の育成に寄与するのかを理解する。
- 「教えて考えさせる授業」の理論と実践を参考に，今後の授業づくりにおける受容学習と発見学習のあり方について考える。

WORK　算数・数学の授業と勉強法

３人の大学生が，算数・数学の授業や勉強法について話し合っています。

Ａ：数学はさあ，理屈じゃなくて，とにかくたくさん問題を解いていれば，そのうちにできるようになる。これが一番いい勉強法。

Ｂ：いやいや。数学こそ理屈でしょう。論理の学問なんだから。どんなときにもしっかりと考えて，深く理解するのが大事。

Ｃ：「説明する算数」っていってね。できる，わかるだけじゃなく，他人にもわかるように説明できるところまでが算数の学力だって考え方もある。

Ａ：説明なんかできなくてもいいでしょう。正解できればそれですべて。そもそも言葉で説明なんて国語みたいで変だよ。

Ｃ：説明といっても，数学的な論理として「的確」な説明ができることを目指すんだから，国語とは違うんじゃない？

Ｂ：図形の証明問題でも「的確」な説明が求められるし。

Ａ：図形はそうかもしれないけど，計算なんかはそこまでしなくても。あれ，そういえば証明問題って，やたら図形が多かったような。

Ｂ：考えてみれば変だよね。いずれにせよ，言葉で説明できるってことは論理的な思考力であり表現力なんだから，数学の授業でも大事。

Ａ：表現力なんて美術か音楽みたいじゃない。それこそ変だよ。

Ｃ：そんなことないよ。思考したことを表現するだけじゃなくて，表現してみることで自分の思考に気付く，そこから論理が深まる。

Ｂ：そういえば，数学の先生はよく，「数学は美しい」って言ってた。

Ａ：あれこそ意味不明。ひたすら問題演習。これで決まり！

問い　３人の話し合いを聞いて，感じたこと，考えたことを，近くの人と話し合ってみましょう。また，自分が経験した算数・数学の授業や勉強の仕方について，意見を交流しましょう。

●導　入●●●●●●●

第２章にもあるように，学習は受容学習と発見学習に分類できます。算数・数学教育では，受容学習を基盤とした「解説・演習型」と発見学習を基盤とした「問題解決型」が広く実践されてきましたが，いずれも深刻な問題を抱えていました。「教えて考えさせる授業」は，認知心理学的理論に裏打ちされたさまざまな指導上の工夫を取り入れることで，受容学習と発見学習の組み合わせによる質の高い習得の実現を目指します。それはどのように可能なのでしょうか。また，どのような質の学びを子どもたちにもたらすのでしょうか。

●●●●●●●

1　算数・数学教育における典型的な授業展開とその問題点

数学（小学校では算数）教育においては，これまで典型的とも言える２つの授業展開がありました。それぞれに，いったいどのような利点と問題点があったのかを振り返っておくことにしましょう。

1　解説・演習型授業

日本の数学教育で旧来からあったものが「解説・演習型授業」です。まず新しく出てくる概念（用語），公式，定理などを教師から解説します。また，教科書には答えが出ているような基本的例題の解き方についても，教師が説明します。その上で，類題やより進んだ発展問題などを教師から出して，児童生徒が個別にそれを解いていきます。教師は「机間巡視」しながら，考えあぐねている生徒に個別指導します。最終的には，できた生徒が前の黒板に解答を書いて，教師がそれをチェックし，必要に応じて生徒に質問したり注意を加えたりすることになります。

この授業の利点は，限られた時間の中で，多くの内容を計画通り教えることができる点にあります。日本の高校では今でもこうした授業はかなり一般的です。しかし，一方では，教えられたことが消化できず，授業についていけなくなる生徒が生まれやすいことや，授業への参加意欲が高まらず，思考力や表現力も育たないのではないかという問題点が指摘されてきました。このような授業に対しては，「一方通行的授業」「教え込み・詰め込み」「知識注入」などという批判がなされることがよくあります。

2　問題解決型授業

そこで，1990年代ごろから，とくに小学校では，「問題解決型」と言われる授業が主流となってきました。未習事項は教師から教えるのではなく，児童生徒に気付かせる，発見させるのが原則とされます。たとえば，平行四辺形の面積が「底辺×高さ」であることは，長方形の面積の出し方（縦×横）という既習事項をもとに，学習者自身が考え出すことを求めます。教師は課題を与えたら，あとは学習者が自力で考える時間をとり，多様な考えを小グループあるいはクラス全体で出し合いながら協同解決していきます。

問題解決型授業は，教師に教えてもらうのを待つのではなく，問題に能動的に取り組ませて，思考力や表現力を育てたいというねらいがあり，「数学者の追体験」などと称されることもあります。しかし，問題点としては，クラス内の個人差に対応できず，不満足な授業に陥ってしまうことがしばしばあることです。既習事項がしっかり身に付いていない学習者は話し合いに参加しにくく，何を学習したのかつかめないまま授業が終わってしまいます。逆に，学力の高い学習者や塾で先取り学習をしている学習者は，わかっている内容に多くの時間を費やす学校の授業が物足りないと思うようになります。結果的に，長い時間をかけたわりには，内容レベルも低く，定着もよくないということが起こってしまいます。

2「教えて考えさせる授業」とは

1　ねらいと趣旨

「教えて考えさせる授業」は，大きな学力差という悩みを抱える通常のクラスで，できるだけ多くの児童生徒が意欲的に参加でき，深い理解を伴った知識や技能を身に付けられるような授業設計の試みで，この十数年にわたって実践が積み重ねられているものです。一方では，教師が一方向的に解説する授業に陥らないように，他方では，学習者に自力解決や協同解決を促すだけの授業にも陥らないように配慮した授業設計論と言えます。

しかし，単にそれらの中庸をいく折衷論ではありません。認知心理学的理論に裏づけられた指導上の工夫を入れて，理解状態を自己診断する「メタ認知[＊1]」の育成，家庭学習を含む学び方の獲得，協同学習による理解促進などを先導的に取り入れてきたものです。つまり，内容的な習得を目指す授業の中で，資質・能力を育てていくということです。

2　基本的な授業展開

「教えて考えさせる授業」で大切にしているのは，授業の中で教師から教えることと子どもに考えさせることのメリハリです。図8-1は，基礎的な知識・技能を身に付けることを目指した「習得」と，自らの興味関心に沿った課題を追究する「探究」の学習サイクルの中に，習得の授業としての「教えて考えさせる授業」を位置づけたものです。

定義とも言える最低限の基本的特徴は，「教師の説明」「理解確認」「理解深化」「自己評価」という4つの段階から授業が構成されているということです。

＊1　自分の知識状態や学習のしかたを診断して，その改善をはかっていく働きのこと。「どこがわからないのか」「自分の知的能力はどれくらいか」「どうすればうまく記憶できるのか」など，自分の認知自体を一段高い視点から客観的に認知することから「メタ」と呼ばれる。

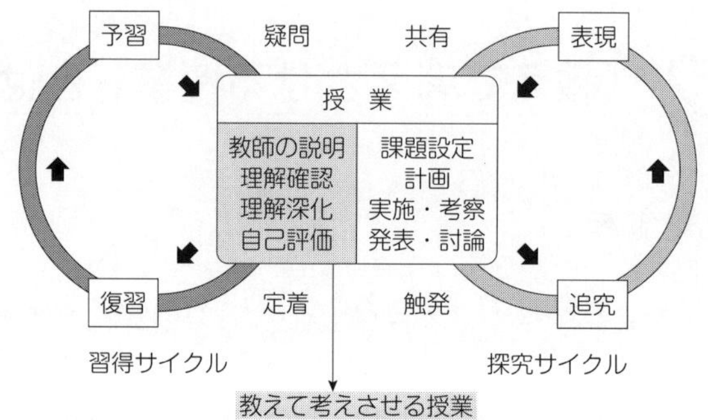

図８－１　「教えて考えさせる授業」の位置づけ

出所：市川伸一『教えて考えさせる算数・数学――深い理解と学びあいを促す新・問題解決学習26事例』図書文化社，2015年。

教師が説明して教えたあと，本当に自分が理解できているのかを何らかの課題を通して確認します。その上で，問題解決や討論を通じて理解を深めます。自己評価は，いわゆる「振り返り」の活動です。

ただし，この４段階を踏まえているというのは，定義を満たしているというだけの形式的なものにすぎません。本来の趣旨に沿って各段階に肉づけするならば，次のようなことがあげられます。

- 「教える」の部分では，教材，教具，操作活動などを工夫したわかりやすい説明をこころがけること。また，教師主導で説明するにしても，子どもたちと対話したり，ときおり発言や挙手を通じて理解状態をモニターしたりする姿勢をもつこと。
- 「考えさせる」の第１ステップ（理解確認）では，「教科書や教師の説明内容が理解できているか」を確認するため，学習者同士の相互説明活動や教え合い活動を入れること。これは，問題を解くという課題ではなくても，考える活動として重視します。
- 「考えさせる」の第２ステップ（理解深化）は，いわゆる問題解決部分ですが，ここは，多くの学習者が誤解していそうな問題や，教えられたことを活用する発展的な課題を用意すること。小グループによる協同的問題解決場面により，参加意識を高め，コミュニケーションを促します。

- 「考えさせる」の第3ステップ（自己評価）では，「授業でわかったこと」「まだよくわからないこと」を記述させ，「質問カード」によって，疑問を提出するよう求めること。学習者のメタ認知を促すとともに，教師が今後の授業をどう展開していくかを考えるのに活用します。

3　あらためて，特徴と注意点

こうしてみると，「教えて考えさせる」という授業の骨組みは，きわめてオーソドックスなものの，けっしてありふれた授業ではないことがわかるでしょう。「解説・演習型授業」と似ているように見えますが，教師からの解説のあとには，学習者自身の説明活動を入れて理解確認をすることや，授業の最後に記述的な自己評価を入れることなどはまず行われていませんでした。また，協同的問題解決を取り入れていることは，「問題解決型授業」と共通ですが，協同を促進するためにも，基本的な知識は教師から教えておいて，コミュニケーションの共通基盤をつくっておく点が大きく異なります。

なお，これだけの内容を盛り込むと，授業時間がとても足りないということになりがちです。そのため，「教えて考えさせる授業」では，「簡単な予習」を課すことがしばしばあります。あえて，「簡単な」というのは，反転授業（第7章参照）のような，大がかりなものではないからです。たとえば，5分から10分くらいでよいので，教科書の該当部分を読み，「どんな内容を習うのか概要を知っておくこと」「読んでもよくわからないところに付箋を貼ってくること」程度のものです。しかし，何の準備もなく授業ではじめて聞くのと，「ここは予習でわからなかったので，授業でわかるようになろう」という意識をもって臨むのとでは，同じ授業を受けても理解度はかなり異なってきます。予習は，一種の「先行オーガナイザー[＊2]」として，その効果が実証的に認められており，大人になってからも通用する学び方の基本でもあります。

＊2　教育心理学者オーズベル（D. P. Ausubel）は，前置きにあたる抽象的で包括的な情報を与えておくとそれが枠組みとなって学習がすすむことを1960年代に主張して大きな影響を与えた。日常生活では，新聞記事のリード文もこうした機能をもっていると考えられる。

3 「多角形の内角の和」における授業例

それでは，実際にどのような授業になるのか，ここでは，小学校でも中学校でも出てくる「多角形の内角の和」を例にとって，具体的に見てみましょう。

1 小学校での事例──三角形に分ける原理を多角形に一般化

「多角形の内角の和」を小学校で扱う場合，問題解決型の授業では，三角形の内角の和が180度であるという既習事項をもとに，教科書は見せずに，四角形の場合，五角形の場合などを自力解決，協同解決させ，一般化をはかるのが普通です。しかし，第1節で述べたように，一方では先取り学習で知っている児童がおり，一方では話し合いについていけない児童がいます。対話が成立せずに，不十分な習得のまま終わってしまうことが少なくないものです。

「教えて考えさせる」という授業設計であれば，教科書の簡単な予習と教師の説明で，四角形，五角形の場合を教えます（図8-2）。その際，単に三角形に分けるというだけでなく，以下のようなことをていねいに教えることも大切です。

- 一つの頂点から他の頂点に向かって対角線を引くこと。
- 対角線はもとの頂点と両隣りの頂点には引けないので，「頂点－3」本になり，それが「しきり」となるので，できる三角形の数は1を足すこと。

こうした説明が出ている算数教科書はけっして多くありません。こうして，「180度×三角形の数」で内角の和が求まりますが，公式的に教えるのではなく，そのもとにある原理を重視します。

理解確認としては，六角形や七角形で同じように対角線を引いて和を求め，児童がペアになって確かめ合います。ここでも，単に答えを出すだけでなく，図を使いながら言語表現を伴った説明や教え合いをすることを重視します。

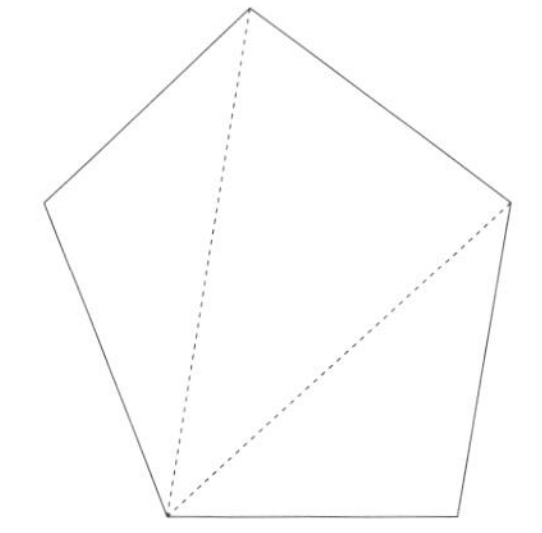

図８－２　五角形の場合の対角線と内角の和

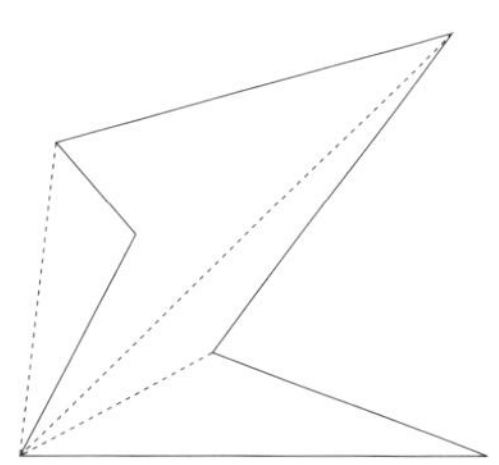

図８－３　凹多角形の例

理解深化課題として，ある授業では次のことを３～４人の小グループで協同解決しました。

• 百角形の内角の和は何度か。

百角形はとても図に描けないし数えられません。ここでは，「図に描かずに求める」のがポイントなので一見困難です。しかし，「対角線は何本になるか」「三角形はいくつできるか」という原理的な考え方を活用すれば，同じ論理で「もとの頂点自身と両隣りの頂点には対角線が引けないので，対角線の本数は（100－3）本になる。三角形の個数はそれに１を足したものになるので98個になり，180°×98が内角の和になる」という解決，説明ができます。実際に実施したクラスでは，児童たちからもこの発見が起こっています。

2　中学校での事例――「多角形製造器」で教えて凹多角形に拡張

多角形（n 角形）の内角の和は中学校でも扱われ，「180×（n－3）」と公式化されます。ただし，教科書にはふつう，図８－３のように内角が180度以上になる凹多角形は扱わないことにすると記載されています。１つの頂点から対角線を引いても，図形の外を通ってしまうことがあり，うまく三角形に分割できな

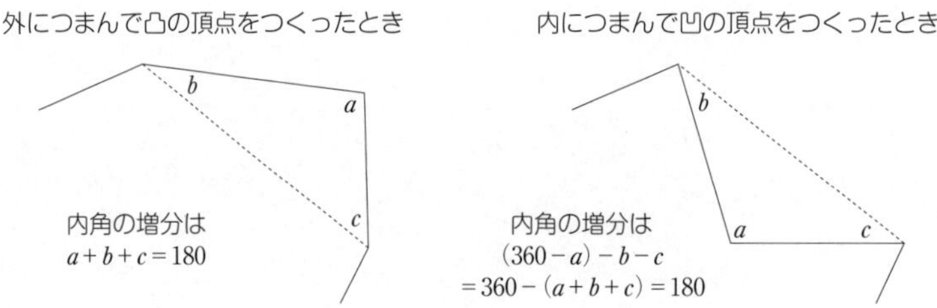

図 8-4　引っ張って頂点が増えたときの内角の増加

出所：図 8-1 と同じ。

いから除外しているのでしょう。そこで，あえて次のことを考えさせ，理解し説明できることを習得目標としました。

- 凹多角形でも同じ公式が成り立つか。

このためには，対角線を引くのとは別の考え方を知っておかなくてはなりません。ここでは，ゴムひもをピンでとめる「多角形製造器」を考案しました。図 8-4 のように，ゴムひもでできた n 角形は，辺を引っ張って頂点をピンでとめれば（$n+1$）角形になります。逆にピンをはずせばもとの n 角形に戻ります。すると，すべての n 角形はもともと三角形だったものを何回も引っ張ってできたものであることがわかります。1 回外に引っ張るごとに三角形が 1 つ増えるのですから，内角が180度ずつ増えていくことは容易にわかるでしょう。このような教師の説明を聞いた上で，お互いに説明できれば理解確認としてはよしとします。

そこで，理解深化として，「内側に引っ張って凹多角形にした場合はどうなるか」を課題とすることができます。多角形製造器を操作したり図に描いたりしながら相談することで，「内側に引っ張っても，差し引きすれば180度増えるから，同じ公式が使える」ということを発見するグループが現れました。これは相当難しい課題ですが，教具の工夫，グループでの協同，必要な教師の支援があれば，十分取り組める課題です。

4 主体的な学び，そして探究とのつながり

「教えて考えさせる授業」は，あくまでも教師が目標（めあて）を設定して組み立てている「習得の授業」です。そこでも，児童生徒が興味・関心をもって主体的に取り組み，対話的に相互説明や協同解決を行い，教科書の内容よりもさらに深い理解や高い応用発展に至ることができます。予習によって今日の授業で何をするのかの見通しをもち，予習だけではよくわからなかった学習者は，むしろ，「それをわかるために授業に出るのだ」という目的意識をもって，主体的に授業に臨むのです。また，授業の中で自分は何を得たのかを振り返り，わからなかった点は質問したり，調べ直すという次の活動につなげます。

習得の授業ではあるものの，「教えて考えさせる授業」が探究にもつながるのは，2つの意味においてです。一つは，理解深化課題（それを設定しているのは教師ですが）に触れることで，より深い問いはどうすれば生まれるかが，学習者にも伝わっていくことです。上記の「多角形の内角の和」の授業例であれば，その背後にあるのは，「一般化できるだろうか」という数学の見方・考え方の一つにほかなりません。もう一つは，振り返りの中に，「さらに考えてみたいこと」という項目を入れることによって，探究課題を自ら生み出す習慣ができることです。そうして出てきた探究課題を，単元の終盤や家庭学習で実際に行って発表の場を設けている教師もいます。

このような一連の学習は，算数・数学に限ったものではありません。「教えて考えさせる授業」は，小学校・中学校を通じて，すべての教科での実践例がありますし，学校全体として継続して取り組んでいるところは，2～3年たつと学力面，意欲面で大きな成果をあげています。ただし，重要なことは，形式的に4段階の授業構成にすればよいというのではなく，「深い理解を伴った習得を目指す」「メタ認知を育てる」「教師からのインプットと学習者のアウトプットのバランスを重視する」という基本的な理念です。

習得・活用・探究という学習活動を通じての，「主体的・対話的で深い学び」と資質・能力の育成を図る授業のあり方の一つとして，参考にしてもらいたい

と思います。

まとめ

「教えて考えさせる授業」は，受容学習と発見学習それぞれの短所を補い，長所を活かすために，「教師の説明」「理解確認」「理解深化」「自己評価」という４つの段階から構成された習得の授業です。授業前半は基本的な事項は教師が教材や教具も工夫しながらていねいに教えて知識の共通基盤をつくります。後半は，誤解されやすいような内容や高いレベルの発見学習を通じて，授業全体として深い理解を伴った習得を目指します。一見オーソドックスな授業展開の中に，認知心理学で重視されている，相互説明活動，協同的問題解決学習，自己評価によるメタ認知の育成などが組み込まれています。「主体的・対話的で深い学び」を習得の授業でも行う方法として，多くの学校で実践が試みられています。

さらに学びたい人のために

○市川伸一『教えて考えさせる算数・数学――深い理解と学びあいを促す新・問題解決学習26事例』図書文化社，2015年。

小学校３年生から高校１年生までの，算数・数学の指導案やワークシートと実際に授業を行ってみた上での様子が描かれています。教える部分，考えさせる部分で，どのような工夫がなされているかを参考にしてください。

○市川伸一・植阪友理（編）『最新　教えて考えさせる授業　小学校』図書文化社，2016年。

全国各地での小学校の実践例が収められています。算数，国語からはじまり，実技教科や英語，道徳まで全教科にわたっており，「習得」といってもかなり広い射程をもつものであることがわかるでしょう。

○市川伸一『「教えて考えさせる授業」を創る　アドバンス編――「主体的・対話的で深い学び」のための授業設計』図書文化社，2020年。

20年近くにわたって，「教えて考えさせる授業」（最近は，略称でOKJ）がどのように展開されてきたかをまとめています。導入の経緯，いろいろな学年や教科の実例，授業づくりのポイント，実践校の成果と課題など，参考になるはずです。

編者コメント

真に理論的なものはつねに実践的でもある

教育の方法・技術は，その多くがオーズベルのいう受容学習か発見学習のいずれかを基盤に開発されてきましたし，どちらが優れているかという論争もしばしばなされてきました。しかし，両者にはそれぞれ強みと留意すべき点があります。したがって，いずれを基盤とした場合にも，内容の習得，意欲的な取り組み，思考力や表現力の育成，個人差への対応，時間的な効率性など，教育の方法・技術に求められる要件のすべてを満足させることは困難でした。

「教えて考えさせる授業」は，受容学習と発見学習を組み合わせるという斬新な発想により，この限界を乗り越えようとします。もっとも，人は内的リソースとしての知識を活用して思考・判断・表現などの知的活動を行っており，それにより知識の意味理解や定着もいっそう進むと考える認知心理学から見れば，受容学習と発見学習を適切に組み合わせることで質の高い習得を目指すという発想自体は，きわめて素直で自然なものと言えるでしょう。また，だからこそ「教えて考えさせる授業」は，現に目覚ましい成果を挙げてきたのです。

とはいえ，理論的な洞察がただちに実践の創造を生み出すわけではありません。日々の実践に耐えうる，またさまざまな教科等で利用可能な教育の方法・技術の体系として確立することは容易ではなかったはずです。「多角形製造器」のような新たな教材の開発，またそれをどの場面でどのように活用するのかといった判断のすべても，子どもの学習・思考・知識等に関する深い理論的な洞察とともに，それに基づく膨大な数の実践的試行，さらにその結果の詳細で多面的な検討から徐々に，しかし着実に生み出されてきたに違いありません。

興味深いのは，そのような実践創造を目指す取り組みの中から，学術的に検討すべき理論的な問題や，その検証のための仮説なりヒントが多数得られてきたことです。「真に理論的なものはつねに実践的でもある」という教育学上の重要な命題を，科学的探究と社会的実践の融合という具体的な姿として体現する点においても，「教えて考えさせる授業」の取り組みはおおいに注目に値します。紹介されている文献などを手がかりに，さらに深めてほしいと思います。

（奈須正裕）

第9章

国語科の実践
――授業のユニバーサルデザイン――

学びのポイント

- 授業のユニバーサルデザインの必要性を理解する。
- 授業のユニバーサルデザインの考え方や進め方について理解する。
- 国語授業のユニバーサルデザインに関する実践理論について理解する。

WORK　国語科の任務とは何だろう

2018年改訂の高等学校学習指導要領では，国語科の必履修科目が「国語総合」１科目から「現代の国語」と「言語文化」の２科目になりました。各科目において，分野別に配当された単位時間数は下表の通りです。

	国語総合140時間	現代の国語70時間	言語文化70時間
話すこと・聞くこと	15～20時間程度	20～30時間程度	
書くこと	30～40時間程度	30～40時間程度	５～10時間程度
読むこと	80～95時間程度	10～20時間程度	60～65時間程度

各科目の目標を見ると，育成する資質・能力のうち「知識及び技能」について，「言語文化」では「生涯にわたる社会生活に必要な国語の知識や技能を身に付けるとともに，我が国の言語文化に対する理解を深めることができる」としているのに対し，「現代の国語」では「実社会に必要な国語の知識や技能を身に付けるようにする」としています。

「現代の国語」誕生の背景には，国語教育が教材の読み取り中心になりがちで，話し合いや論述の学習が不十分との指摘がありました。また，科目の趣旨から「読むこと」の教材は「現代の社会生活に必要とされる論理的な文章及び実用的な文章」に限定され，小説，物語，詩，短歌，俳句などの文学的文章の使用は認められていません。

ところが，いざ「現代の国語」の教科書が出てみると，芥川龍之介の『羅生門』など５点の小説を掲載した教科書が検定に合格し，さらに採択率でもトップシェア（2022年度）になりました。出版社は，登場人物の行動への賛否をまとめるなど「書くこと」のための教材であると説明していますが，学校現場向けの広報資料には「従来の『現代文』教科書のイメージでご利用可能」との記載も見受けられ，国語科の学力や指導内容を巡って，賛否両論さまざまな議論がなされました。

⑴　上記の文章を読んで，感じたことを近くの人と話し合いましょう。

⑵　国語科で教えるべきこと，育てるべき学力について，考えをまとめてみましょう。

● 導 入 ● ● ● ● ● ● ●

通常の学級には，発達障害の可能性がある子が8.8%在籍していると言われています。知的発達の遅れはないものの，学習面または行動面で著しい困難を示す子どもたちです。通常の学級では，こうした特別な支援が必要な子など，多様な子が在籍する中で，全員参加の授業を進めることが切実な課題になっています。授業のユニバーサルデザインとは，こうした特別な支援が必要な子を含めて，通常学級のすべての子が，楽しく学び合い「わかる・できる・探究する」ことを目指す授業デザインです。本章では，授業のユニバーサルデザインをベースにした国語授業における考え方や進め方について確認します。

● ● ● ● ● ● ●

1　授業のユニバーサルデザイン

1　授業のユニバーサルデザインとは

文部科学省が行った2022年の調査では，通常の学級には，発達障害の可能性がある児童生徒が8.8%在籍しているという結果が報告されました[*1]。発達障害の可能性がある児童生徒とは，知的発達の遅れがないものの，学習面または行動面で著しい困難を示す子どもたちです。

たとえば，座って静かに学習することが苦手だったり，他の活動には支障がないのに特定の活動だけ（たとえば，読み書きだけ，計算だけ）に困難を示したり，対人関係が難しかったり，こだわりが強すぎたりすることがあげられます。

しかし，通常の学級では，こうした特別な支援が必要な子を個別に指導をするだけでは，他の子の学習が成立しません。こうした特別な支援が必要な子どもを含めて，全員参加の授業をつくっていくことが切実な課題になっています。

授業のユニバーサルデザイン（以下，授業UDとする）とは，「特別な支援が

＊1　文部科学省「通常の学級に在籍する特別な教育的支援を必要とする児童生徒に関する調査結果（令和４年）について」。https://www.mext.go.jp/b_menu/houdou/2022/1421569_00005.htm（2023年４月１日閲覧）

必要な子を含めて，通常学級のすべての子が，楽しく学び合い『わかる・できる・探究する』ことを目指す授業デザイン」です。

これまでの教育史の中でも，全員参加の授業は大切にされてきました。しかし，授業UDは，それを「特別な支援が必要な子の側から」考えることが特徴です。言わば「特別支援教育の視点を活かした全員参加の授業づくり」です。

特別支援教育の視点を活かすことは，指導を「易しく」することではありません。特別な支援が必要な子に対する指導の工夫や配慮が，他の子にとっても，楽しくて「より深くわかる」「よりうまくできる」ようにします。学習指導を「よりていねいに」「より緻密に」「より高度に」することだと言っていいでしょう。

2　授業のUD化モデル

授業UDは，図9-1のように「参加」「理解」「習得」「活用」のレベルでモデル化することができます。これを「授業のUD化モデル」と言います[*2]。

まず，「参加」レベルとは，学習環境の整備と学級づくりに関するUDです。たとえば，注意集中に困難さがある子がいる場合には，黒板の周りに掲示物をごちゃごちゃと貼らないほうがいいでしょう。黒板の字よりも，周りの掲示物が気になって見てしまうからです。聴覚が過敏な子がいる場合には，運動場での歓声や水槽のポンプ音が聞こえないように，座席の位置を配慮します。友達との関わりが難しい子がいる場合には，隣の席の子を話しやすい子にすることがあります。また，友達関係のトラブルが起きにくいように，クラス内のルールを明確に示すことも大切です。

これらの学習環境や学級づくりへの配慮は，特別な支援が必要な子にだけではなくて，他の子にとっても過ごしやすい環境づくりにもなります。

次に「理解」レベルとは，1時間の授業づくりに関するUDです。たとえば，楽しく学び合い「わかる・できる」授業をつくるには，後述しますが，

＊2　小貫悟・桂聖『授業のユニバーサルデザイン入門』東洋館出版社，2014年。

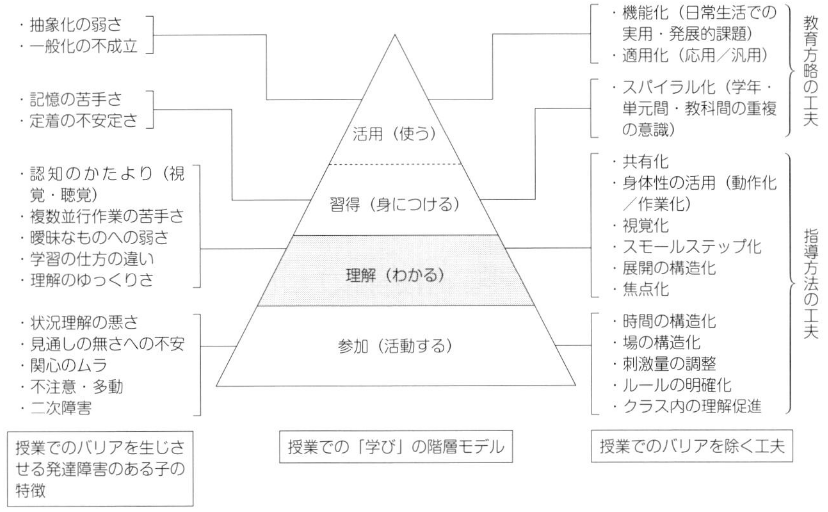

図９-１　授業のUD化モデル

出所：小貫・桂，2014年。

「焦点化・視覚化・共有化」「教材のしかけ」「Which 型課題」などの指導方法の工夫が必要です。「参加」レベルの学習環境や学級づくりは大切ですが，日々行われている１時間１時間の授業がわかりにくいのでは意味がありません。１時間の学習指導を工夫する「理解」レベルこそが，授業 UD の本丸だと言えます。

ただし，１時間の授業で「わかった！」「できた！」という状態になっても，数日後や数か月後には，忘れる可能性があります。とくに，発達障害の可能性がある子は忘れやすい子が多いです。そこで重要になるのは「習得」レベルの UD です。授業の中で，単元の中で，そして１年間の中で，学んだことが身についていくような継続的・発展的な指導が不可欠です。

最後に「活用」レベルとは，実生活への活用を目指す UD です。そもそも学力とは，実生活に活用できてこそ，本物の学力。発達障害のある子は，授業で学んだことを生活に汎化することが苦手だと言われています。授業 UD においても，最終的には「活用」レベルの学力育成を目標にして，指導を積み重ねていくことが大切です。

このようにして，授業 UD では，「参加」レベルを基盤にしながら，短期的には「理解」レベルの工夫・配慮を行い，中・長期的には「習得」や「活用」レベルの学力の育成を目指します。

以下では，「理解」レベルの指導の工夫・配慮について，筆者が考える国語の授業 UD を例に説明します。

2 国語授業の UD

1 「論理」を授業の目標にする

国語授業では，「論理」を授業の目標にするというスタンスに立って指導します。「論理」とは，「論理的な話し方・聞き方」「論理的な書き方」「論理的な読み方」です。

たとえば，日本全国の小学校 4 年生の教室では，文学教材「ごんぎつね」で「ごんの心情を読み深める」授業が行われています。しかし，国語の授業としては，それだけでは不十分です。「ごんの心情を読み深める」と同時に，「心情の読み取り方」を明示的に指導する必要があります。

「ごんぎつね」の一場面には，次の一文があります。

空はからっと晴れていて，もずの声がキンキンひびいていました。

読者によっては，これを単なる「風景」として読みます。しかし，これは「情景」です。〈空〉を見たり〈もずの声〉を聞いたりしたのは，視点人物の〈ごん〉です。この「情景描写」と「〈ごん〉の心情」を関係づけて読むことが大切です。

2，3 日雨が降り続いて，その間，〈ごん〉は，穴の中にしゃがんでいました。この情景描写の一文は，〈ごん〉が穴からはい出たときの表現です。「ああ，久しぶりの青空だ。からっと晴れて気持ちがいい。もずの声がキンキン響きわたってるなあ」のように感じたかもしれません。文脈を関係づけて読むと，

〈ごん〉の心情は，少なくともプラスの心情が想像できます。

こうした「情景描写の読み方」は，5年生の文学教材「大造じいさんとガン」でも，6年生の文学教材「海の命」でも，「活用」できる読み方です。

国語の苦手な子は，登場人物の心情をどうやって読めばいいのかがわかりません。また，国語が得意な子も，登場人物の心情を無自覚で読み深めていることが多いのです。こうした論理的な読み方がわかれば，誰もが深く解釈して読めるようになります。

「論理」を明示的に指導していくことは，特別な支援が必要な子だけではなくて，他の子にとっても役立ちます。国語の授業では，まずは，6年間を通じて「論理」を明示的・系統的に指導していくことが，決定的に重要です[*3]。

2　「焦点化・視覚化・共有化」の視点で授業をつくる

「論理」を授業の目標にした上で，大切になるのが「焦点化・視覚化・共有化」という授業改善の視点です[*4]。

「焦点化」とは，授業のねらいや活動を絞ることです。教材研究をすればするほど，教えたいことが多くなって，かえって授業が複雑になることは少なくありません。たとえば，先述した「ごんぎつね」の実践例のように，いくつかの「情景描写の文」を取り上げ，学習活動をシンプルにして「情景描写の読み方」をねらいにして指導するほうが，子どもにはわかりやすい授業になります。

複数の情報を同時に処理することが苦手な子がいます。多くの情報を提示されると，選択や注意が難しいという子もいます。授業のねらいを絞ったり学習活動をシンプルにしたりすることは，授業づくりの重要な視点です。

次に「視覚化」とは，視覚的な手がかりを効果的に活用することです。視覚的な手がかりには，挿絵，写真，動画，図，センテンスカード，寸劇を観ることなど，さまざまな手立てがあります。聴覚情報の言語理解が難しい子のため

＊3　筑波大学附属小学校国語教育研究部（編），青木伸生・青山由紀・桂聖・白石範孝・二瓶弘行『筑波発 読みの系統指導で読む力を育てる』東洋館出版社，2016年。

＊4　桂聖『国語授業のユニバーサルデザイン』東洋館出版社，2011年。

に耳で聞くだけではなくて，目で見て理解する手立てを講じることは，他の子の理解にも役立ちます。

ただし，重要なのは，視覚的な手がかりの「効果的な活用」です。さまざまな視覚情報を見せたり，ただ単に寸劇をしたりするだけでは意味がありません。効果的な活用によって，授業の「焦点化」に通じることが大切です。

「共有化」とは，話し合い活動を組織化することです。授業は「挙手—指名」方式で進めることがほとんどです。しかし，これだけでは，クラスの中で理解力が優れた子の2，3名が授業を進めていくというパターンになりがちです。

そこで，たとえば，ペアの話し合い活動を設定して，できるだけ全員が話し合う場面をつくります。また，代表児の発言を他の子が再現したり，代表児の発言の続きを他の子が説明したり，代表児の発言の意味を他の子が解釈して説明したりするように仕向けます。代表児の発言に対して，教師が「どういうこと？」と言ってわからないふりをして，その子や他の子が詳しく説明するように促すこともあります。

ただし，こうした「共有化」に関する手立ても，授業のねらいに合わせたり，タイミングよく取り入れたりすることが大切です。「視覚化」同様，「焦点化」に通じるような「共有化」を図ることが重要です。

3　「教材のしかけ」をつくる

国語の授業では，既存の教科書教材を読み，それについて話し合わせることが多くあります。たとえば，主題をとらえる指導においては「この作品の主題は何かな？」と問いかけて話し合わせるだけになりがちです。こうした工夫のない教材提示や発問ばかりでは，子どもにとっては退屈でつまらない授業になります。

しかし，たとえば，主題を選択肢にして提示してみましょう。すると，「全然，違う！」「それはぴったり！」など，子どもが能動的に動き始めます。これは「主題の選択肢をつくる」という「教材のしかけ」です。「教材のしかけ」によって，すべての子どもが「話したくなる」「考えたくなる」場面をつくることができます。

「教材のしかけ」には，次の「10の方法」があります[＊5]。

①順序を変える	②選択肢をつくる	③隠す	④置き換える
⑤加える	⑥限定する	⑦分類する	⑧図解する
⑨配置する	⑩仮定する		

「教材のしかけ」は，単なるクイズ的な活動に終わってはいけません。授業のねらいに「焦点化」して，しかけをつくります。また，「視覚的」にしかけを見せます。さらには，しかけをつくることで，課題や理解の「共有化」を図ります。つまり，「教材のしかけ」は，「焦点化・視覚化・共有化」に関する有効な手立てです。

4　「Which 型課題」の国語授業

国語授業の学習課題には，いくつかの種類があります。たとえば，５年生の文学教材「大造じいさんとガン」の授業では，次のような課題をよく見ます。

①三場面の大造じいさんの心情を考えよう。
②大造じいさんの心情の変化は？
③なぜ，大造じいさんは銃を下ろしたのか？

①は「What 型」（何？），②は「How 型」（どのように？），③は「Why 型」（なぜ？）の課題です。しかし，こうした課題では，学習活動にのれない子がいます。自分の考えをもつことが難しいのです。他には，たとえば，次のような「Which 型」（どれ？）の課題があります。

④大造じいさんと残雪，どちらが中心人物？

＊５　桂聖・授業のユニバーサルデザイン研究会沖縄支部（編著）『教材に「しかけ」をつくる国語授業10の方法　文学のアイデア50』東洋館出版社，2013年。

これであればすべての子が授業に参加できます。理由がイメージできなくても，選ぶだけなら誰でもできるというわけです。「Which 型課題」で選択・判断を迫ることで，全員が主体的な学びの第一歩を踏み出すことができます。

「Which 型課題」を取り入れた国語授業では，次のように進めます（括弧内は学びのプロセス[＊6]）。

(1)　問題意識の醸成（うん，そうだよね）
(2)　「Which 型課題」の設定（えっ，どれかな？）
(3)　考えのゆさぶり（だめ！ なぜなら～。なるほど！）
(4)　まとめ・振り返り（確かに！ 他にもあるよ！）

ここで紹介するのは，３年生の説明文教材「こまを楽しむ」（図９‐２）の授業です。本時の学習範囲は，第８段落（まとめの段落）です。

まず，問題意識の醸成として，第１段落から第７段落までの「要点カード（こまの写真付き）」を正しい順序に並び替えてもらいました。その上で「第８段落で一番説明がいいなと思うのは，何番目の文？」という「Which 型課題」を設定しました。それで互いの意見を交流する中で，子どもが「それぞれのこまは違う回り方をする」というので，それを劇化しました。

また，話し合い活動の後半では，子どもが発言していた「回る様子」「回し方」という言葉について，「この言葉の順序を変えてもいい？」と，ゆさぶり発問を投げかけました。実は，第２段落から第４段落までが「回る様子」の事例，第５段落から第７段落までが「回し方」の事例です。それが，まとめの第８段落には「回る様子→回し方」という語句の順序に対応しています。最初は数人の子しか気付きませんでしたが，互いに着眼点としてのヒントを出し合う中で，全員がその「事例の順序とまとめの言葉の順序の関係」に気付くことができました。

この授業では，次のように「教材のしかけ」を活用しています。

＊6　桂聖・N5 国語授業力研究会（編著）『「Which 型課題」の国語授業』東洋館出版社，2018年。

図９-２　「こまを楽しむ」の授業

出所：筆者作成。

- 問題意識の醸成…………………事例の順序を変える
- 「Which 型課題」 ………………文の選択肢をつくる
- 内容理解（寸劇をする）…………「こま」「こまを回す人」を仮定する
- 考えのゆさぶり…………………語句の順序を仮定する

「Which 型課題」の国語授業では，「教材のしかけ」が子どもの「有機的な学びのプロセス」につながっていくようにファシリテーションをしていくことも大切です。

3　三段構えの指導

「理解」レベルの UD では，「三段構え」で，図９-３のように，クラス全員

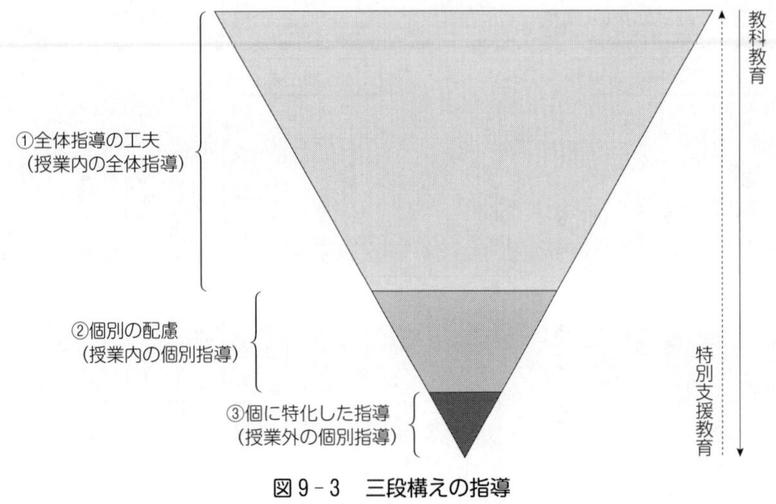

図9－3　三段構えの指導

出所：筆者作成。

の子どもを支えていくことが大切です。[*7]

三角形は，通常学級におけるクラス全員の子どもを指しています。「焦点化・視覚化・共有化」「教材のしかけ」などの「全体指導の工夫」だけでも，多くの子が楽しく学び合い「わかる・できる・探究する」授業になるかもしれません。

しかし，その「全体指導の工夫」だけでは活動が停滞する子がいます。書くことの個別指導など，授業内で「個別の配慮」をしていく必要があります。

また，授業内での「個別の配慮」だけでも難しい場合には，授業外で「個に特化した指導」をします。たとえば，授業前に事前指導をしたり，授業後の補充指導をしたりします。通級による指導も，個に特化した指導です。

通常学級の授業 UD では，「①全体指導の工夫→②個別の配慮→③個に特化した指導」という順序で，すべての子を支えていくことが大切です。

＊7　桂聖・日本授業 UD 学会（編著）『授業のユニバーサルデザイン vol. 8』東洋館出版社，2016年。

4 オーダーメイドの授業 UD

授業 UD の視点で授業改善を図る学校が全国各地に増えています。こうした学校では，子どもが授業を楽しいと感じ始め，学力が向上し，落ち着いて生活し始めているようです。授業 UD によって「教師が変わり，子どもが変わり，そして学校が変わる」というわけです。

ただし，授業 UD には「決まった指導方法」はありません。「焦点化・視覚化・共有化」「教材のしかけ」などは，目の前の子どもの姿に学びつつ，筆者が独自で考案した実践理論です。もしかしたら，この実践理論は他の教室でも役立つかもしれません。しかし，目の前の子どもが変われば，当然，指導の工夫や配慮は変わります。それぞれの教師が，目の前の子どものために，オーダーメイドで授業改善をし続けることこそが，本当の意味での授業 UD です。[*8]

まとめ

授業のユニバーサルデザイン（授業 UD）とは，特別な支援が必要な子を含めて，通常学級のすべての子が，楽しく学び合い「わかる・できる・探究する」ことを目指す授業デザインです。国語授業の場合，「論理」を授業の目標にした上で，授業の「焦点化・視覚化・共有化」を図ります。その手立てとして「教材のしかけ」を使って，子どもの意欲や思考を活性化します。また，「Which 型課題」を起点にして，学びのプロセスをファシリテーションします。ただし，これは，あくまでも実践理論の一例です。授業 UD には「きまった指導方法」はありません。目の前の子どものために，教師それぞれがオーダーメイドの授業改善をし続けることこそが，本当の意味での授業 UD です。

さらに学びたい人のために

○桂聖・奈須正裕『国語授業 UD のつくり方・見方』学事出版，2016年。

＊8　授業 UD に関するオーダーメイドの「知見の蓄積」や，教師の「授業力の向上」を図ることを目的にして，2015年，日本授業 UD 学会が設立された。

国語授業 UD の授業ビデオを観ながら，その実践者の桂聖と研究者の奈須正裕が対談した本。2人の対談を通して，授業のつくり方や授業の深い見方がリアルにわかります。

○桂聖・石塚謙二・廣瀬由美子・小貫悟・日本授業 UD 学会（編著）『授業のユニバーサルデザイン　vol. 11』東洋館出版社，2018年。

2017年告示の学習指導要領では，「主体的・対話的で深い学び」「学びの過程に関する困難さの対応」が求められています。それらの課題について具体的な事例を示しています。

○ T. E. ホール・A. マイヤー・D. H. ローズ（編著），バーンズ亀山静子（訳）『UDL 学びのユニバーサルデザイン』東洋館出版社，2018年。

米国の「学びのユニバーサルデザイン（UDL）」は，学習者の多様性を前提にして，バリアを取り除き，学習者一人ひとりを学びのエキスパートに育てることを目的にした学びのフレームワークです。授業 UD においても，UDL を視野に入れつつ，多様な学びを支える学習者主体の具体的な指導のあり方を追究していく必要があります。

編者コメント

すべての子どもの学習権を保障する

すべての子どもは幸せになる権利をもって生まれてきます。その子が求める学びを十全に実現できる権利，いわゆる学習権も，当然その中に含まれます。

もちろん，これまでも学校は学習権の保障に尽力してきました。しかし，従来の授業づくりは，ともすれば多数派の子どもたちにその意識を集中させすぎたかもしれません。たとえば，「真ん中よりちょっと下」の子どもに照準を合わせて授業を計画・実施することは，今もなお学校現場の経験則です。多くの子どもはそれでうまく学べるのですが，照準からズレた位置にいる子どもは，為す術もなく落ちこぼれていきます。

子どもがうまく学べないのは，子どもの側に障害があるからではなく，カリキュラムや学習環境が子どもの学びの障害となっているからです。一人ひとりの実情に即して，可能な限り柔軟にカリキュラムや教育の方法・技術を工夫する。今やこれが世界のトレンドです。具体的には，学級単位の一斉指導にとらわれることなく，さまざまな「個に応じた指導」（第7章参照）を推進することが，まず考えられます。

その一方で，一斉指導にもまだまだ改善の余地があり，徹底することでかなりの水準まで到達可能であることを，授業 UD は示してきました。多数派の子どもではなく，教室で一番しんどい思いをしている子どもにこそ照準を当て，その子が十全に学べる授業づくりに心を砕くことで，結果的に多数派の子どもにとっても，よりわかる，できる，楽しい授業とすることができる。まさに「コロンブスの卵」的な発想ですが，そこから導かれた「論理」「焦点化・視覚化・共有化」「教材のしかけ」「Which 型課題」などの原理や道具立ては，子どもの学習や発達，知識の在り方を探究してきた認知心理学や学習科学から見ても，すべて理にかなっています。授業 UD と個に応じた指導の適切な組み合わせは，今後における子どもの学習権保障の基本戦略と言えるでしょう。

加えて，授業 UD が示した多くの事実は，問題なくやれているように見える子たちも，実はそこそこしんどい思いをしてきた，何とかギリギリでやれていたにすぎないという可能性を示唆しています。もっとすべての子どもが伸びやかに，軽やかに，その子らしくしっかりと学べる教室の実現に向けて，さらなる飛躍を期待したいと思います。　（奈須正裕）

第10章

社会科の実践

——追究を拓く授業——

●　●　●　学びのポイント　●　●　●

- 社会科の問題解決学習の単元で，追究の活動を通して，子ども自身が自らの見方・考え方を働かせて，自分の社会認識と判断を向上させていく姿を理解する。
- 社会的事象に対する子どもの理解と表現の中に，そう向き合わざるを得ないその子の「背景」を洞察する教師の取り組みを理解する。
- 富山市立堀川小学校は，経験単元のスタイルで実践と探究を続けている。経験単元における「ひとり学習」と「集団過程」における教師の指導のポイントを理解する。

WORK　子どもの追究をたどってみよう

本章は，政二亮介先生（富山市立堀川小学校）の小学校４年生社会科「食品ロス」の実践です。食品ロスとは，「本来食べられるのに捨てられてしまう食品」のことです（本章＊４参照）。本章で登場する大谷君は，父親へのインタビューなどから，次のように書いていました。

> 僕は絶対に食品ロスは出ちゃうものだと思いました。なぜなら，お客さんの食べ残しは絶対にあると思うし，消費期限が切れていたということも絶対にあると僕は思うからです。

これは，祖父と父の経営するラーメン店で，普段目にしている事実に基づいています。食品ロスという問題を，外側から眺めて観察しています。

この大谷君が，単元終末の集団過程で次のように発言しています。

> 運命は変わる……自分も食品も……。賞味期限の近い物を買ったら，食品の運命は変わるし，減らそうという自分の思いが強くなる。（中略）
>
> 賞味期限の長い物ばかり何も考えずに買ったら，食品ロスがあるということを忘れるかもしれない。でも，賞味期限が近い物を買うという取り組みをしたら，もっと自分の思いが強くなって，食品ロスが減り，運命も変わる。だから店に協力したい。

ここで大谷君は，食品ロスが生まれるプロセス（「運命」）の中に「自分」を見いだしています。そこで「（もし）賞味期限の長い物ばかり何も考えずに買ったら」や「（もし）賞味期限が近い物を買うという取り組みをしたら」という具合に，食品ロスに向き合う条件節を活発に設定して，その帰結を考えています。その上で，「だから店に協力したい」という自分の立場の判断を明確に述べています。

問い　このような大谷君の変容は，どのようにして生まれたのでしょうか。子どもの思考を読み取れる部分をラインマーカーでチェックしながら，本章を読んでみてください。

● 導　入 ● ● ● ● ● ● ●

「追究」とは，「自然・文化（社会）・人・もの・出来事にこころをつなぎ，いのちとことわりを感受し，吟味し続けることであり，自らの見方・考え方・行い方を育てながら，自己の生き方を深めていく自立した一人ひとりの日々の営み[*1]」です。本章では，「追究を拓く授業」の一例として小学校4年生社会科「食品ロス」の実践における大谷君のあゆみについて述べていきます。社会的事象には，必ず子ども一人ひとりが，その子らしい社会的な見方・考え方を働かせることで，向き合わざるを得ない問題があります。その問題に向き合い解決を図ることで，子どもが主体的に社会認識を再構成していきます。そうした過程において「自分の問題」を乗り越えながら，自らの生き方をも深めていくのです。そうした授業が，社会科における「追究を拓く授業」だと考えています。

1　授業の概要について

1　「ひとり学習」と「集団過程」

本実践は，「ひとり学習」と「集団過程」の２つの学習から構成されます。

①ひとり学習（一人で調べたり，考えたり，ノートにまとめたりする学習）

対象となる事象への問題（一人ひとり異なる）に対して自らの見方・考え方・感じ方を働かせながら，主体的に事象の意味を考えることで，自己の認識を確かにしていく。

②集団過程（調べたことをもとに，思いや願いなどを話し合う学習）

一人ひとりがもつさまざまな問題の解決に向けたひたむきな追究者同士が，互いの考えを聞き合う中で，新たな見方・考え方・感じ方，取り組みの経緯や背景を学び，ひとり学習へと再び戻っていく（図10－1）。

＊1　富山市立堀川小学校『個の学びと教育』明治図書，2018年，32頁。

図10－1　集団過程の様子
出所：筆者撮影。

まず，富山県の小学校４年生の大谷君が，「食品ロス」と出会い，主体的に自らの見方・考え方・感じ方を働かせながら社会認識を深め，自己の生き方を見つめていくまでにどのように「ひとり学習」を進めていったのか，また「ひとり学習」における教師の支援のあり方について述べていきます。さらに，子ども一人ひとりが個々の問題解決を図っている中で，「集団過程」をどのように位置づけていけばよいのか，「集団過程」のねらいや働きについて述べていきます。

2　社会科における教材の発掘

本実践で教材化した「食品ロス」は，日本国内において年間約2,372万トンの食品ごみのうち約522万トンを占め[*2]，現代社会における大きな問題となっています。富山県内でも，約4.3万トンの食品ロスが発生しています[*3]。

この教材には，以下のような価値や可能性があると考えられます。

- 誰にでも，どの家庭でも起こり得る問題である。
- 「食べられるのに捨てられてしまう」という矛盾した行為を含む。
- 「食べ物を捨てる」という行為にもったいないという道徳的心情が働く。
- 捨てられる食べ物の削減に向け，県やNPO等が計画的・協力的に取り組んでいる。
- これまで意識していなかった社会の仕組みに問題や矛盾等の気付きが生まれる。

＊2　令和２年度農林水産省および環境省推計による。
＊3　「富山県食品ロス削減推進計画」2020年４月による。

- 自分自身や家族の生活，社会のあり方や食品への関わり方を見直す契機となる。

子どもたちは，3年生で社会科「わたしたちのくらしとコンビニエンスストア」の学習に取り組み，販売者側の思いや消費者ニーズに対する工夫について具体的に理解していました。そして，4年生の「食品ロス」の学習では，豊かなくらしを求める私たちの思いや行動が結果的に食品ロスを生んでしまうという問題と向き合うことになると考えました。その中で，食品が自分たちの手に届くまでの過程や生産者と販売者の思い，環境への負荷等，多面的・多角的に食品ロスの問題を理解しながら，現代社会における私たちのくらしのあり方やこれからの自己の生き方を見つめる姿を願い，本単元を構想しました。

3　大谷君の人柄や取り巻く環境

大谷君は，日頃から仲間を笑わせることが好きな明るくユーモアのある子どもです。しかし，自分の考えを伝えることに臆する傾向があります。また，朝活動（自ら環境に働きかける活動）では，仲間とともに取り組んでいます。冬の時期，大谷君は除雪を最後までやり続けました。教師が「ありがとう」と伝えると，「少しでも道が広がると，みんなが安全だから」と笑顔で答えるのです。大谷君は，人への役立ちを願っているものの，心配性や細かく考える性格から，仲間と一緒に行動することで安心感をもっています。

日頃の様子：心配性，細かく考える性格。思いやりがあり，人への役立ちを願っている。
家庭環境：父，母，2人の弟の5人家族。祖父と父がラーメン店（T店）を経営。
朝活動：田中君とともに学校前の歩道を清掃。冬季は，除雪を行う。
学習：ていねいに学習を進める。人前で発言することに臆する。
運動：得意であり，進んで活動する。
仲間関係：分け隔てなく仲間と交流する。仲間を笑わせることが好き。

2 大谷君のあゆみ

1 社会的な見方・考え方が顕在化する社会的事象との出会い

「食品ロス」は，言葉の響きや「本来食べられるのに捨てられてしまう食品[*4]」という言葉の意味だけで，子どもがさまざまな経験やイメージを想起できると考え，言葉だけの提示をしました。すると子どもたちは「食品ロスはよくない」と行為自体を否定したり，「もったいない」と憤慨したり，「賞味と消費」の違いに疑問をもったりするなど，さまざまな反応を見せたのでした。そんな中，大谷君は店から出る食品ロスを想起したのです。

提示後のノート

僕は，「食品ロス」の意味を聞いたら，すごく意味がわかりました。なぜ捨てられるのか？　お店は，小さすぎたり傷が付いていたりした物を捨てると思います。小さすぎたら売り物にならないと思うから，捨ててしまうと思います。

家庭の食品ロスを想起する子どもが多い中，大谷君は祖父と父が経営しているラーメン店の様子から，「売り物にならない物は，捨てる」という店ならではの食品ロスの理由について考え始めました。

提示のポイント

子どもが社会的事象について，自らの社会的な見方・考え方を働かせられるようにします。そのために，社会的事象の特性（子どもとの関係性や認識等）から，資料（写真や地図等）の有無，投げかける言葉，提示方法（表現や順序等）を考えます。

＊4　農林水産省「食品ロスとは」。https://www.maff.go.jp/j/shokusan/recycle/syoku_loss/161227_4.html（2023年４月３日閲覧）

ひとり学習のポイント①

提示によって，子どもが自らの社会的な見方・考え方を働かせながら表出したとらえや意味づけは，経験に立脚する価値や意味をはらんでいます。そこで教師は，その子らしい見方・考え方・感じ方を促すよう，調べる方法を具体的にアドバイスしたり，子ども自らの主体的な動きを見守ったりしていきます。

2　自らの着眼点を大切に調べようとする意欲を高める

大谷君は，父親にインタビューしたり，インターネットで気になったことを調べたりして，以下のようにノートに書きました。

ひとり学習ノート　題名「食品ロスは絶対に出てしまう？」

T店では，お客さんの残りやネギの固い部分を捨てます。他にもコンビニエンスストアで1日3万円分くらいの食べ物が捨てられていて，食品ロスを減らそうとしていることを全国でやっています。でも今まで調べたら，僕は絶対に食品ロスは出ちゃうものだと思いました。なぜなら，お客さんの食べ残しは絶対にあると思うし，消費期限が切れていたということも絶対にあると僕は思うからです。

客の食べ残しがあったり，ネギの固い部分を捨てなければならなかったりするなど，店から出る食品ロスの理由や，前単元で学習したコンビニエンスストアから多くの食品ロスが出てしまうという事実をもとに，大谷君は「食品ロスは絶対に出てしまう」という，半ば仕方がないという考えに至ったのでした。

子どもの実態をとらえ，提示から約2週間後，第1回集団過程を設けました。

〈子どもの実態〉

- 食品ロスについて抽象的・概念的な知識を理解し始めている子どもがいる。
- 食品ロスに関するさまざまな問題について理解し始めている子どもがいる。

〈期待する集団過程の働き〉
　具体的な食品ロス（生活経験からの想起），さまざまな場所から出る食品ロス（空間の広がり）を知り，新たな視点や方法を見つけ，調べようとする意欲を高める。

集団過程では，松坂君が近所から柿をもらいすぎたために，食べ切れず食品ロスが出ていたことやニンジンの皮の剝きすぎも食品ロスであることを伝えることで，食品ロスは身近なところで起きている事実が明らかになっていきました。また，学校での食べ残しや店の缶詰が少しへこんでいただけでも食品ロスになるなど，家庭や学校，店といったさまざまな場所から食品ロスが出ていることについて明らかになってきました。そんな中，大谷君は挙手し，発言したのです。

第１回集団過程　大谷君の発言記録

　僕は，Ｔ店の食品ロスのことを調べて，Ｔ店のラーメンは（ラーメンの写真を提示），お客さんの食べ残しがある。Ｔ店では，ネギの固い部分や変な色の部分は，捨ててしまう。松坂君と一緒で，絶対に食品ロスは出てしまうと思いました。なぜならＴ店で，僕は，ネギとか肉とか全部食べるけど，欠片のようなネギは箸で取るのが面倒くさいし，お腹もいっぱいで，残してしまう。お客さんも同じ理由で残していく。僕も肉とかネギとかを食品ロスしていた。自分も出していないと思っていたけど，出しているんだなと思いました。

大谷君が，挙手して発表したことが驚きでした。具体的で生活経験から想起しやすい話題であったことが関係しているものの，以下のノートから日頃のくらしでの，子どもたち同士の関わりが影響していることがうかがえます。

第１回集団過程後の振り返りノート　題名「僕と一緒」

松坂君と僕は一緒だと思いました。音楽の時間，松坂君としゃべりながら帰っているとき，自分の考えと一緒だと知りました。そのとき，松坂君に「サポートして」と言われ，今日はできたかなと思いました。パソコンに「コンビニエンスストアの食品ロス」という動画があって，それを見ていたら1日に3万円分の食品ロスが出ているのを知ってびっくりしました。だから，そのことについて，どういう物が食品ロスになっているかを調べたいなと思いました。

大谷君は，先述したように日頃から人に役立つことを願っていますが，心配性や細かく考える部分から，考えが一緒だったという安心感と松坂君をサポートし，仲間の役に立ちたいという思いがあって，挙手した可能性が高いのではないかとわかりました。このように子どもは，内容的なつながりはもちろんのこと，子ども同士の関係性や自分の願いをも織り交ぜながら複雑に影響し，具体的な姿として表出していることがわかります。

集団過程のポイント①（単元における序盤）

具体的でわかりやすい事実が大事です。学習が始まった頃は，見通しがもてず，不安を抱えている子どもも多いです。提示で顕在化してきたその子らしい社会的な見方・考え方が，事実を通して具体的に働くことで，子ども一人ひとりにとって気になることや学習への見通しが生まれるなど，学習への意欲を高める場となるようにしていきます。

3　社会的事象を多面的・多角的にとらえる

集団過程後，大谷君が気になったのは，T店と同様，コンビニエンスストアから出る食品ロスでした。しかし大谷君は，コンビニエンスストアでの食品ロスを調べに行きたくてもなかなか行動に移す勇気がなく，ひとり学習は停滞していました。そんな中，第2回集団過程を迎えます。

〈子どもの実態〉

- 家庭での食品ロス実態調査（食べ残し，手つかずの食品，皮の剝きすぎなど）

を進めている子どもがいる。
〈期待する集団過程の働き〉
食品ロスに対する一人ひとりの判断が主観的である事実を理解する。食品ロスの定義の難しさから，身の回りの食品ロスをいっそう具体的に調べようとする意欲を高める。

第2回集団過程では，野村さんが家庭でのニンジンなど，野菜の皮の剝きすぎに気付き，ジャガイモを持ち込み実際に皮を剝くことで，食品ロスと生ごみの判断を仲間に問いました。すると，皮の剝きすぎの程度が人それぞれに異なり，その判断の曖昧さが次第に明らかになっていくのです。集団過程を通して，いっそう家庭から出る食品ロスの種類や出る理由，食品ロスと生ごみの判断基準について気になる子どもが多くなっていきました。

集団過程のポイント②（単元における序盤・中盤）
実験や追体験等，共通の体験的な活動を効果的に入れることで，子どもは対象とする社会的事象について，その子らしい社会的な見方・考え方を働かせながら，さらに自分の問題への認識を深め，学習意欲を高めようとします。

集団過程後，大谷君は，「ネギの傷んだ部分はT店では，捨てている。みんなはその部分を食品ロスと思っている。でも，店ではお客さんの信頼を集めるために捨てている」とノートに書きました。大谷君は，店は家庭と異なり，客の信頼を得るために食品ロスを出さざるを得ないと考えているのです。集団過程を終えた次の日，店の食品ロスの実態を知りたいと強く思った大谷君は，ついに勇気を出してコンビニエンスストアへインタビューに出かけました。

ひとり学習のポイント②
集団過程直後，子どもは，仲間の見方・考え方・感じ方，取り組み方に触れたことで，自分の問題を明らかにしたり，問題解決に向けた見通しが生まれたりします。その機をとらえ，調べる視点や方法を具体的にアドバイスすることで，子どもの動きを促します。また，アドバイス後には，子ども自らの主体的な動きを見守ります。

訪れたコンビニエンスストアでは，おにぎり等の食品ロスが2万～2万5,000円分も出ていました。なぜなら，欠品を出すことで，客の購買意欲や店への信頼が失われないように多く仕入れなければならないからであり，大谷君は販売者側の食品ロスを出さざるをえない現状を知ったのです。

ひとり学習ノート　題名「食品ロスは出てしまう」

食品ロスをやっぱりしていて，賞味期限が近づいていたり切れていたりしていたら捨てていて，デイリーフーズ（おにぎり類等）を特に捨てていました。でも，賞味期限が近い物は半額にしていました。それからコンビニエンスストアは，１日に２万～２万5,000円分の食品ロスをしていました。食品ロスをしないために商品を減らしたら，お客さんが来なくなるから難しいらしいです。そのためコンピュータでよく売れる商品は多めに注文しているそうです。だから食品ロスは出てしまうと，僕は考えています。

図10－2　インタビューする大谷君
出所：筆者撮影。

店の信頼のために食品ロスを出さざるをえない状況は，コンビニエンスストアも同様でした。また3年生時の学習から，コンビニエンスストアに毎日朝夜と父親が通っている実態を調べ，店は忙しい人を支えていると認識していた大谷君だからこそ，店で働く人に対する信頼感や愛着も影響していると考えます。店で働く人の苦労や努力を食品ロスの学習においても再認識し，思いを強くした大谷君は，店で働く人の客を思いやる優しさの結果，食品ロスは出てしまうと考えたのです。

そして，第３回集団過程を迎えました。

〈子どもの実態〉
• 家庭での食品ロス実態調査（皮の剝きすぎ等）を進めている子どもがいる。
• 主観的な判断や認識のずれから食品ロスの減量は難しいと考え始めている。
〈期待する集団過程の働き〉
　さまざまな形態（皮の剝きすぎ，賞味期限の切れた商品）の食品ロスの実態を知り，食品ロスを減らすことの難しさを実感する。

集団過程では，落合君が野菜の皮やへたが生ごみか食品ロスかの判断を母親と一緒に行ったとき，その判断がすべて異なったという結果を表に示し，一人ひとりの認識の違いこそが，食品ロスの出る原因であり，減らすことの難しさを発言しました。そして，大谷君も付け加えるように発言していったのです。

第３回集団過程記録

大谷：僕は，コンビニエンスストアを調べると，商品も捨てていたからびっくりしました。消費期限が近づいていたり，切れていたりしたら，サンドイッチ類と麺類とおにぎり類，弁当類が捨てられていて，(写真を見せながら）コンビニエンスストアは１日に食品ロスをするのは２万〜２万5,000円分を出していた。

仲間：えー‼　もったいない。

大谷：コンビニエンスストアは，食品ロスを出さないために，商品を減らしたら，お客さんが来なくなって，信頼感がなくなるから，減らすのは難しいとお店の人は言っておられた。コンピュータで，よく売れる物を多めに注文して，食品ロスを減らしているけど，僕は食品ロスは出てしまうと思うし，落合君と同じで食品ロスを減らすのは難しいと思いました。

家庭での認識の差異やコンビニエンスストアの商品がそのまま廃棄されていることを知り，子どもたちは食品ロスの根深い実態に驚きました。

> ひとり学習のポイント③
> 　自分の問題解決に向けて，獲得した知識や事実をもとにした思いや考えを仲間にわかりやすく伝える表現方法（写真，絵，言語活動等）を工夫させることで，子どもが主体的に思いや考えを表出したくなるようにします。

4　社会が直面する問題を自分との関わりから見つめることで，自らの思いや願いを顕在化する

集団過程後，大谷君は次のような考えを紡ぎ出します。

> ひとり学習ノート　題名「買う時に気を付けたいな」
> 　お店の人は，食品ロスを出したくなくて，できるだけ賞味期限が近い物を前に置いている。だけど，みんな多分賞味期限が長いほうがいいと思っていて，その仕組みをお母さんたちは知っています。みんなが奥の商品を取ると，どんどん賞味期限が近づいたり，切れたりして，捨てないといけないから，僕は，買うときに手前の商品を買って，食品ロスを少しずつ減らしてお店の人に協力していきたいです。

大谷君は，家族が経営しているラーメン店やコンビニエンスストアも食品ロスは出したくないものの，客の信頼を得るために出さざるをえない状況であることの矛盾に気付き，自分にできる食品ロス削減の取り組みを考えたのです。

なぜ，ここまで店で働く人に思いを寄せる大谷君なのでしょうか。祖父の代から始めたラーメン屋は，富山県を代表する繁盛店です。戦後の食糧難の中，一杯のラーメンで客を喜ばせたいという店の名前の由来や，朝早くから夜遅くまで働く祖父と父の姿を見て育った環境が，大谷君の考え方に影響していると考えます。それは，除雪のときに見せたように「相手を思いやる」や「人への役立ち」を祖父や父の姿から，願う生き方として自らの意味を見いだしたり，納得を求めたりする中で，客を思うがゆえに生じる食品ロスを少しでも減らせるように協力したいという願いとして顕在化してきたのだと考えます。

そんな中，第４回集団過程を迎えました。

〈子どもの実態〉
• 食品ロスを減らすことは難しく，八方塞がりで諦めムードが広がっている。
〈期待する集団過程の働き〉
　長嶋さんの取り組み（NPO 法人による食品ロスへの対策，問題に立ち向かうＫさんへの憧れ）から，自らできることを考えたり，対策を講じている人を探したりする動きを強める。→問題に関わる人への視点の広がりを生む。

第４回集団過程では，食品ロス削減の難しさを感じていた長嶋さんが，問題解決に向けて取り組んでいる NPO 法人のＫさんにインタビューし，その取り組みやＫさんの「コンビニエンスストア１つできると胸が痛い」という食品ロスへの思いを発言しました。集団過程後，大谷君は，次のようにノートに書きました。

集団過程後の振り返りノート　題名「思わせたくない」

僕は，Kさんがコンビニエンスストアによって食品ロスが増えることが苦しいと聞いて，早くコンビニエンスストアに協力してあげて，コンビニエンスストアでの食品ロスをどんどん減らしていきたいと思ったし，コンビニエンスストアが１つできてもKさんの胸を苦しくさせたくないし，（コンビニエンスストアが）できても安心させてあげたいなと思いました。

集団過程後，客（＝自分たち）のために食品ロスが出ていることから，食品ロスを自分ごととして考え始めた大谷君は，食品ロスを減らしたいという気持ちを強くし，賞味期限の近い物を買う取り組みを継続していきました。

集団過程のポイント③（単元における中盤・終盤）
　ひとり学習をもとにした具体的な事実から，社会的事象にはらむ問題と直面し，問題の難しさを実感する場や，解決に向けて取り組む人の働き・努力等，その子らしいとらえ方や意味づけ方，取り組みを共有する場等を実態に応じて設けていきます。

5　自らの思いや願いを大切にした立場に寄り添うことで社会に迫る

そんな中，第5回集団過程で，料理が好きな松井さんが農家へインタビューに行き，食べ物を生産する苦労に触れることで，サルベージ・パーティー（賞味期限の近い物を他の料理に活かす。国や県が推進している食品ロス削減の取り組み。図10-3）を開き，自分で食べ物を大切にしていく取り組みをしていきたいと発言しました。子どもたちは，自らの社会的な見方・考え方を働かせることで，さまざまな立場の人に心を寄せ，食品ロスを減らすための方法を主体的に考え，行動していこうとしました。

仲間の取り組みに刺激を受けた大谷君は，スーパーマーケットへもインタビューに出かけました。このインタビューを通して，大谷君が最もうれしかったのは，「賞味期限の近い物を買ってくれたら助かる」という店長さんの言葉でした。また，子どもたちが県の環境政策課の人から話を聞く場を計画しました。その際，食品ロス削減に向けた身近な取り組みの一つとして，「今日使うのだったら，賞味期限の近い物を購入する」ことを提案されました。店長さんと県の環境政策課の人の言葉から大谷君は，賞味期限の近い物を買うという自ら考えた取り組みに自信を深めていました。

多くの子どもたちが自分にできることに取り組む必要性を理解し始めていました。一方で，食品ロスを減らす目的や意味が不明確な子どももおり，概念的・道徳的に「減らさないといけない」と理解しながらも，行動することへのとまどいや，面倒さ，煩わしさから消極的であるという矛盾を抱えていました。

図10-3　親子で行ったサルベージ・パーティーの様子

出所：筆者撮影。

そこで，大谷君の取り組みや考えから，大谷君はなぜ食品ロスを減らしたいのか。また，なぜ自分の家ではなく店の食品ロスを減らそうとしているのか。その背景を知ることで，子どもたち一人ひとりが食品ロスと自分のくらしとの関わりを考えたり，自分自身の何気ない意識や行動が食品ロスにつながっていることを見つめたりするなど，食品ロスを減らす自らの意味や目的が明確になることを願い，大谷君を第一発言者に位置づけ，第６回集団過程を設定しました。

第６回集団過程記録

大谷：店の人は，僕たちお客さんに安心の物を届けたいという思いで，食品ロスを出していると考えている。僕たちを守るため，お腹をこわさないようにするため，食品ロスを出している。お店の人ががんばってくれているから，僕も食品ロスを減らしたい。今，賞味期限の近い物を買うことを考えていて，スーパーマーケットの店長さんに「助かります」と言われたから，食品ロスを減らして，スーパーマーケットやコンビニエンスストアの店長さんを助けたい。パンの食品ロスが多いと言っていた。僕だったら，消費期限の近いパンを買って，少しでも食品ロスを減らしお店の人を助けたい。

落合：僕は，大谷君の話を聞いて，賞味期限の近い物を買って食べきれなかったら，それは食品ロスになってしまう。家族の人数や食べる量を考えて，賞味期限の近い物，長い物を買うかを決めたほうがいいと思いました。

長嶋：私も落合君と似ていて，食品ロスを減らしたい。私は，フードバンクとやまのＫさんに協力したいと思っている。だって，一生懸命がんばっていて，減らなかったら，Ｋさんの取り組みがむだになる。そのために，私もフードバンクとやまに食品の寄付をしたいなと思った。

子どもたちは店の人の努力や苦労を伝え，店の人を助けようと食品ロスを減らしたいという大谷君の思いと継続してきた取り組みの背景を理解することで，自らの取り組みを振り返りながら，自分にとっての食品ロス削減の意味や目的を考えるなど，食品ロスと向き合う雰囲気が生まれてきたのです。

食べ物とは，個々のくらしが影響しており，簡単には言い切れないと感じ，悩みながら考え続けていた落合君は，大谷君の取り組みから，自分の食べ方や家族構成などに合ったむだのない買い方を新たに考え始めました。NPO 法人のＫさんに協力したいと考えていた長嶋さんは，大谷君の発言を聞き，店の人も努力していることから「自分が食品ロスになる前の食品を集め，寄付する」など，自分ができることを協力していきたいと発言するのでした。

集団過程のポイント④（単元全体において）
　子どもは，発言者の取り組んできた背景や経緯等の文脈から具体的な事実を理解することで，これまで形成してきた社会的事象の意味を再構成したり，確かにしたりするなど，自らの社会認識を深めていきます。

6 「運命は変わる……自分も食品も……」

大谷君の発言から刺激を受けた子どもたちは，その後，わが家の家計のむだを助けようと家の買い方を見直したり，店に呼びかけるポスター（図10－4）を作成したりするなど，自らの取り組みの意味を考え表現していきました。一方，大谷君は，集団過程後「自分で考え，自分でやろうと思ったから合っていると思います」と記述し，自らの取り組みに対する決意を確かにしたのでした。これまでの心配性で細かく考える大谷君は，ともに行動する仲間の存在に安心感を得ていました。しかし，誰かに依存するのではなく，自らの意味や納得を求めながら自分の考えで行動しようとする自立した生き方やたくましさを，大谷君のノートの記述や日頃の姿から感じとることができました。

図10－4　作成したポスター
出所：筆者撮影。

第７回集団過程では，鈴木さんや落合君が，スーパーマーケットやコンビニエンスストアの店舗数の増加や低価格の激化が食品ロスの原因となり，今後さらに便利で豊かな社会になれば，いっそう食品ロスが増えるのではないかと考え，危惧する発言をしました。そんなとき，大谷君が挙手したのです。

第7回集団過程記録

大谷：運命は変わる……自分も食品も……。賞味期限の近い物を買ったら，食品の運命は変わるし，減らそうという自分の思いが強くなる。
落合：食品の運命を人間が決めるんだ。
大谷：賞味期限の長い物ばかり何も考えずに買ったら，食品ロスがあるということを忘れるかもしれない。でも，賞味期限が近い物を買うという取り組みをしたら，もっと自分の思いが強くなって，食品ロスが減り，運命も変わる。だから店に協力したい。
鈴木：大谷君は，なんでお店に協力したいの？
大谷：僕は，自分のお父さんとか，お爺ちゃんがお店の人だから……。

大谷君の発言が，NPO 法人のKさんに協力したり，家族を手伝ったり，食べ物の生命を大切にしたりするなど，子どもたち一人ひとりがこれまでのひとり学習をもとに自分ができる取り組みを発言する雰囲気を促しました。そして，「食品ロス」の学習を契機に，祖父と父が経営する大好きなラーメン店から出るネギや肉等の食品ロスを自らの経験から結び付け，その食品ロスを肯定したいという一心で，さまざまな店にこだわって取り組んできた大谷君の背景が明らかになるとともに仲間に理解された瞬間でした。

私は，これまでノートになかった大谷君の「運命は変わる……自分も食品も……」という言葉は，本単元における大谷君の姿そのものとして重なって聞こえるのです。それは，心配性で細かく考える大谷君が，向き合わざるをえない「自分の問題」と出会い，主体的に考え行動しながら自らの願いと納得を求めて問題解決を図っていく姿でした。その過程で社会認識を再構成しながら自己の生き方を深めていった大谷君の前向きで自信に溢れた言葉なのだと思います。

ひとり学習のポイント④

　子どもの見方・考え方・感じ方は，くらしで育まれる認識や願う生き方に立脚しています。学習を通して，子どもがこだわる着眼点や使う言葉，表現方法等に着目しながら解釈していくことで，子ども理解を更新していきます。

まとめ

　食品ロスは，物を捨てる行為と人間の営みや欲などの矛盾と葛藤を生み出し，社会科の本質に迫ることができる教材です。子どもたちはこうした教材と出会うことで，自分なりに向き合わざるをえない問題を見いだし，その問題に向き合い解決を図ることで，主体的に社会的な見方・考え方を働かせ，社会的事象の意味を考えながら社会認識を再構成し，自己の生き方をも深めていきます。

　ここで紹介した実践の 2 年後（2019年度），筆者は 2 回目の食品ロスの授業に取り組みました。子どもも世の中も変化すると，食品ロスの学習の流れもまったく異なりました。しかし，今回の実践でも，消費者として食品ロスを減らそうと考える次の発言がありました。「まず優しさとかお店の工夫を気付かないと，始まらないというか，何も変わらないというか……（中略）（気付くことで）人は変われるというか……やらなかったとしても，思いだけでも変われると思うから。だから……，なんか……気付かないと始まらないんじゃないかなと思いました」。

　どこから迫っても本質は変わらないと思った瞬間でした。

さらに学びたい人のために

○富山市立堀川小学校『子どもの追究を拓く教育』明治図書，2015年。

　本書は，子ども自身が追究を拓く様子について，「ことばに思い出す」「ことばを支えとして追究を深め，自己を確立していく」「ことばのわずかな違いに表れるその子らしい考え，進め方や感じ方のよさを理解し支援する」という点に着目して各教科等の実践を紹介しています。

○富山市立堀川小学校『個の学びと教育』明治図書，2018年。

　本書は，その子らしい「個の学び」を成立させる「授業」について，教材選定から単元名の提示，ひとり学習から集団過程に至るまでの手順と具体を説明しています。また，ユネスコスクールである堀川小学校の ESD の立場と実践も紹介しています。

編者コメント

その子らしい社会的な見方・考え方の顕在化

単元の前半で，大谷君は勇気を出してコンビニエンスストアに調べに行くなど，ひとり学習を進めていました。自分で求めて調べた内容には迫力があります。では，大谷君らしい社会的な見方・考え方はどこで顕在化したのでしょうか。

食品ロスを減らす難しさをどうとらえるかに，その子らしい見方が現れます。落合君は，各自の「ロス」のとらえ方に着目しました。長嶋さんは，捨てる食品を利用するフードバンクに着目しました。大谷君の場合はどうでしょうか。第３回集団過程の後，大谷君は，次のような問題解決の方向を着想します。

> お店の人は，食品ロスを出したくなくて，できるだけ賞味期限が近い物を前に置いている。だけど，みんな多分賞味期限が長いほうがいいと思っていて，その仕組みをお母さんたちは知っています。みんなが奥の商品を取ると，どんどん賞味期限が近づいたり，切れたりして，捨てないといけないから，僕は，買うときに手前の商品を買って，食品ロスを少しずつ減らしてお店の人に協力していきたいです。

大谷君は，店の人が「出したくなくて」も「捨てないといけない」点に食品ロスの難しさを見いだしました。店の人の視点から食品ロスを見ています。

ここで政二先生は，「なぜ，ここまで店で働く人に思いを寄せる大谷君なのでしょうか」と問うています。子どもの発言やノートに書いた内容に意味不明なものはありません。必ず，その子にとっての根拠や背景に基づいた必然性があります。大谷君にとって，食品ロスは，「店で働く人」の目から向き合わざるをえない問題をはらむものと見ることができます。その大谷君の「背景」を政二先生がどう洞察したのかは報告にあります。改めて読んでみてください。

その「背景」を大谷君自身が自覚的にとらえ直し，さらに食品ロスに関わる事実を求めることで，より明確な食品ロスについての認識と判断にしていきます。この大谷君の姿を，政二先生は「自己の生き方を深めていった」姿ととらえています。問題解決の活動を通して，その子らしい社会的な見方・考え方をその子自身が顕在化させ，より確かなものにしていくこと。そのあゆみを支える教師には，子どもの追究の「背景」を洞察することが求められています。

（江間史明）

第11章

理科の実践
——子どもが主体的に取り組む学習——

学びのポイント

- 主体的に理科を学んでいる子どもの姿がどのようなものかを理解する。
- 子どもが主体的に学ぶように，教師が，どのように環境や学習材料を整えているか，子どもに何を話して何を話していないかを理解する。
- 「めあて」をもつ，「おたずね」をする，「ふりかえり」をすることは，子ども主体の学習における要点であることを意味と働きから考える。

WORK　大正時代から子ども主体の授業はあった

木下竹次（きのしたたけじ）（1872-1946）という名前を聞いたことがありますか。木下は，近代日本教育史の上で，大正新教育運動の理論と実践を進めたことで知られています。1919（大正８）年に奈良女子高等師範学校附属小学校の主事になりました。この木下の実践と探究を継承しているのが，現在の奈良女子大学附属小学校です。本章は，この奈良女子大学附属小学校の実践を扱います。木下の考えを少し見ておきましょう。

木下は，その主著『学習原論』（1923年）で次のように言っています。

「学校を中心として自律的に学習のできる学習組織を樹立して学習者の実際生活と学習とを結合しまず学校を愉快なる学習場とすることが学習の効果をあげる第一歩であろう。」（101頁）

そして，この学習組織を樹立する上で，「現時点で無用の拘束と思うもの」を12項目あげています。最初の５つだけ紹介します。

① 厳格にすぎる画一的時間割で学習者を拘束している。いま少し自由にしてなんらの差しつかえはない。
② いつでも学級という団体で活動させる。学級を解放して個人的立場で学習させるようなことに気もつかない。
③ 学習の場所を狭苦しい教室内にかぎる傾向がある。新鮮な外気のうちでいきいきした学習をさせることを工夫しない。
④ 学習の方法材料および結果を画一にすることには努力するが，これを多様にして個性に適応した学習をさせることに努めない。
⑤ 何時でも教師はまず教える。これが一種の拘束だ。なにゆえに最初から研究させぬのであろう。

問い　これらの「拘束」は，およそ100年後の現在の教室ではどのようになっているでしょうか。今もあてはまるものと思うものに○，あてはまらないと思うものに△をつけて，その根拠となる事実をあげてみてください。

導　入

学習は，子ども自身が学ぶべき対象を生活の中で見つけて，自分自身の方法で関わりをもち，試行錯誤しながら判断し，表現していく経験を積み重ねていくことが大切であると考えます。そのときはたらく子どもの個性的な探究力や発想は，本来，子どもの中に備わっているものです。しかし，学校では，多くの場面で教師が話しすぎて子どもの思考や行動の邪魔をし，従順で賢い子どもは教師の指導に従おうと自分の考えを引っ込めるようなことになってしまっています。ここでは，小学校において，子どもが主体的に取り組む理科学習はどうあればよいのかについて考えてみたいと思います。

1　朝の会，自由研究，日記の活動を大切にする

まず，子ども自身が生活の中で，いろいろな事象や問題や疑問を発見するための「学びの窓」をもつための活動を紹介するところから，子ども主体の学習の話を始めます。朝の会と自由研究と日記の３つです。主体的ということは，与えられたものではなくて，自分で見つけたものを，自分なりに探究することが学習のスタートであるからです。

朝の会は，子どもが家の生活と学校の生活をつなぐ窓と考えています。とても大切な時間です。低学年の子どもたちは，登校してきて教師が教室で仕事をしているとすぐに近づいてきて「先生，ちょっと聞いて聞いて！」と，家からもってきた言いたいことを口々に伝えます。我先にそれぞれが話をするので，聞いている教師は大変です。

そこで，朝の会の時間に，日直が一人ひとり名前を呼んで，一人一言お話をさせる時間をとります。私は「朝の元気調べ」と名づけていました。「はい，私は元気です。私は昨日家の近くでアマガエルを見つけました。あとで紹介します」「はい，私は少し風邪気味です。今日の朝，茎の長いタンポポの花を見つけました」「はい，私は元気です。日曜日に，奈良公園に行ってルリセンチコガネを探しました」など，自分の情報を伝えるようにさせます。１年生の最

初の頃は親にもはたらきかけて,「何か一言話す情報をもたせてください。身近な自然からの発見や，お出かけしたことなど，何でもいいです」と協力を願います。結果として，自然の変化や世の中の情報など，友達の発信に敏感な子どもを育てることになります。全員が何か一言話す習慣を大切にしています。「朝の元気調べ」は，順番に数人が１分間スピーチをしたり，日記を読んだりすることではありません。毎日全員で学びのフィールドを押し広げていくような活動で，協働した連携と，少しの競い合いがあります。

１年生の「自由研究発表」は次のように始まります。朝の元気調べのときに,物を持ち込んでくる子どもも多くなっていきます。タンポポ，ツクシ，カエル,石，テントウムシなど自然の発見や，博物館や動物園などのパンフレットもあります。朝の元気調べで全員の発言の後に，物を持ち込んだ子どもたちは，教室の前に出てCCDカメラで大きく映し出して見せながら紹介をします。そして，みんなから「おたずね」をしてもらいます。カエルを持ち込んだ子どもは,「昨日，カエルを捕まえました。何かおたずねはありませんか」と発表します。「どこで捕まえたのですか」「誰と捕まえましたか」「何という種類のカエルですか」「何を食べますか」など，おたずねがどんどん続き，それに答えていきます。学びの基本である,「おたずね」と「こたえ」が，子ども同士の間で成立していきます。あまり詳しく発表者が説明してしまうと,「おたずね」が出ないので，少し不親切に発表するほうがよいことに気付いたりもします。対話を通して深めていく学びの楽しさが１年生の学級の中に生まれてきます。家で見つけた自然物の持ち込みだけでなく，調べたことを模造紙に書いてきて発表をする子どもも現れます。「博物館で見たアンモナイト」「奈良の鹿の角の研究」「海遊館のジンベイザメ」など，理科の内容も多く発表していきます。

私が担任をしていた１年生は，一年間で1,000点ほどの発表をしました。５月頃アマガエルやタンポポの発表をしていた子どもたちが，２学期，３学期になると，電池の仕組みや，酸・アルカリで色が変わること，ツバメの研究,チョウの成長，大和川の研究，テントウムシの研究，星座の話，化石の研究など，高学年で学ぶような理科の内容の多くが，１年生の一年間で発表されたほどでした。もちろん理科的内容だけでなく，漢字の仕組み，俳句や短歌，世界の国々，電車の秘密，奈良のお寺研究，展開図，多角形，掛け算の仕方，ピアノ演奏などの発表もあり，子どもたちの持ち込む自由研究発表と「おたずね」と「こたえ」によって，さまざまな分野の追究の芽が育ちました。

「日記」は，「朝の元気調べ」や「自由研究発表」の活動とともに，深まっていきました。最初は自分のしたことの記述が中心だった日記が，次第に友達の「朝の元気調べ」や「自由研究発表」に対する考えや感想を書いたり，学校のいろいろな学習のふりかえりを家で書いたりするようになりました。日記は家の生活だけを書いていると，書く内容に行き詰まる子どもが多くいるので，月～金曜日の日記は学校で学んだことから何か一つを取り上げて「ふりかえり」を詳しく書くように伝え，土・日は家での生活について書くように指導してきました。家で日記帳に向き合うことで，学校の学習をふりかえることができ，次なる独自学習が生まれます。日記を書く活動の中でも，子どもたちは主体的な学びを深めていきました。毎日提出される全員の日記帳に教師が返事を書くのは大変ですが，子どもが頑張っているところを褒めるようなコメントを少し書き，日記の中でも子どもの主体性を育てるようにしました。

〈事例１〉６月14日月曜日「朝の元気調べ」（部分掲載）

日直：これから元気調べを始めます。Aさん。（以下，日直の指名発言を省略）

A：はい，僕は元気です。べっ甲飴の作り方を調べてきました。後で発表します。

B：はい，私は元気です。太陽の惑星を調べてきました。水星，金星，地球，火星，木星，土星，天王星，海王星で，惑星とは，太陽の周りを回っている天体です。

教師：メモ帳見ながら言うと，かっこういいですね。

C：はい，私は元気です。平城宮跡でもらった鹿の角を持ってきました。後で発表します。

D：はい，私は元気です。今日の朝，ママに叱られました。

教師：何で，叱られたの。

D：朝ご飯，ちゃんと食べなかったから。

E：はい，私は元気です。前に，昔話で「おかいこさま」というのがあって，その言葉を知りませんでした。なので，私は，かいこのことを調べてきました。後で発表します。
F：土曜日，キャンプに行って，アメンボと魚を採ってきました。
G：今日，私は元気です。「ぜいたく」という言葉を辞書で見つけました。
H：はい，僕は元気です。わたしのしごと館というところで，腕時計をつくってきました。
I：はい，私は元気です。虫こぶについて調べてきました。後で発表します。
J：はい，僕は元気です。昨日，奈良町に行ってきました。
K：はい，私は元気です。金曜日に，鹿は何年前からいるのですかと聞かれたので，土曜日と日曜日に調べました。1,900万年前の鹿の足跡の化石が，兵庫県豊岡市にあったそうです。
L：はい，私は元気です。土曜日に家族と奈良町さんぽに行ってきました。
M：はい，私は元気です。昨日お母さんとお姉ちゃんで大阪に行ったとき，マンホールに大阪城が描いてありました。
教師：奈良って，鹿の絵があるよね？　また調べようね。
N：はい，私は元気です。今日，柿の葉寿司は何種類か調べてきました。後で発表します。

1年生の6月14日の朝の会の発言です。奈良の子どもたちが，これから学びを深めていくための学習の芽が散りばめられています。教師が安易に入り込むことなく，しかし聞き逃すことなく，その子自身の個性的発想と主体的行動の事実として大切に見守り育てます。誰が，いつ，何を言ったのか，何を持ち込んだのか，学級の学びの大地の中に累々と記録されていきます。

〈事例2〉 6月14日月曜日「自由研究発表」（部分掲載）

N：私は，柿の葉寿司が何種類あるか調べてきました。柿の葉っぱはこれです。資料というのは，もらった本を見て調べました。種類は，さば，さわら，たい，さけ，しいたけ，えび，そぼろ。柿の葉寿司以外は，巻きずし，ちらしずし，いなりずし，押しずし，笹ずし，どんぶり。材料，米，具，酢，砂糖，塩，アミノ酸です。何かおたずねはありませんか。

P：僕も一昨日，柿の葉寿司を食べました。

N：この間，小学校の帰りに柿の葉寿司を買って帰ったら，家のドアに袋がかけてあって，おばあちゃんからも柿の葉寿司をもらいました。

Q：私は，明日香村にミカンの観察に行ったとき，柿の葉寿司を食べました。さばはだめなので，さけを食べました。

R：それは，おたずねをして調べましたか。

N：この絵本を見て書きました。

S：その種類の中で，おいしいのはどれですか。

N：食べたのはさばとさけでした。さけは，いつもはやわらかいけど，ちょっと固かった。さばはやわらかかったです。

教師：では，次の発表に進みましょう。

T：「うちにある木の葉の図鑑」を作って持ってきました。

教師：目次があるよ。コウゾとガマズミ，アカバナとトキワマンサク，モミジ……押し葉やね。たくさんあるんやね。

U：その葉っぱの木は大きくなっていますか。

T：はい，大きくなっています。

V：全部の葉っぱはどこで採りましたか。

T：うちの庭で採りました。

W：ゴーヤは緑のカーテンになりますか。私のうちでもゴーヤを育てていて，緑のカーテンにしようと思います。

教師：今年は涼しい日が多かったので，植物はあまり伸びないね。ここまでにしましょう。ふりかえりを書きましょう。

日直：ふりかえりを言ってくれる人はいませんか。（以下略）

発表者は，自分自身の生活の中の疑問や興味を個性的に深め自己主張し，聞き手は生活経験や興味から「おたずね」をします。自由研究発表は，個性的な探究と，協働的な学びを創造していきます。独自学習と相互学習の基礎が，ここで培われます。学び合い，つながり合う学級の，大切な学習時間です。

2 フィールドワークに向かう気持ちを育てる

「明日は『さんぽ』に出かけよう！」と，子どもたちに伝えると，とても喜びます。行動的な子どもたちなので，教室の話し合い学習よりも，体を動かして活動することが大好きです。

子どもたちから教師に「おたずね」をしてもらいます。「どこへいくのですか」「ふみきりを渡った，池の近くの空き地です」「何をするのですか」「最近，朝の元気調べでチョウやバッタの紹介が多いので，みんなで昆虫を見にいきましょう」「持ち物は何ですか」「それはそれぞれ考えてください」「図鑑も持っていっていいですか」「もちろんです」「花の観察をしてもいいですか」「花も実も観察できます。池には鳥がいるかもしれませんね」「何時に学校を出るのですか」「2時間目のしごとの時間（後記「さらに学びたい人のために」を参照）にいきましょう」と，次々に子どもが主体的に働きかけてきます。これは，自由研究発表で「おたずね」をつねにしているところから成長してきている力です。翌日，虫取り網や飼育ケースを持ち込んでくる昆虫マニアたちが，「さんぽ」を仕切ってくれました。

メモ帳を持っていくことは，教師から提案をしました。現地で，2回ほどメモ帳を書く時間をとります。一度は，活動途中で集まって情報交換をしたときの発表を記録させます。もう一度は，現地から学校に戻る前に，自分や友達が見つけたことや活動したことをメモ帳に記録する時間をとります。学校に戻ってから，虫や草花のスケッチを描かせたり，見つけたことや考えたことを文章で書かせたりするとき，現地で書いたメモが生きてきます。

このような，週に一度の「さんぽ」学習は，遠足や見学や合宿などに発展していきます。奈良公園・お寺や神社・動物園・水族館・博物館見学などの校外学習や，滋賀県合宿（4年）・白川郷合宿（5年）・東京合宿（6年）などの「宿泊しごとの時間」へとつながりました。すべて，子どもが事前に資料調べをして，話し合いを深めてから，子どもの視点でフィールドワークを進めるようにしてきました。教師は子どもたちを安全に連れていく人であって，中身を創るのは子どもそれぞれという視点をもち続けるようにしました。「ふりかえり」の発表のとき，成果のない見学だったという場合は，その子の責任ということになります。「残念だったね。次はどのようにしたらいいですか」と，問いかけておきます。

3 理科の独自学習について

理科の専科教諭を6年間続けて務めていたことがあり，理科学習の子ども主体の学習を，3～6年生の全学年で追究することができました。専科による理科学習では，学校用の理科学習ノートと，家庭用の独自学習ノートの2冊を持たせるようにしました。

3，4年生の理科学習は継続観察をする内容が多いので，独自学習ノートが学びの中心になっていきます。学校での相互学習は，独自学習の発表と情報交換，そして基本的な観察や実験の共通理解が中心になりました。独自に記録している子どもの見方・考え方を深めるために，相互学習では，追究問題，予想，予想の理由，結果，考察，と思考していく方法や，表やグラフを使って結果をまとめる方法を学ばせました。

5，6年生の理科学習では，可能な範囲で，子ども自身で実験をしてみること，学校の観察実験と並行しながら自分で「おうち実験」を工夫してみることから学習を始めさせました。たとえば，学校で「ふりこ」「電磁石」「酸・アルカリ」の単元の学習をするときも，まず，自分で材料を集めて，自分でデータを出してみるようにさせます。家で，糸に5円玉をつるしてふりこのデータを出したり，エナメル線をホームセンターで買い求めて自分で電磁石を作ったり，LED工作を家でしたり，リトマス紙を探し回って購入し家庭の中の水溶液の酸性・アルカリ性を調べたりするというような活動がありました。本当に理科好きな子どもに育ちました。マニアを育てる理科になっていきます。リトマス紙やエナメル線を全員が探し回って購入することはないのですが，自ら進めている友達を見て，そのような主体的な学習の進め方があることを知り，真似をしたくなります。そのとき，学校から数枚リトマス紙を配布したり，エナメル線を配布したりすることで，一気に独自の学びが広がる瞬間が生まれます。自ら苦労したこと，工夫したことは，本当にその子の問題意識になり，そこから逆に，理科室の道具や素材を使って進める実験の素晴らしさ，確実さを，ありがたく感じるようになります。教師は支援者になり，独自に学ぶ子どもを応援する人になります。自ら育っていく理科学習が動き始めます。

しかし一方，ノートの点検は大変です。3～6年生の7つの学級を担当しているときは，独自学習ノートと，理科学習ノートの両方が提出されます。それぞれ3～8ページほど書かれているので，全員分（7学級の約280人分）では，週に1,500～2,000ページほどのノートに目を通すことになります。まるで，ハーバード大学の学生の資料読みのページ数ですが，教師が頑張ると子どもが育ちます。

4　理科の主体的な相互学習を創る

4年生の「乾電池のつなぎ方」についての学習の進め方です。理科係が司会をして，「今日の『学習のテーマ』は，『2つの乾電池のつなぎ方について』です。それぞれ自分のめあてを，ノートに書いてください」と，学習が始まります。

独自学習を進めてきている子ども，資料をたくさん持ち込んでいる子ども，その場で初めて取り組む子どもなどいろいろですが，すぐに係が指名をして「学習のめあて」の発表を始めます。「乾電池を2個つないだら，豆電球は1個のときより明るくつくと思います」「並列つなぎと直列つなぎについて，電気の流れ方の違いを学習したいです」「いろいろな乾電池のつなぎ方があると思うので，それを全部してみたい」「乾電池の並列つなぎを資料で調べてみると……でした。僕は，並列でも乾電池を2個使うので，1個のときより少しは明るくなると思うので，電気の流れる量を調べたいです」「直列つなぎは，乾電池2個なので，2倍明るくなると思います」など。次々につながっていく「学習のめあて」を整理していくと，「学習のテーマ」に対する，疑問点，対立点，問題点が見えてきます。そして，今日の学習では，①乾電池のいろいろなつなぎ方→②豆電球の明るさ比べ→③電流計を使って電流量の測定，の順に相互学習を進めていくように決まりました。このように「学習のめあて」の発表は，個人のめあての宣言であり，みんなで取り組む相互学習の実験や観察の見通しや，学習の構造化につながります。

次に，実験についての「おたずね」から始め，グループ実験を進め，結果，考察をそれぞれノートに書き，発表し合います。

「学習のふりかえり」は，今日の実験や観察を終えて，学習を省みて自分の学びを確かめる時間です。今日取り組んだ実験や観察と，自分の最初にもった「めあて」がどのように関連していたのか，どの程度達成されたのか，また，まったく違っていたのかなどが検討されたり，さらに，活動から見えてきた問題点や疑問点について，自分は今後どのようにしていきたいのかについて意見をもったりする時間です。また，観察や実験の考察では，気持ちや感情が入りにくいのですが，この「学習のふりかえり」では，感想や気持ちが含まれてきます。

「乾電池２個の直列つなぎの電流量を測定したとき，みんな２倍になると思っていたけど，1.5倍だったので，びっくりしました。なぜだろうと，みんなで考え合いました」というような，学習のふりかえりがありました。

5　学習はつねに独自学習から始める

木下竹次（奈良女子大学附属小学校の前身，奈良県女子高等師範学校附属小学校の主事）は，『学習原論』（目黒書店）を1923（大正12）年に出版しています。その第９章の独自学習についての記述が，私には理解しやすいので，その一部を引用してみたいと思います。なお引用は現代表記に改められた文章を活用します[＊1]。

> 新学習材料に対しては，学習はつねに独自学習から始める。原則としては新学習材料の取り扱いを教師の教授から始めることはない。もしそれがあったらきわめて変則のばあいである。もっとも学習指導のさい教師は後の学習材料に対して暗示を与え，あるいは研究の方法を開示することはある。まず梗概を教授するとか，

＊1　木下竹次，中野光（編）『学習原論』世界教育学選集64，明治図書，1972年。

> 原理を教えて応用させるとかの考えを放棄し，自分ひとりが学習指導者であるという誤解を棄てるのではなくては，学習を独自学習から始めることはできない。従来とても予習・復習の名称の下でずいぶん独自学習はおこなわれたものであるが，それがいずれも教授の従属的活動であった。かつ非科学的でまた労力浪費的なものであった。われわれはこの独自学習を教師の直接または間接の指導の下で組織的に計画的にまた経済的に実行してこれを学習の重要部分としようというのである。折角独自学習を課してもこれを予習または復習として教授の従属的活動とすることは避けねばならぬ。必ず独自学習を基礎として，相互学習にはいらねばならぬ。その相互学習が終わったならば再び独自学習に移って深刻な補充的学習をなすことが必要である。これとともにさらに他の新学習材料を取り，前の相互学習にて研究した結果を利用して独自学習を発展させることは必要である。

私が大切であると考える部分を抽出し要約すると，次のようになります。

⑴　学習はつねに独自学習から始める。
⑵　教師の教授から学習を始めることはない。
⑶　教師一人が学習指導者であるという「誤解」を棄てる。
⑷　独自学習は，予習・復習というような従属的活動ではない。
⑸　独自学習は，教師の指導の下で組織的，計画的，経済的に実行される学習の重要部分である。
⑹　独自学習を基礎として相互学習に入り，再び独自学習に移って，より深い補充的な独自学習をなすことが必要。

これらの内容は，昭和・平成時代の教師である私にとっても，とても理解しやすく，実際，この木下の述べるように，日々の学習を進めていきたいと考えてきました。令和の時代にも生きていく考えだと確信しています。

以前より，「独自学習」と「予習」の違いについて，気になっていました。木下は，「独自学習は従属的な学習ではない」と言い切っています。また，秋田喜三郎（奈良県女子高等師範学校附属小学校の訓導）の書いた『発展的読方の学習』[*2]には次のように書いてあり，このように定義するといいのだなと納得しました。

> 独自学習は，また予習とは似て非なる学習である。予習は，部分的学習であるが，独自学習は全的な学習である。予習は多く学習事項の一部分を学習するものであるけれども，独自学習は常に全部に亘って学習する。故に，独自学習だけでも完全な学習を遂行する可能性を有するものである。（下線筆者）

追究力の高い子ども，個性的な子どもは，この独自学習によって，教師が想像するよりもはるかにすごい学習を進めるものです。

6 学び続ける子ども

１年生から始めた朝の元気調べ，自由研究，日記は，６年生の卒業まで続けました。高学年になると子どもたちは忙しくなるので，自由研究は，各長期休みの後の期間に発表するようにしました。自由研究発表を聞き合うことで，それぞれの子どもたちの休み中の学習生活を交流することができ，さらにその学期の学習の見通しにもなります。朝の元気調べは，高学年になると身近な発見から，社会的な出来事や災害や環境問題などについての内容が多くなります。人と違うことを伝えようとする幅の広い視点をもつようになります。

また，理科学習をはじめ，すべての教科学習は，それぞれ担当教科の司会者の子どもが中心になって進めてくれるようになります。持ち込んできた独自学習を交流しながら，教師が予測して多様に準備している実験を通して追究を深めていき，それぞれに「ふりかえり」を書きながら，相互に，個人的に学びを続けていきます。たまに教師が学習の進行をすると，「今日は先生が中心になって授業をしてくださいました」と，日記に書かれてしまいます。

学習内容，学習の方法，学習の方向性を，教師が率先して教えてはいけません。学びとは判断の連続によって深まります。世の中には，教科書，参考書，

＊2　秋田喜三郎『発展的読方の学習』明治図書，1925年。

辞書，事典，図鑑があり，出かけると本屋，図書館，科学館，博物館，植物園，昆虫館，動物園，大学，研究所などが周りにたくさんあることを紹介します。インターネットで調べることもできます。自ら学び続ける手立てを判断して独自学習を進め，相互に学び合う理科学習を創造していきたいものです。

まとめ

子ども主体の学習は，筆者は20代半ばの公立学校時代から取り組んでいました。そのきっかけとなったのが，テレビでハーバード大学の授業を観たことでした。学生は多くの資料を独自に読み込んできていました。学生同士の議論で進める大学の学習風景は，理想の教育に思えました。30分番組を，正座をして真剣に観てしまったことを覚えています。公立の小学校でもこんな議論のある学習をしていきたいと感じ，翌日から取り組み始めました。子どもは自ら学ぼうとしています。子どもが自ら学ぼうとしている力を，学習時間に発揮させることが大切です。

さらに学びたい人のために

○谷岡義高「奈良の学習法で育つ主体的な学習者」守屋淳ほか（編）『子どもを学びの主体として育てる』ぎょうせい，2014年，170～180頁。

奈良女子大学附属小学校は，「しごと，けいこ，なかよし」というカリキュラムをとっています。しごと学習やけいこ理科での，子ども主体の学習のあり方について述べています。

○谷岡義高「さんぽを中心とした低学年の『しごと』学習」奈良女子大学文学部附属小学校学習研究会（編）『「学習力」を育てる秘訣――学びの基礎・基本』明治図書，2003年，88～93頁。

「ならさんぽ」を中心にした1年生から3年生までの「しごと」学習の実践を具体的に紹介しています。さんぽから，劇，カルタ，絵本などの多彩な表現や調べ学習へと展開していった実践です。

編者コメント

子どもの自律的な学習と教師の指導

「朝の元気調べ」の記録（小 1，6 月14日月曜日）に次の発言があります。

> K：はい，私は元気です。金曜日に，鹿は何年前からいるのですかと聞かれたので，土曜日と日曜日に調べました。1,900万年前の鹿の足跡の化石が，兵庫県豊岡市にあったそうです。

K さんの言う金曜日（6 月11日）は，奈良女子大学附属小学校の公開研究会でした。このとき，筆者が参観した谷岡学級は，奈良のさんぽと劇の発表で学習に向かう生活をつくっていました。K さんは，劇で鹿①の役をするので，奈良公園の鹿のことを調べてきて発表したのです。K さんは，鹿を「神様のお使い」と言い，春日大社の神様は茨城県から白い鹿に乗って奈良に来たと言われていると詳しく説明しました。

発表後，K さんが，「何かおたずねはありませんか」と尋ねます。ある子が「鹿は何年前からいるのですか」と尋ねました。K さんは，「え？」と戸惑った様子です。谷岡先生が，「いいおたずねやね」と言ったあと，K さんに「調べてない？」と声をかけます。K さんはうなずきました。谷岡先生が，「じゃあ『調べておきます』って言えますか？」と聞くと，K さんは，「調べておきます」と友達に応えました。月曜の朝の K さんの発言は，このときのやりとりに続くものと考えられます。

これは子どもの生活のほんの一コマにすぎません。しかし，K さんの姿は，「自分で調べたいことを調べて発表し，友達のおたずねを受けてさらに研究の余地がある点に気付き，独自学習を進める」という学び方が，奈良の鹿を深く追究する経験の中で，身に付いていくことを示しています。

このような 1 年生の学習は，子どもへの深い信頼による教師の指導に支えられています。第一に，さんぽと劇の発表をつなげて，子どもの生活が知的に拡張するように環境を整えています。第二に，発表に触発された質問を「いいおたずねやね」とほめています。第三に，戸惑う K さんに「調べておきます」という語り口を伝えています。完璧な発表などありません。K さんは，今の自分の到達点（戸惑い）から次の独自学習に自ら取り組む姿勢を明確にしています。

この学習法が 3 ～ 6 年生の理科学習にも貫かれ，さらに磨かれていくのです。

（江間史明）

第Ⅲ部　情報機器および教材の活用

第 12 章

教育の情報化と思考スキル

学びのポイント

- 教育の情報化には，①情報教育，②教科指導における ICT 活用，③校務の情報化の 3 つの意味があることを確認する。
- 情報教育のねらいは，「情報活用能力」の育成にあるが，情報活用能力は情報や情報機器を扱う方法についての手順的な知識であることを学ぶ。
- 思考スキルは，情報活用能力に含まれる，考えをつくり出すための手順であることを学ぶ。
- 授業のめあてと，思考スキルおよびシンキングツールを対応させて使うことをおさえる。

WORK　思考ツール，考えるための技法

思考ツールでアイデアを出して（協働），意見を練りあげてみましょう。

STEP 1：「電気自動車について考えること」を800字程度の文章にまとめる

STEP 2：Yチャートを使って電気自動車について気付くことを書き出す

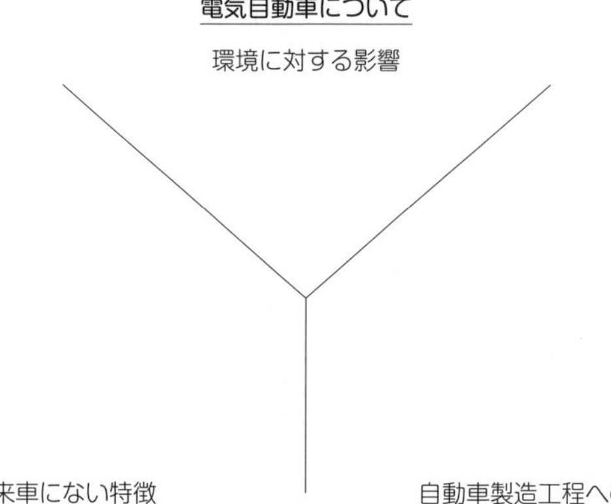

STEP 3：友達とYチャートに書いたアイデアを共有して，自分のYチャートのアイデアを増やす

STEP 4：Yチャートを見ながら，再び「電気自動車について考えること」を800字程度の文章にまとめる

STEP 5：最初の文章と後から書いた文章を比べて，Yチャートの効果について考えをまとめる

導　入

2019年 6 月に「学校教育の情報化の推進に関する法律」が施行され，今後ますます学校に ICT 機器が導入されることになります。本章では，教育の情報化の 3 つの意味を理解した後，すべての学習の基盤となる「情報活用能力」について掘り下げます。さらに，「情報を活用する」という意味での情報活用能力の見方に絞って，思考スキルとシンキングツールについて学びます。

1　教育の情報化の意味と全体の見取り図

社会の高度情報化に伴って，学校に求められることが大きく変わってきました。人工知能（AI）に関する技術の進化も，それに拍車をかけています。学校におけるこの変化は，「教育の情報化」と呼ばれています。文部科学省では，「教育の情報化の推進」と称するウェブサイトを開設し，また関連予算を確保するなどして，積極的にこれを推進しています[*1]。

教育の情報化には次の 3 つの意味があります。

①情報教育：子どもたちの情報活用能力の育成から

情報化された社会において，子どもに必要となる力が，情報活用能力です。情報活用能力は，コンピュータを活用する能力やプログラミングを行う能力も含みますが，それだけではありません。実社会に存在する情報や，自分自身がつくり出した情報をうまく活用して，課題の解決や創造的な活動に取り組むことができる能力のことを指す，とても広い概念です。

②教科指導における ICT 活用：各教科の目標を達成するための効果的な ICT 機器の活用

ICT 機器を導入する目的の一つは，教科内容をわかりやすく伝え，それによって各教科の目標をよりよく達成することです。ICT 機器は，コンピュー

＊1　文部科学省「教育の情報化の推進」。https://www.mext.go.jp/a_menu/shotou/zyouhou/index.htm（2023年 3 月23日閲覧）

タや大型提示装置などに代表されます。これらを組み合わせることで，映像も含む多様な情報を大きく提示することができます。大きく提示することで，すべての児童生徒が前を見て，同じ情報をもとに学習を進めることができます。また，必要な部分を隠したり（マスキング），拡大したりして，大事なところに視線を集めることもできます。学習者のニーズに合わせて，必要な情報を必要なときに取り出すこともできます。板書にかかる時間も不要になるので，よりスムーズな授業の流れをつくることもできます。

適切な情報を，適切な方法で提示し，適切な使い方をすることによって，授業の目標をよりよく達成することを目指すのが，この概念です。

③校務の情報化：教員の事務負担の軽減と子どもと向き合う時間の確保

教員は，授業以外に実に多くの仕事をしています。評価と記録，指導案の作成，通知表や指導要録の作成，家庭や地域への通信の作成，出欠や給食数の通知，出張の報告などあげればきりがありません。デジタル化することによって，それらにかかる時間を大幅に短縮できます。他の教員と連携したり，児童生徒が入力する数値などの情報を利用したりすることで，さらに手間を省けます。このようにして，教員の事務作業にかかる負担を軽減し，それで生まれた時間を子どもと向き合う時間にあてる，というのがこの概念です。

これからの学校では，これら３つの方向で情報や情報機器と関わっていくことが欠かせません。以降の章では，これらをいくつかの角度から深めたいと思います。

先述の通り，①情報教育は児童生徒の情報活用能力の育成を目指します。文部科学省は，情報活用能力を「情報活用の実践力」「情報の科学的な理解」「情報社会に参画する態度」の３つの観点から定義しています[＊2]が，ここでは，より学習する内容に沿った形で図12－1のように整理してみました。

図の中にある，「情報機器を用いて情報を扱う力」や「情報を収集・編集する力」，「プログラミングする力」や「プログラミング的思考」の指導については，主に第14章で扱います。「思考スキル」については，本章の次節以降で扱

＊2　文部科学省「体系的な情報教育の実施に向けて」（情報化の進展に対応した初等中等教育における情報教育の推進等に関する調査研究協力者会議「第１次報告」）1997年。

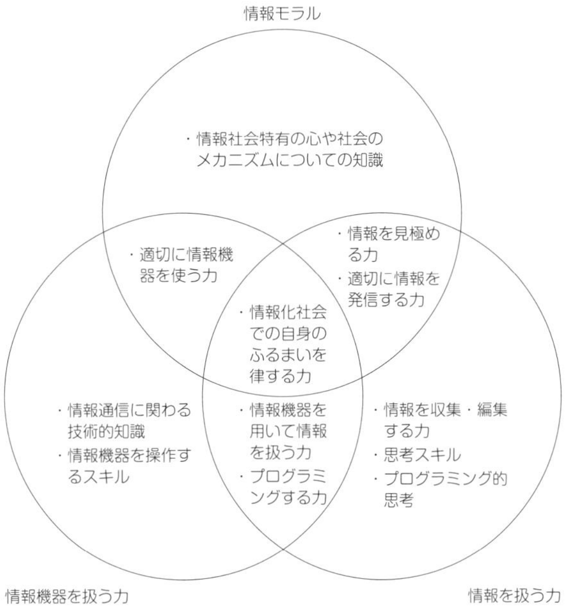

図12－1　情報活用能力に含まれる資質・能力
出所：筆者作成。

います。「情報モラル」全般については，第15章で扱います。

②教科指導における ICT 活用については，教材の準備や作成の視点から，第13章で扱います。

③校務の情報化については，紙幅の関係もあり，本書では扱いません。

2　思考スキル

1　学習指導要領総則における情報活用能力

2020年度から用いられている学習指導要領では，どの校種においても総則に，「言語能力，情報活用能力（情報モラルを含む），問題発見・解決能力等の学習の基盤となる資質・能力」という文言が記載され，汎用的で教科・横断的（すべての教科に共通する）な資質・能力が重視されることになりました。

「情報活用能力」は，1976年の臨時教育審議会（臨教審）第２次答申において概念化されたので，すでに40年以上の歴史があります。この間，幾度かの整理・統合を経て，1997年の「情報化の進展に対応した初等中等教育における情報教育の進展等に関する調査研究協力者会議」の第１次報告「体系的な情報教育の実施に向けて」において定義が固められました（194頁参照）。

そして，各校種において，情報活用能力を育成することが推進されてきました。中学校の技術・家庭科では，情報活用能力に関わる学習内容が必修化され（1998年：情報とコンピュータ），高等学校でも教科「情報」が新設されました（2002年）。ただしこれらは，情報教育を，これらの教科だけで行うことを趣旨とするものではなく，本来小学校から高等学校までのすべての学習を通して行う情報教育について，とくに取り出して教科・科目として内容を充実させようとしたものです。

しかし，そのようなとらえ方が，必ずしも浸透していたわけではありません。その意味では，今回の改訂によって，本来の趣旨が広く伝わり，実際の教育活動として展開されることが期待されています。

ところで，これまでの話は，情報活用能力を図12－1の「情報機器を扱う力」や「情報モラル」を中心にとらえてきたきらいがあります。しかし，図12－1には，「情報を扱う力」という括りがあります。

情報機器は，情報を扱う道具なので，扱われる情報がなければ意味をなしません。しかし，情報は情報機器がなくても存在します。つまり，情報は，情報機器を使う場合も含めて，収集したり，見極めたり，編集したり，発信したりする対象となるのです。そして，そのような活動は，すべての教科の学習の中に，ふんだんに含まれています。

その意味で言えば，どのような学習をしていても，情報活用能力が必要となり，実際に情報を活用して学んでいるのです。しかし一般に，それは教科の内容についての学習としか見られることはなく，さまざまな教科で同じような情報の扱い方をしている（たとえば，２つの情報を比べるなど）ということには気付かないことが多いと思います。

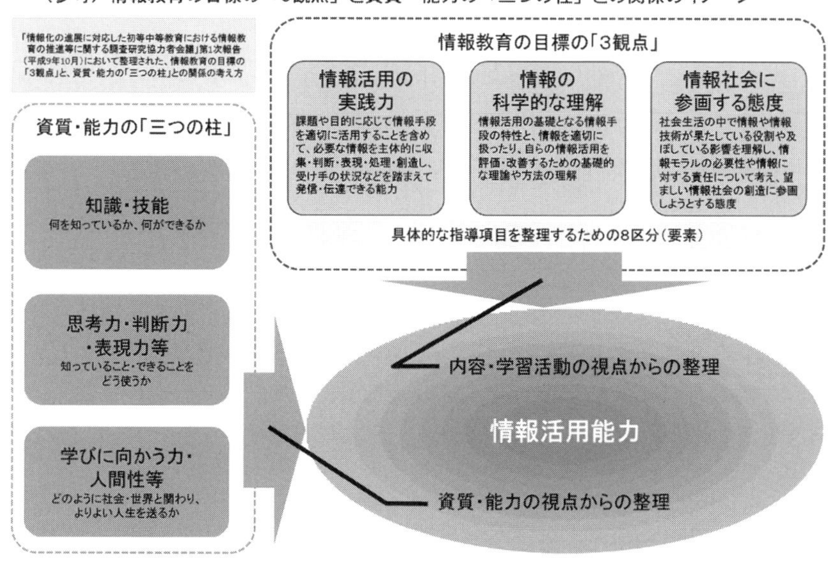

図12－2　情報活用能力と資質・能力の三つの柱

出所：鹿野利春「これからの情報活用能力――次期学習指導要領を見据えて」2017年。https://www.sky-school-ict.net/shidoyoryo/170106/（2023年5月8日閲覧）

ところで，今回の学習指導要領の改訂では，育てるべき資質・能力が，「知識及び技能」「思考力，判断力，表現力等」「学びに向かう力，人間性等」の三つの柱によって構造化されました。構造化というのは，各教科等における学習内容を，その三つの柱にわけて明示するという意味です。実際には，学びに向かう力，人間性等については，目標を三つの柱ごとに示すに留まっていますが，他の2つについては，内容においても分けて示されています。では，情報活用能力については，どうでしょうか。これについては，図12－2に示すように，2015年から2020年まで高等学校情報科教科調査官をつとめた鹿野利春によって解説されています。この図は従来よく使われてきた「3観点」のそれぞれに資質・能力の三つの柱が対応することを示しています。

とくに注目したいのは，学習指導要領解説総則編に示された知識・技能の項目に含まれる，「情報と情報技術を活用した問題の発見・解決等の方法」という文言（小学校：51頁，中学校：52頁，高校：55頁）です。これは，通常の知識とはちがって，「手続き的知識」と呼ばれるものです。

たとえば，２つの時代の仏像を比較するとしましょう。仏像の写真は，写真集でもデジタル情報でもかまいません。問題は，比較の手順です。大きさ，表情，頭部の形，姿勢，服装，台座の形，材質，作り方など，視点を次々に変えたなら異同を明らかにしていきます。そして，共通点と相違点を洗い出したあと，その特徴を時代背景と関連づけて説明します。つまり，「①視点を設定する→②異同を明らかにする→③視点を変える」を必要なだけ繰り返して，④異同からわかることや，異同の原因などについての考えを説明する，という手順が，手続き的知識です。そして，このような「考えをつくり出す」ための手順を，思考スキル，あるいは考えるための技法と呼びます。

2　思考スキルの種類

思考スキルは，「思考の結果を導くための具体的な手順についての知識とその運用技法」と定義されます[＊3]。しかし，考えるといっても，頭の使い方は一様ではありません。頭の使い方にはさまざまなパターンがあります。すなわち，思考スキルには，いろいろな種類があるはずです。

授業では，実際にどのような思考スキルが用いられるのでしょうか。2008年版の学習指導要領を分析してみました。学習指導要領から想定される学習活動に，どのような思考スキルが必要となるかをリストアップし，整理したのですが，その結果，19の思考スキルに絞り込むことができました[＊4]。その中から，2017年度版学習指導要領解説総合的な学習の時間編では，以下の10の思考スキル（考えるための技法）が紹介されています[＊5]。

＊3　黒上晴夫・小島亜華里・泰山裕「小学校学習指導要領およびその解説で想定される思考スキルの系統に関する研究(1)」『日本教育工学会研究報告集』12(1)，255～262頁，2012年。

＊4　泰山裕・小島亜華里・黒上晴夫「体系的な情報教育に向けた教科共通の思考スキルの検討——学習指導要領とその解説の分析から」『日本教育工学会論文誌』37(4)，375～386頁，2014年。

＊5　文部科学省『小学校学習指導要領（平成29年告示）解説　総合的な学習の時間編』東洋館出版社，2018年，84～95頁（中学校：81頁，高校：97頁）。

○順序付ける
- 複数の対象について，ある視点や条件に沿って対象を並び替える。

○比較する
- 複数の対象について，ある視点から共通点や相違点を明らかにする。

○分類する
- 複数の対象について，ある視点から共通点のあるもの同士をまとめる。

○関連付ける
- 複数の対象がどのような関係にあるかを見付ける。
- ある対象に関係するものを見付けて増やしていく。

○多面的に見る・多角的に見る
- 対象のもつ複数の性質に着目したり，対象を異なる複数の角度から捉えたりする。

○理由付ける（原因や根拠を見付ける）
- 対象の理由や原因，根拠を見付けたり予想したりする。

○見通す（結果を予想する）
- 見通しを立てる。物事の結果を予想する。

○具体化する（個別化する，分解する）
- 対象に関する上位概念・規則に当てはまる具体例を挙げたり，対象を構成する下位概念や要素に分けたりする。

○抽象化する（一般化する，統合する）
- 対象に関する上位概念や法則を挙げたり，複数の対象を一つにまとめたりする。

○構造化する
- 考えを構造的（網構造・層構造など）に整理する。

3　思考スキルの活用

このような思考スキルは，どのように指導に活かせるのでしょうか。いくつかの学校では，授業のはじめに確認する「めあて」を達成するためには，どの思考スキルが必要かを考えるようにしています。

たとえば，小学校５年生の社会科で，ある温泉地の自治体がさまざまな手段を用いて，日本だけでなく外国にも温泉地の広報をしていることを学ぶ教材があったとします。まず，その自治体の広報について，「誰を対象に」「どのような方法で」「どのような内容を」広報しているのかを整理します。その次の授業のめあてが「○○市の広報の視点を使って，自分たちの住む地域の広報活動を調べよう」と設定されたとします。このとき行われる学習活動は，対象について「多面的に見る」という思考スキルが対応します。

このように，授業のめあてと思考スキルを対応させることで，授業展開の中にその思考スキルを活用する場面（考える場面）を設定するイメージが明確にもてるようになります。考える場面をつくらずに，児童生徒が自ら考える「主体的，対話的で深い学び」が生まれるはずはないのです。

4　思考スキルとシンキングツール

学習指導要領解説総合的な学習の時間編／総合的な探究の時間編には，次のような記述があります[＊6]。

> 「考えるための技法」を指導する際には，比較や分類を図や表を使って視覚的に行う，いわゆる思考ツールといったものを活用することが考えられる。その際，例えば，比較することが求められる場面では複数の教科・科目等においても同じ図を思考ツールとして活用するよう指導することで，「考えるための技法」を，生徒が教科・科目等を越えて意識的に活用しやすくなる。

高等学校学習指導要領解説国語編にも，「情報の可視化に役立つ資材（いわゆる思考ツール）を活用することも効果的である[＊7]」と書かれています。

思考ツールはシンキングツール® とも呼ばれます[＊8]。たとえば，比較するときには，ベン図が有用です。ベン図を用いると，共通点と相違点を意識して，特徴を書き分けることになります。図12－3は，藤原時代の仏像と鎌倉時代の仏

＊6　文部科学省，前掲書，50～51頁（中学校：50～51頁，高校：52頁）。

＊7　文部科学省『高等学校学習指導要領（平成30年告示）解説　国語編』東洋館出版社，2019年，83頁。

＊8　シンキングツールは黒上晴夫の登録商標ですが，教育場面における利用については，無償で利用することができます。

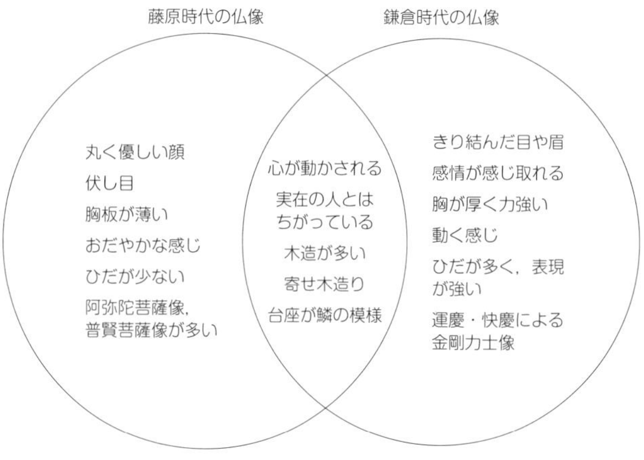

図12－3　ベン図の利用例

出所：筆者作成。

像の特徴を比べたものです。

5　シンキングツールの活用方法

シンキングツールには，学習対象に対して思い浮かぶアイデアが書かれます。この段階では，どのようなアイデアを書いてもかまいません。ブレインストーミングと同じように，「こうじゃないかな」「もしかしたら」というような曖昧なものであっても，気軽に書き出すようにします。

シンキングツールにアイデアを書き出したら終わりというわけではありません。シンキングツールを見ても，対象に対してどのような考えをもっているかがわからないからです。次にすることは，シンキングツールに書かれたアイデアの中から必要なものを選んだり，組み合わせたりして，自分自身の考えをつくり出すことです。

たとえば，先のベン図からは，次のような考えが生み出されました。

藤原時代と鎌倉時代の仏像を比べました。それぞれの代表は，平等院鳳凰堂の阿弥陀如来像と，東大寺の金剛力士像です。

どちらも，見ていると引き込まれるような感じがします。でも，まったく違う方向の気持ちが沸き起こります。それは，実在の人物とは異なって，人の内面のある部分を強調して表現されているからではないかと思います。

藤原時代の仏像の表情は柔らかく，鎌倉時代のものは厳しく強い意志を感じます。体の質感もちがっていて，鎌倉時代のほうが，よりがっちりしていて力強く感じます。服装も鎌倉時代のほうが複雑で，ひだがたくさんあり，風のようなものを感じます。

仏像は，人々の信仰の具体的な対象になるように作られたのだと思いますが，平安時代の貴族社会と，鎌倉時代の武士の社会とのちがいが，表現に表れているそうです。時代の雰囲気が，仏像の彫り方にこんなに影響を与えるというのは，とても興味深いです。当時の人が，どのような気持ちをもって，それぞれの仏像を拝んだのか，がなんとなくわかるような気がします。

学習のプロセスを構想するとき，シンキングツールを使ってアイデアを出すだけでは不十分で，そこから考えをつくり出すプロセスを想定しておくことが大事です。きれいに書くとか，完成させるというようなことを目的にしてシンキングツールを使っても効果はなく，考えをつくり出すための素材を整理するプラットフォームとして使うのがよいでしょう。

そして，シンキングツールにアイデアを書き出すための課題と，シンキングツールをもとに考えをつくり出すための課題を分けて考えるとよいと思います。たとえば，先の例では，次のような２段階で課題が設定されました。

アイデアを書き出す課題：藤原時代と鎌倉時代の仏像を比較しよう
考えをつくり出す課題：仏像の比較をもとにして，違いを生み出す背景について感じたことを表そう

このようにすることでシンキングツールを，考えをつくり出すための材料にすることができます。

6　シンキングツールの種類と授業設計

シンキングツールには，さまざまな種類があります。WEBサイトで公開していますので，どのようなものがあるか，調べてみてください[*9]。

ベン図は，複数の対象を比較するときに用いますが，さまざまな事例を分類・整理するときにも使えます。たとえばYチャートは，紙にYの字を書いて３つの領域をつくり，それぞれに視点を設定して使うので，対象を多面的に見ることにつながります。

このように，シンキングツールは特定の思考ツールと対応させて使います。授業を設計するときには，次のような流れで検討するとよいと思います。

(1)　授業のめあての設定
(2)　めあてと関係する思考スキルの特定
(3)　思考スキルを活かせるシンキングツールの選定
(4)　シンキングツールにアイデアを書き出す課題の設定
(5)　シンキングツールから考えをつくり出す課題の設定

もちろん，授業内容によっては，先にシンキングツールが決まったり，一つの大きな課題の下で，アイデアを出して考えをつくり出すプロセスが進められたりもします。シンキングツールを組み合わせて使うことで，考えをつくり出しやすくなる場合もあります。

こう使わなければならない，というきまりがあるわけではないので，柔軟な使い方を工夫することが重要です。

また，GIGAスクール構想によって１人１台の環境が実現したことで，シンキングツールを情報端末上で活用することが増えてきました。これによって，アイデアを互いに送信し合ったり，同じ画面に複数の児童生徒がアクセスして，協働でシンキングツールを活用したりすることが容易になります。また，シン

＊9　黒上晴夫・小島亜華里・泰山裕「シンキングツール～考えることを教えたい～」NPO法人学習創造フォーラム，2012年。http://ks-lab.net/haruo/thinking_tool（2023年３月23日閲覧）

キングツール上に書き出したアイデアをそのままにして，背景のシンキングツールを切り替え，アイデアを構成し直すような使い方も見られるようになりました。シンキングツールを紙の上で使うのか，情報端末の上で使うのかを，必要に応じて選ぶことも大事です。

まとめ

2017年告示の学習指導要領では，資質・能力を三つの柱で構造化しました。情報活用能力は，情報や情報機器を活用する方法についての手続き的な知識にあたります。中でも，情報を活用する方法は，思考スキルと呼ぶことができます。思考スキルは，比較する，分類する，構造化するなどのものがありますが，アイデアを可視化するためのシンキングツールを用いることで，児童生徒が思考スキルを活用することを助けることができます。シンキングツール活用のポイントは，シンキングツールに書いたアイデアから，考えをつくり出すプロセスをイメージしておくことです。

さらに学びたい人のために

○黒上晴夫・小島亜華里・泰山裕「シンキングツール～考えることを教えたい～」NPO 法人学習創造フォーラム，2012年（http://ks-lab.net/haruo/thinking_tool）。

シンキングツールの考え方を説明し，20のシンキングツールを紹介しています。具体的な事例も掲載されており，シンキングツール活用のための基礎文献と言えます。

○黒上晴夫（編著）『教育技術 MOOK　思考ツールでつくる考える道徳』小学館，2019年。

考え議論する道徳を実現するために，シンキングツールは有用です。道徳で扱う教材や状況において，誰がどのようにするべきか，どのような結果が予想できるか，などについての多様な考えを可視化し，そこから自分の考えをまとめることにつながります。本書では，17の事例を紹介するとともに，道徳の評価についてのヒントも提供しています。

第13章

情報機器を活用した教材の作成

学びのポイント

- 情報機器を活用して教材等を作成する際の留意点について学ぶ。
- 学習目標を達成するために適した教材を選択することや，選択した教材を「どの場面でどのように提示するか」を考えることの大切さについて学ぶ。
- 授業に役立つ情報機器や学習コンテンツについて，事例とともに学ぶ。

WORK　教材がデジタル化されたら

1．具体的に考えよう（10分）

社会科の授業で，日本地図の大きな掛け図を黒板の前に吊して，学校のある都道府県についての授業をしている先生がいます。地形，産業，交通，観光などを関連づけて考えるのが授業の目的です。この授業で，情報機器を用いるとしたら，どのように使うことができるでしょうか。グループで話し合いましょう。

2．情報機器を活用した教材とアナログ教材を比べよう（15分）

情報機器を活用した教材は，従来の（アナログ）教材では不可能だった，どのようなことができるか，思いつく限り書き出してみましょう。

(1)　個人で付箋紙に書き出してみましょう。（5分）

(2)　グループで共有しましょう。下のような台紙を作って，各自が書き出した付箋紙を紹介しながら，該当する場所に貼っていきましょう。(10分)

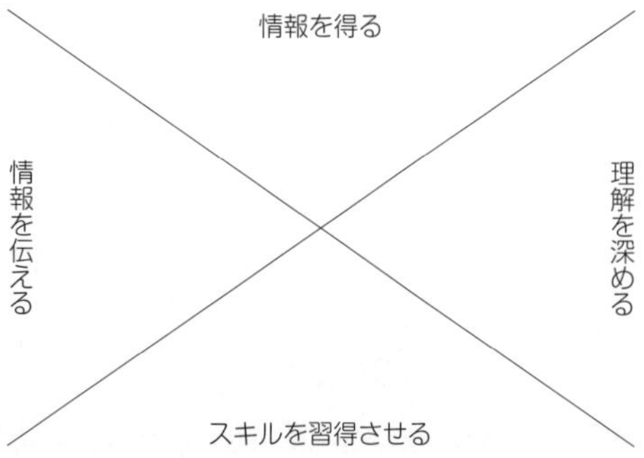

● 導　入

本章では，情報機器を使って授業に役立つ教材を作成・提示することについて学びます。情報機器を活用した教材は，子どもたちの関心・意欲を高めるだけでなく，知識・技能の習得や理解の促進，思考力や表現力の向上が期待でき，学習指導要領が目指す「主体的・対話的で深い学び」を実現するために効果的です。しかし，何でも提示すればよいというわけではありません。学習目標を達成するために適した教材であるかということや，教材をどのタイミングで，どのような発問とともに，どのような方法で提示するかを吟味することが大切です。子どもたちにとって「わかりやすく」「力が身につく」授業のために，情報機器を効果的に使った教材作成・提示方法について整理します。

1 情報機器を活用した教材作成の基本

1 情報機器を活用して教材を作成することのよさ

「教材」とは，児童生徒に理解させたり，習得させたりするために授業で用いる材料のことです。GIGA スクール構想により全国の公立小・中学校，特別支援学校，義務教育学校の児童生徒が，１人１台端末と高速ネットワークを利用して学習するようになった結果，教材活用のあり方も大きく変化しています。2017年版の学習指導要領[*1]においても，「コンピュータや情報通信ネットワークなどを適切に活用した学習活動の充実，視聴覚教材や教育機器などの教材・教具の適切な活用を図ること」と明記されており，今後いっそう授業において情報機器を活用した教材を利用する場面が増えるでしょう。

「情報機器を使って教材を作成する」というと難しく思われるかもしれません。しかし，大型提示装置を使って写真を１枚提示するだけでも，それが児童

＊1　文部科学省『小学校学習指導要領』2017年３月告示。http://www.mext.go.jp/component/a_menu/education/micro_detail/__icsFiles/afieldfile/2018/09/05/1384661_4_3_2.pdf（2022年８月10日閲覧）

生徒の気付きを生むものであれば，立派な教材になります。近年は，指導者用・学習者用デジタル教科書など市販のデジタル教材が充実しています。また，インターネット上には授業で使うことのできる写真や動画，フラッシュ型教材など多くの素材，いわゆる「デジタルコンテンツ」が多数アップされています。このような教材を活用することで，効率的に教材の準備ができます。１人１台端末があることにより，児童生徒がそれらの教材にアクセスすることも容易にできます。

情報機器を活用して教材を作成すると，アナログではできなかったことが可能になります。たとえば，文章だけではわかりにくい事柄でも，動画や画像，音声などデジタルの力を借りることによって，より深く具体的に理解することができます。また，世界中の衛星写真や最新の天気図など，新しい情報を瞬時に得て，教材化することができます。さらに，マスキング機能や拡大機能を使うことで，提示の方法にさまざまな変化をつけることができます。「読み上げ」や「色の変更」等，障害のある児童生徒の学習上の困難を低減させる機能を有するデジタル教材もあります。

１人１台端末導入以降は，教師が作成したファイルを学習支援ツールやクラウド上のコミュニケーションアプリを使って児童生徒の端末に一斉配布し，共同編集機能を使って児童生徒が同時にファイルに書き込み，それをもとに考えたり話し合ったりするというような，デジタルならではの教材作成や配布のしかたも広まっています。

文部科学省が2014年に公開した「学びのイノベーション事業実証研究報告書[＊2]」においては，情報機器を活用した授業の効果について，次のような点が挙げられています。

> ○画像や動画など，視覚的で分かりやすい教材を活用しながら説明することで，児童生徒の学習に対する興味・関心を喚起し，意欲的に学習に取り組むことができた。

＊2　文部科学省「学びのイノベーション事業実証研究報告書」。http://www.mext.go.jp/b_menu/shingi/chousa/shougai/030/toushin/1346504.htm（2022年８月10日閲覧）

○フラッシュ型教材やドリルソフトを活用して，個々の児童生徒の習熟の程度等に応じた学習をタブレット PC を用いて行うことで，知識や理解の定着を図ることができた。
○児童生徒がデジタル教材のシミュレーション機能を活用して，時間のかかる活動や，実際に体験することが困難な活動を疑似体験することで，短い時間でより具体的に学習内容を理解し，考えを深めることができた。

このように，情報機器を活用した教材には，教師・児童生徒双方にとって多くのメリットがあるのです。

2　学習目標に即した教材作成

よい教材とはどのような教材のことでしょうか。それは，「学習目標を実現させるために適した教材」にほかなりません。いくら多大な時間を費やして情報機器を活用した教材を準備したとしても，学習目標にあった形で提示できなかったり，授業の流れにそぐわない場面で利用したりすれば，教育的な効果は十分に発揮できません。また，児童生徒の実態に合わない教材も同様です。文部科学省が2009年に作成した「教育の情報化に関する手引き[*3]」においても，「単に授業で ICT を活用すれば教育効果が期待できるものではない。より高い教育効果に結びつけるためには，ICT 活用に加えて，指導のねらいの把握，日頃からの児童生徒の実態把握，授業におけるタイミング，発問，指示や説明といった従来からの授業技術との融合も重要となる」と述べられています。情報機器の活用が教師の授業技術に適切に組み込まれることによって，児童生徒の学力向上が期待できるのです。教材を作成する際には，児童生徒が学習目標を達成するために，どの教材をどの場面でどのように使うのかを十分に考えましょう。

＊3　文部科学省「教育の情報化に関する手引き」。http://www.mext.go.jp/a_menu/shotou/zyouhou/1259413.htm（2022年 8 月10日閲覧）

2　情報機器を活用した教材の作成

1　カメラ機能の活用

デジタルカメラ（ビデオ）やタブレット端末で撮影した画像や動画を，電子黒板等の大型提示装置につないで提示するだけでも立派な教材と言えます。また，撮影した画像や動画を端末に取り込み，インストールされているアプリケーションと連動させると，テロップ（文字）を入れたり加工したりすることができるので，さらにわかりやすく，伝えたいことが焦点化された教材を作成することができます。

〈活用例１〉

小学校６年生社会科「参勤交代」：大名行列図を大型提示装置で提示

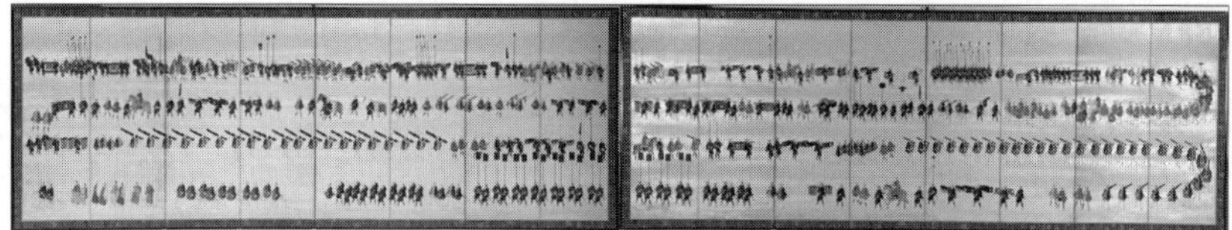

図13－1　加賀藩大名行列図屛風

出所：石川県歴史博物館。

【発問例】
- この絵を見て気付くことは何ですか
- 何をしていると思いますか
- この絵に出てくる人々はみな平等でしょうか

全体を見せると行列の長さや人の多さがわかり，拡大して部分を見せると持ち物や服装の違いがよくわかります。児童の端末で見られるようにすると，自由に拡大したり動かしたりして見ることができます。児童が見つけたものについて説明するときに電子黒板を活用したり，他の児童の端末に自分の画面を配信したりすると，拡大したり印をつけたりしながら発表できるので，聞いている児童が理解しやすくなります。

〈活用例２〉

小学校１年生生活科「あきをみつけよう」：あきみつけビンゴを作成

秋の自然に親しむことをねらいとしたこの単元では，教師が撮影してきた秋の植物や虫の写真を端末に取り組み，ワープロソフトを使って右のようなビンゴを作成しました。漠然と「あきの自然を見つけましょう」と投げかけるよりも，ビンゴを提示し「いくつビンゴができるかな」と発問するほうが学習意欲が高まります。児童が楽しみながら，たくさんの自然にふれ合うことができるきっかけとなる教材です。

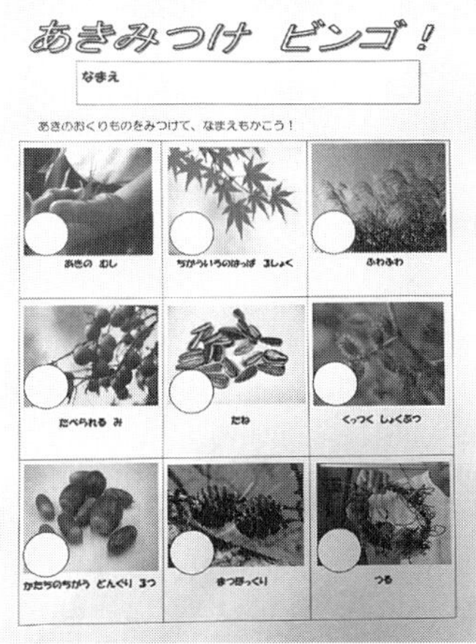

図13－2　写真を使ったビンゴ

出所：筆者作成。

〈活用例３〉

小学校４年生体育科「なわとび運動」：技のお手本動画教材を作成

なわとびの新しいグループ技を習得させるための，教師による手本動画です。単元の導入で見せて意欲を高めます。児童の端末に動画を入れておくと，児童がいつでも手本動画を見ることができ，技の習得につながります。

図13－3　お手本動画を作成

出所：筆者作成。

2　プレゼンテーションソフトの活用

パワーポイント（Microsoft）などのプレゼンテーションソフトを活用して教材を作成するよさは，アニメーション機能で動きをつけられることです。このアニメーション機能を活かしてスライドを作成すると，一部を隠して少しずつ提示したり，図を動かして視覚的にわかりやすく説明したりできます。

〈活用例１〉

小学校３年生算数科「あまりのあるわり算」のスライド

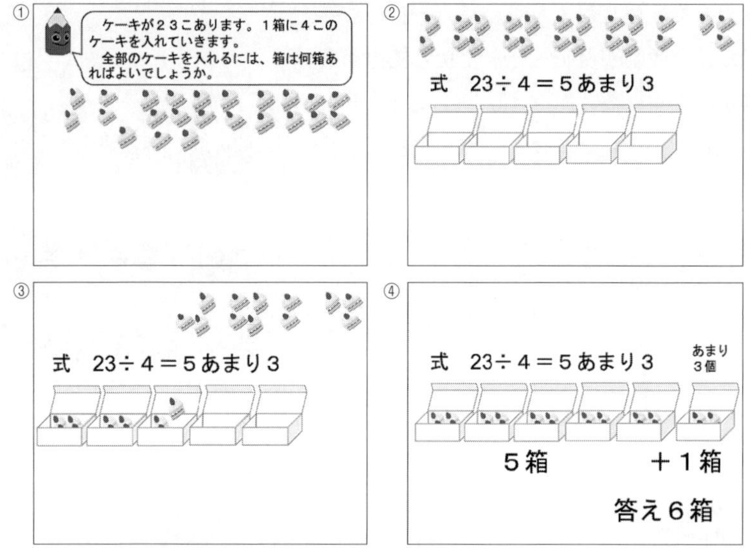

図13－4　ケーキが動いて箱の中に入っていく

出所：e-net 熊本市地域教育情報ネットワーク。

ケーキが動いて箱の中に入っていくアニメーションをつけているので，「分ける」動作がイメージしやすくなり，あまりの数や，あまりを入れるために箱が必要なことが理解できます。

〈活用例２〉

小学校４年生社会科「私たちのくらしとゴミ」のスライド

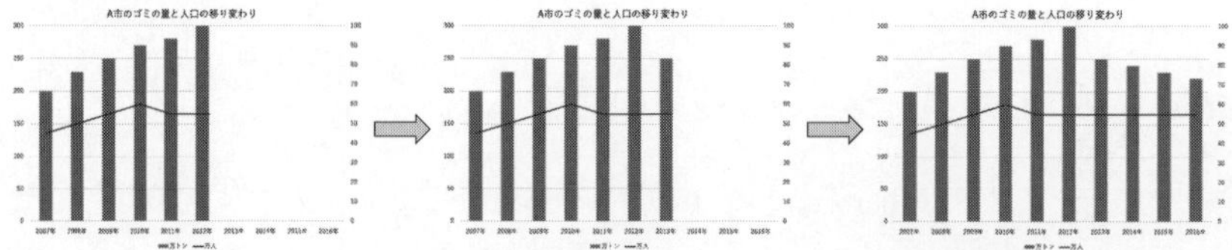

図13－5　アニメーション機能を活用し，グラフを少しずつ提示する

出所：筆者作成。

この教材は，アニメーション機能を活用してグラフを1項目ずつ提示できるようになっていて，グラフの変化を予想したり，グラフの変化について気付いたことや疑問に思ったことを交流したりすることで，学習課題を見つけられるように作られています。「2013年から人口が変わっていないのにゴミの量が減っているのはなぜか」と，矛盾をつく発問をして次の展開につなげます。

3　インターネット上の素材や教材の活用

つづいて，インターネット上で公開されている素材や教材を紹介します。

〈NHK for School〉

NHKが放送する9,000本以上の学校向けの教育番組および動画クリップ（番組を切り出して短くまとめたもの）をインターネット上で視聴することができます。放送時刻を気にすることなく視聴でき，各回の番組に対応した授業プランやそのまま印刷できる静止画も掲載されているので，教材研究に役立ちます。

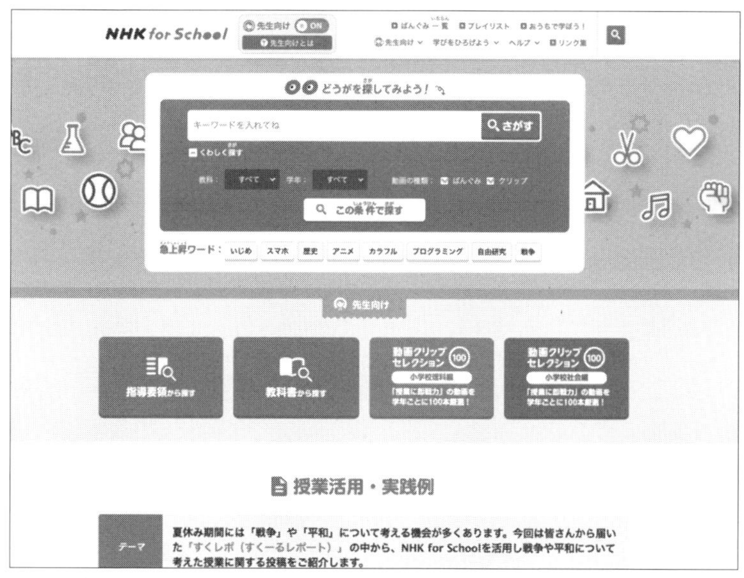

図13-6　NHK for Schoolの先生向けホーム画面

出所：http://www.nhk.or.jp/school/（2022年10月21日閲覧）

〈e-net（熊本市地域教育情報ネットワーク）〉

熊本市教育センター制作のデジタル教材です。フラッシュ教材・アニメーション教材が豊富にそろっています。

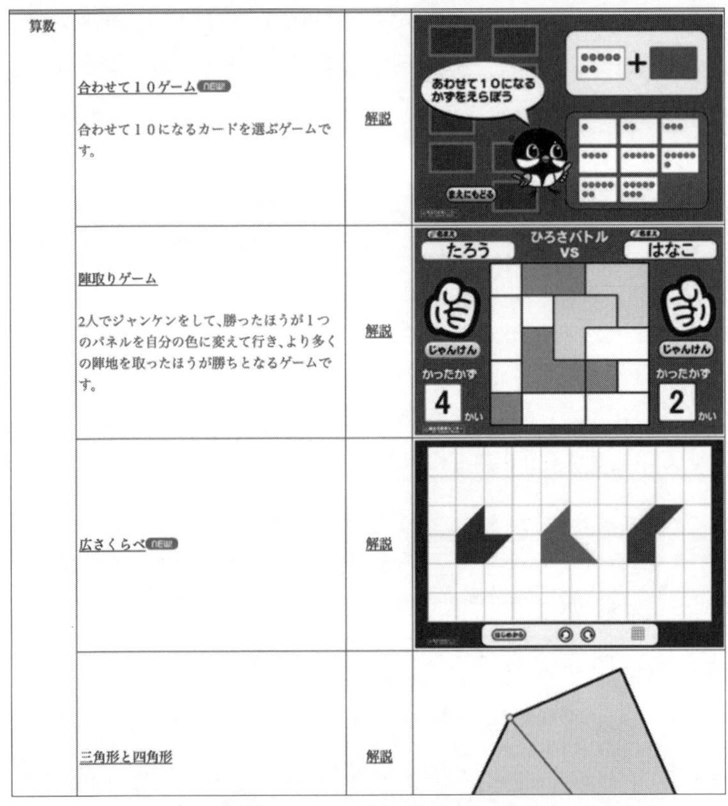

算数			
	合わせて１０ゲーム NEW! 合わせて１０になるカードを選ぶゲームです。	解説	
	陣取りゲーム 2人でジャンケンをして、勝ったほうが1つのパネルを自分の色に変えて行き、より多くの陣地を取ったほうが勝ちとなるゲームです。	解説	
	広さくらべ NEW!	解説	
	三角形と四角形	解説	

図13－7　e-net の画面の一部

出所：http://www.kumamoto-kmm.ed.jp/index.html（2022年10月21日閲覧）

〈eTeachers（Chieru）〉

基礎基本の習得に役立つ自作フラッシュ型教材が豊富です。ダウンロードした教材は，パワーポイントを使って簡単に編集可能です（無料の会員登録が必要）。

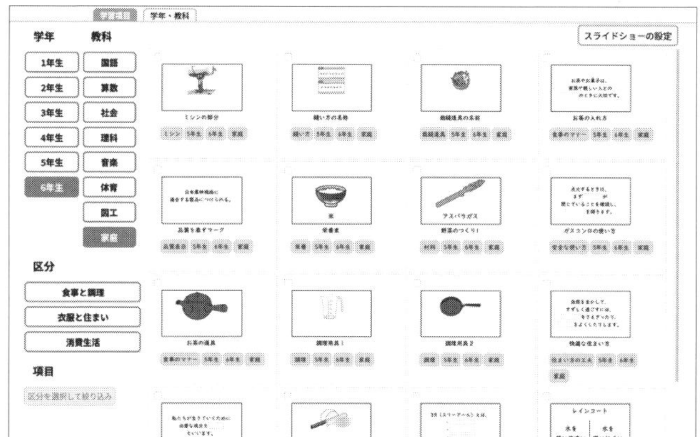

図13－8　eTeachers（Chieru）の教材ダウンロード画面
出所：https://eteachers.jp（2022年10月21日閲覧）

〈Google Workspace for Education 授業・校務素材集（Google)〉

1 人 1 台端末環境下で多くの学校に導入されている Google Workspace for Education で活用できる素材集です。ダウンロードすると Google スライドや Google Jamboard などのアプリですぐに利用できます。自分の考えを構築したり友達と協働したりするのに役立つワークシートや活用例が豊富です。

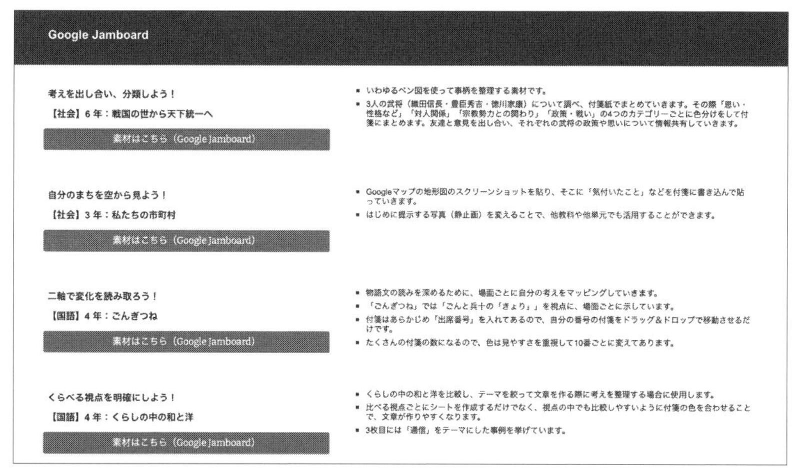

図13－9　Google Workspace for Education 授業・校務素材集の画面の一部
出所：https://sites.google.com/view/1-1-g-suite-for-education/（2022年10月21日閲覧）

3 情報機器を活用した教材作成における留意点

1 著作権や肖像権に配慮して教材を作成する

インターネット上でさまざまな教材が公開されていますが，その際にぜひ意識してほしい点が著作権です。学校で著作物を利用する場合には一定の特例が認められています[*4]が，まったく自由に利用できるわけではありません。教材作成のために他者が制作した著作物を利用する場合には，著作権法に則り，利用可能がどうかを確認しましょう。また，教師自らが撮影したり，取材してきた情報を教材化する場合には，取材される側にあらかじめ趣旨を伝えて教材としての使用許可を得たり，関係のない人が映っている場合に肖像権の問題がないか確認したりすることが必要です。

2 教材を評価し，改善する

工夫して作成され，入念に計画された教材であっても，実際に授業を行ってみると，教師の意図と児童生徒の情報の受け止め方がまったく同じであるとは限りません。使いっぱなしではなく，教材の効果を確認し，改善していくことが大切です。教材を評価するポイントとしては，以下のようなものがあります。

- 児童生徒にとってわかりやすい教材であったか
- 学習目標の達成に役立つ教材であったか
- 情報機器の操作において授業の流れを妨げなかったか

また，授業後に行うアンケート，児童生徒への聞き取りの結果なども評価の方法として用いることができます。教材の評価と改善を繰り返すことにより，

＊4　文化庁長官官房著作権課「学校における教育活動と著作権」。http://www.bunka.go.jp/seisaku/chosakuken/seidokaisetsu/pdf/gakko_chosakuken.pdf（2022年10月21日閲覧）

よりよい教材を作成する力が身につくことでしょう。

3　教材を共有する

作成した教材は自分ひとりで使うのではなく，校内の教員同士で共有することが望ましいです。お互いの得意な分野・教科の教材を持ち寄ることで，授業内容の向上も期待できます。自作した教材を校内ネットワーク等で共有して，いつでも誰もが使える状態にできる環境を整えることも大切です。

まとめ

情報機器を活用して教材を作成したり提示したりすることで，児童生徒の学習に対する興味・関心を喚起し，知識・技能の習得を促したり，学習内容に対するより深い理解を促したりすることができます。しかし，より高い教育効果に結びつけるためには，教材が学習目標の達成に結びつくものであるかを考えることが大切です。それに加えて，児童生徒の実態把握，教材を提示するタイミング，提示する際に発する指示や発問をどうするかといったことも吟味しておく必要があります。児童生徒にとって役立つ教材を作成するには，教師の授業力量の形成が不可欠です。授業力の向上を目指し，つねに自分を磨き，学び続ける教師であってほしいです。

さらに学びたい人のために

○日本教育工学会（監修），高橋純・寺嶋浩介（編著）『初等中等教育におけるICT 活用（教育工学選書 II）』ミネルヴァ書房，2018年。

ICT 活用の系譜をたどり，現在の活用状況の背景や考え方，研究動向，今後の可能性について紹介しています。教育における ICT 活用全般を基礎から学びたい方におすすめです。

○中川一史・今野貴之・小林祐紀・佐和伸明（監修）『タブレット端末を授業に活かす NHK for School 実践事例62』NHK 出版，2018年。

本章でも紹介した「NHK for School」を活用した実践事例が多数紹介されています。授業の流れや実践のポイント，1人1台端末で視聴することの効果についてよくわかる一冊です。

○稲垣忠・佐藤和紀（編著）『ICT 活用の理論と実践　DX 時代の教師をめざして』北大路書房，2021年。

教育メディアに関する諸理論，個別最適な学びや協働的な学びを実現するICT の活用方法，情報活用能力を育む指導の要点など幅広く解説しています。第９章ではデジタルコンテンツの役割について学ぶことができます。

編者コメント

教材作成で必要なこと

文部科学省では，毎年度末に，すべての教員を対象として「ICT 活用指導力」調査を行っています。その項目の中に，授業の準備に ICT 機器を活用する力を問うものが含まれています。どのような場面で ICT 機器を用いると効果的かが想定できるか，授業に必要な情報を集めるために ICT 機器を活用できるか，ICT 機器を用いて授業で使う教材を準備できるか，が問われます。このような力を，すべての教員がもつことが求められているのです。

これは本章で述べられた，「学習目標の達成のために適切な教材」「適切な場面での提示」ということと，対応しています。

適切性とは何か

ここで少し，「適切性」について検討してみましょう。授業は，指導事項を身につけさせるために行われます。台形の面積の求め方を学ぶときには，最終的にはさまざまな形の台形について，必要な数値が与えられたときに，正しい面積を求めることができるようになれば，指導事項が習得されたことになります。究極的には，台形の面積を求める公式を用いて計算ができることがそれにあたります。

では，どのような教材が適切なのでしょうか。学習の段階を検討すると，さまざまなものが考えられます。

- 台形の面積を求める公式をフラッシュカードにして，何度も繰り返して見せることによって，暗記を促す教材
- さまざまな台形を提示して，面積を求めさせる教材
- 台形が２つの三角形が組み合わさったものだということを，視覚的に示す教材
- 台形が長方形から切り出されるところを，視覚的に示す教材

- 台形を２つ並べると平行四辺形になることを，視覚的に示す教材
- 台形の面積をどのように求めるかを，児童自身が図に描いて説明するための教材
- 各自の面積の求め方を比較して，共通点や相違点を確認することを促す教材
- さまざまな求め方による式をもとに，公式をつくるプロセスを視覚的に示す教材

これらの教材は，どのような段階の児童に，いつ用いるかがそれぞれ違っています。学習の進め方によっても，使う場面は異なります。どんな場面でも有効な教材というのは，存在しません。

デジタル教材の優位性

ところで，このような教材を作成しようとするときに，デジタル機器はとても便利です。たとえば，台形を２つつくって，１つを少しずつずらしながら平行四辺形をつくる教材を作成することを考えましょう。このような動きのある教材を作成するために，プレゼンテーションソフトウェアは，十分な機能を備えています。台形をコピーして複写する機能，台形を思った方向に移動させる機能などを使うことで，簡単に視覚的な効果を生み出すことができます。さらに，それを複製して，学校中で共有することも簡単です。黒板に貼るための大きな教材を，紙でつくることを考えれば，はるかに簡単にできると言えます。

ただし，デジタル教材がつねに紙の教材より優位であるというわけでもありません。児童自身が紙の教材を切ったり移動させたりしながら考えることが大事な場合には，デジタル教材を見せることが，むしろ自由な考えを制約してしまうことにつながるかもしれません。使う場面の適切性というのは，とても奥深い問題です。自分なりに適切性とは何かをつねに追究することが，教員には求められます。

そして，教材作成というのは，実際に活用する教材を作成することだけを指すのではなく，使う場面を含めて，授業の全体をデザインすることなのだということを理解してください。

（黒上晴夫）

第14章

情報活用能力を育成するための指導法

学びのポイント

- 子どもに育成する情報活用能力について，子どもが情報活用能力を理解し，これらの力を発揮させるために開発された教材をもとに学ぶ。
- 課題解決的な学習の中で教科横断的に情報活用能力を育成するための指導法ついて学ぶ。
- プログラミングに対する知識・技能を定着させ，プログラミング的思考を育成するための指導法について学ぶ。

WORK　学習活動に埋め込まれた情報活用能力

総合的な学習の時間に,「海洋プラスチックごみ問題」について調べています。次のような活動をしました。

① WWF（世界自然保護基金）のサイトで，問題の概要，原因，2050年の予測，日本が取り組むべき課題などについての情報を集める。
② 市役所の環境課に行って，市が行っているプラスチックごみ回収の取り組みについて聞き取りする。
③ 各家庭のプラスチックごみに対する意識をインタビューする。
④ 海洋プラスチックごみ問題に対して，自分たちができることを考える。

それぞれの活動で，どのような情報活用能力を使っているか考えましょう。そのために，情報機器をどのように使っているか，情報を整理・分析するため何をしているか，話し合いましょう。(15分)

また，そのような情報機器を活用する力，情報の整理・分析の力を指導するためにどのような工夫ができるか，下のような台紙を作って，場面に分けて，グループで書き出しましょう。(15分)

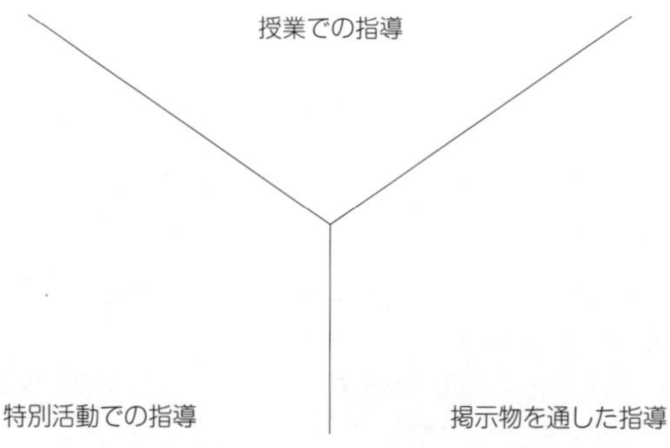

● 導　入 ● ● ● ● ● ● ●

本章では，①子どもが情報活用能力を理解し，これらの力を発揮させるための教材，②課題解決的な学習の中で教科横断的に情報活用能力を育成するための指導法，また，③プログラミング的思考を育成するための指導法について学びます。まず，①については，子どもに育成する情報活用能力とこれらの力を子どもが理解して学習を進めていくために開発された教材をもとにした指導法について述べます。次に，②については，情報活用能力を育成することにつながる学習活動（以下，情報活動）を授業の中でどのように設定し，指導するかについて述べます。そして，③については，プログラミングについての知識・技能を定着させ，プログラミング的思考を育成するための指導法について述べます。これらを学ぶことで，日々の授業の中で単元を通して情報活用能力を育成する指導法について理解してください。

● ● ● ● ● ● ●

1　子どもが情報活用能力を理解するための指導法

1　子どもに育成する情報活用能力

今日，さまざまな情報通信技術が発達し，子どもが手軽にスマートフォンやタブレット PC を活用して情報を収集したり発信したりすることができるようになりました。2018年の内閣府の調査[*1]では，青少年のスマートフォンやタブレット PC などのインターネット接続機器の利用率が90％を超えていることや，それらを利用している青少年の約90％がインターネットを利用していることが示されています。このように現代社会は，子どもが情報通信技術を活用することが避けられない時代になったと言えます。

子どもが情報通信技術を効果的に活用するためには，子どもたちの情報活用能力を高めることが重要です。情報活用能力は「学習の基盤となる資質・能力[*2]」と位置づけられ，教科を横断して育成するものであるとされています。そ

＊1　内閣府「平成29年度（2018）青少年のインターネット利用環境実態調査」。http://www8.cao.go.jp/youth/youth-harm/chousa/h29/net-jittai/pdf/2-1-1-1.pdf（2018年７月20日閲覧）

れでは情報活用能力とはどのような力なのでしょうか。小学校学習指導要領解説には，情報活用能力が以下のように示されています[*3]。

> 世の中の様々な事象を情報とその結び付きとして捉え，情報及び情報技術を適切かつ効果的に活用して，問題を発見・解決したり自分の考えを形成したりしていくために必要な資質・能力である。（中略）
>
> 情報活用能力をより具体的に捉えれば，学習活動において必要に応じてコンピュータ等の情報手段を適切に用いて情報を得たり，情報を整理・比較したり，得られた情報を分かりやすく発信・伝達したり，必要に応じて保存・共有したりするといったことができる力であり，さらに，このような学習活動を遂行する上で必要となる情報手段の基本的な操作の習得や，プログラミング的思考，情報モラル，情報セキュリティ，統計等に関する資質・能力も含むものである。

情報活用能力を育成するためには，上記に示された力の育成につながる学習活動（以下，情報活動）を各教科・領域の中で横断的に設定し，指導する必要があります。また，教科横断的に育成した情報活用能力を学年ごとに系統的に指導しなければこれらの力は高まりません。情報活用能力の育成にはどの学年のどの教科でどのような情報活用能力を育成するのかを明確にしたカリキュラム・マネジメントが非常に重要なのです。文部科学省からは，情報活用能力を体系的に育成するために「情報活用能力の体系表例[*4]」が示されています。また，現在，情報活用能力を育成するためのカリキュラム開発に関する研究が広く行われています。これらをもとに自治体や学校で情報教育のカリキュラムを作成し，実施していくことが大切であると考えます。

2　子どもが情報活用能力を理解するための教材

情報活用能力を育成する上で，子ども自身が情報活用能力を理解し，情報活

＊2　文部科学省『小学校学習指導要領』2017年３月告示。
＊3　文部科学省『小学校学習指導要領解説　総則編』東洋館出版社，2018年，50頁。
＊4　文部科学省「次世代の教育情報化推進事業（情報教育の推進に関する調査研究）成果報告書」2020年３月。

動に取り組むことが重要です。そこで，これらのことを実現するために開発された「情報学習支援ツール[＊5]」を紹介します。本ツールは，子どもの情報活用能力を育成するために開発されたカードです。カードには課題解決的な学習の流れで情報活動が示された「情報活用スキルカード」と，思考ルーチンが示された「シンキング・ルーチンカード」があります。どちらも6つのレベルのカードがあり，子どもたちの実態に合わせて活用することができるようになっています。これらをラミネート加工して下敷きとして子どもに配付します。

このようにすることで，情報活用能力が視覚化され，授業中にこれらの力を意識しながら学習に取り組むことができるようになるのです。

まず，情報活用スキルカードについて解説します（図14-1）。情報活用スキルカードには，現在すべての教科・領域の中で重視されている課題解決的な学習の流れを情報活用の視点から整理し，情報を「集める・整理する・まとめる・伝える」という4つの領域で示しています。また，子どもが詳細に課題解決のプロセスを理解し，主体的に学習を進めることができるように，これらの領域をさらに細分化し，その中に，情報活用能力を育成することにつながる活動（情報活動）を項目として示しています。このように課題解決的な学習の流れと，情報活動が明記されたカードを携帯し，参照することにより，教科学習の中で情報活用能力を意識して学習を進めることができます。このことが子どもたちの情報活用能力に関する知識を定着させ，技能を高めることにつながるのです。

次に，シンキング・ルーチンカードについて解説します（図14-2）。シンキング・ルーチンカードには，思考ルーチンが示されています。思考ルーチンとは，考える手順を可視化し，考えを生み出しやすくするものです。このカードは『子どもの思考が見える21のルーチン[＊6]』を参考に作成されています。この著書において思考ルーチンは，「考えの導入と展開のためのルーチン」「考えを総

＊5　黒上晴夫・堀田龍也（監修），木村明憲『情報学習支援ツール――実践カード&ハンドブック』さくら社，2016年。

＊6　R.リチャート・M.チャーチ・K.モリソン，黒上晴夫・小島亜華里（訳）『子どもの思考が見える21のルーチン――アクティブな学びをつくる』北大路書房，2015年。

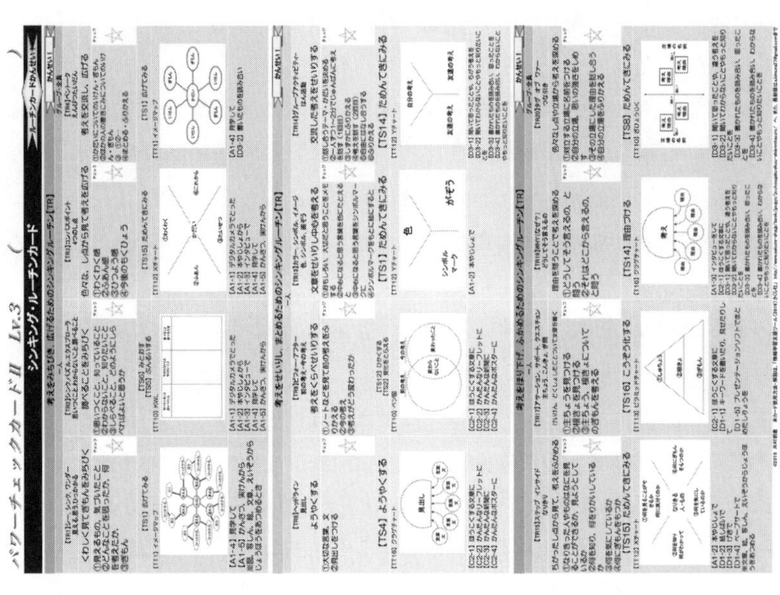

図14－1　情報活用スキルカード

図14－2　シンキング・ルーチンカード

図14－3　カードを参照し学習する姿
出所：筆者撮影。

合・整理するためのルーチン」「考えを掘り下げるためのルーチン」の分類でそれぞれ7つずつ示されています。シンキング・ルーチンカードは子どもが情報活動を行う際に，考えを広げたり，創ったり，深めたりするための支援として活用します。たとえば，4年生用の情報活用スキルカード「情報を集める」領域の「観察・見学・実験して情報を集める」項目の情報活動を行う際に，シンキング・ルーチンカードの「考えをみちびき，広げるためのルーチン」の「見える・思う・ひっかかる」のルーチンを行うことで観察や見学，実験するときに，見えたこと（事実）だけなく，そのことに対して思ったことやひっかかったこと（考えや疑問）を広げることができます。このようにシンキング・ルーチンカードを参照しながら思考ルーチンを身につけ，課題解決を主体的に取り組んでいくことが，情報活用能力に対する思考力・判断力・表現力を高めることにつながるのです。

しかし，カードを配付しただけでは，子どもの情報活用能力を十分に高めることにはつながりません。これらのカードは，子どもたちが情報活用能力を理解したり，主体的に学習を進めたりするための支援ツールにすぎません。授業や家庭学習の中でカードに書かれている事柄を参照し，子どもが「今から行う学習はどのような情報活動を行うのか」「どのような思考ルーチンで考えればよいのか」を考えたり，「行った学習はどの領域のどの情報活動であったのか」「使ったルーチンが学習の目的にあっていたのか」を振り返ったりする場面を設定する必要があるのです。このようにカードを適宜参照して学習を進めることができるようになるためには，教師が課題解決的な流れの中で教科間のつながりを考えながら授業を進めたり家庭学習の課題を設定したりする必要があります。

また，子どもがカードについての理解を深め，必要な場面で参照することができるように指導することも大切です。このような指導が情報活用能力に対する「学びに向かう力，人間性等」を高めていくのです。次節では，課題解決的な流れの中で教科横断的にカードを参照する場面をどのように設定すればよいのかについて述べていきます。

2　教科横断的に情報活用能力を育成するための指導法

1　情報活用能力を育成するカードの導入方法

カードは，１年間さまざまな教科・領域で活用します。そのためにカードと出会う際には，カードに対する興味を高め，さまざまな教科で使ってみたいと感じられるように出会わせることが大切です。そこで，配付する際の学習活動例を示します。

①カードを読み解く活動

カードを配付する際は，このカードを１年間活用すること，このカードを使うことで，自分で学習を進める力（情報活用能力）が身につくということを伝えます。次に，カードにどのようなことが書かれているかを読み解く活動を行います。読み解く活動とは，一枚一枚のカードに書かれていることを詳しく見たり，カードとカードの関係を考えたりする活動のことです。このような活動を行うことで，カードの構成に気付いたり，示されている情報活動や思考ルーチンについての関心や疑問が生まれたりします。

②読み解いたことを交流する活動

次にカードを読み解いたことを交流する活動をします。この活動で子どもから出てくる発言は，「Ⅰ．カードの構成に関する発言」「Ⅱ．カードに示されている情報活動・思考ルーチンと教科との結びつきに関する発言」「Ⅲ．カードの活用方法に関する発言」です。Ⅰの発言についてはカードの構成を知り，授業等で活用する上で重要です。Ⅱは，教科横断的にこのカードが活用できることを子どもたちが認識する上で重要です。Ⅲは，具体的にどのような学習でどのように活用するかを理解する上で重要です。

③活用方法を考える活動

この活動では，②の活動のⅢを具体的に行います。ここでは，発問をもとに考える活動と，ワークシートなどに書かせて考える方法があります。発問をもとに考える方法では，「これらカードをどのような学習でどのように使っていけそうですか」と発問し，子どもの考えを板書します。板書する際は情報活用スキルカードとシンキング・ルーチンカードの２枚を分けて板書するとわかりやすいでしょう。書かせて考える方法では，カードごとに，教科や領域などの活用場面と，活用方法を分けて書くことができるようなワークシートを配付して書かせることで，カードに書かれていることと教科の学習内容が結びつきます。また，ここで書いたものを残しておくと，それを今後のカードの活用計画として活かすことができます。

このような活動を通して，それぞれのカードに出会うことで，情報活用能力についての理解を深め，カードを使いながら情報活用能力を高めていく学習のイメージをもつことができるのです。

2　カードを活用しての情報活用能力を育成する指導法

子どもがカードに出会うことで情報活用能力を育成するための土台ができました。ここからは，課題解決的な学習の中で，教科横断的に情報活用能力を育成する指導法について例示します。

○単元や授業の導入で教科のめあてとともに情報活動や思考ルーチンを考える場面を設定する

教科の授業を行う際に，単元計画を子どもと一緒に考えたり，本時の課題を示したりします。その際に，教科の課題とともに，その課題を達成することにつながる情報活動を情報活用スキルカードから，また，その情報活動を行う際の考える手順を，シンキング・ルーチンカードを参照して設定しましょう。

たとえば，４年生社会科の，消防署の仕事について学ぶ単元で，「消防署の仕事について，さまざまな方法で調べる」という課題があったとします。情報活用能力を育成する指導では，この課題が示された後に，どのような方法（情報活動）でこの課題を解決すればよいかを確認します。その際に情報活用スキルカードを参照すると，カードの項目から課題を解決することにつながると考えられる項目（「インターネット情報を集める」「見学して情報を集める」「インタビューをして情報を集める」など）を選択することができます。このようにカードを参照することで課題にある「さまざまな方法」という部分が具体的になります。本カードを活用する活動を何度も繰り返すことで子どもたちはカードを参照しなくても課題が「情報を集める・整理する・まとめる・伝える」のどの領域に該当するかを判断し，情報活動を選択して課題解決を進めていくことができるようになります。さらに，この活動をさまざまな教科で行うことで，１つの情報活動が教科横断的に実施されことに気が付きます。このような気付きが教科は独立したものではなく，つながったものであるという認識を育てていくのです。

情報活動を確認した後は，どのような手順で考えていくかのを決めます。たとえば，インタビューをして情報を集める活動をしようと考えた際は，「思いつくこと」「わからないこと」「調べること」のルーチンで知っていることを明らかにし，何を知りたいかを考え，どのようにインタビューをするのかを明確にしていくことができます。また，見学をして情報を集める際は，見学しながら「見える・思う・ひっかかる」のルーチンを意識することで，見学してわかった事実とともに見学して思ったことや新たに感じた疑問などの考えも広げていくことができます。

このように学習の課題をもとに情報活動や思考ルーチンを選択し，実施する活動は，さまざまな学習場面に波及させることができます。たとえば，以下のようなものです。

- 学習の振り返りの際に，教科の目標とともに情報活動について振り返る。
- 家庭学習で自主学習をする際に，さまざまな情報活動，思考ルーチンに挑戦させる。

このような活動を何度も経験することで，子どもが課題解決的な学習の流れを理解し，課題を解決するために最適な情報活動を選択することができるようになります。カードを参照しながら自らの情報活用能力を確認したり，経験していない活動に挑戦しようとしたりする姿が情報活用能力の知識・技能を高めようとする姿であると言えます。また，子どもが自ら情報活動を設定し，思考ルーチンを実施して主体的に課題解決を進めている姿は，情報活用能力の思考力・判断力・表現力が高まった姿であると言えます。

3　プログラミング的思考を育成する指導法

小学校教育の中で，プログラミング的思考を育成することが学習指導要領に明記されました。また，小学校プログラミング教育のねらいとして，文部科学省は，①「『プログラミング的思考』を育むこと」，②「プログラムの働きやよさ，情報社会がコンピュータ等の情報技術によって支えられていることなどに気付くことができるようにするとともに，コンピュータ等を上手に活用して身近な問題を解決したり，よりよい社会を築いたりしようとする態度を育むこと」，③「各教科等での学びをより確実なものにすること[*7]」の3点を挙げています。また，プログラミング教育で育む資質・能力が「三つの柱」に沿って整理されています。そこで，小学校5年生算数科「正多角形の作図」の授業実践を「三つの柱」に沿って解説していきます。

1　プログラミング教育で育成する知識及び技能

「正多角形の作図」の授業ではプログラミングソフト上で多角形を描くプログラムを考えます。それまでの授業で，子どもたちは多角形の性質や一つひとつの角度の求め方を学習しています。ここではそれらの知識を活かして，コンピュータに意図した処理を行うようにプログラムを考えることが学習の中心になります。

＊7　文部科学省「小学校プログラミング教育の手引き（第3版）」2020年。

まず，授業ではプログラミングを行うアプリケーションの画面構成とプログラムの組み方について指導します。その際に，前もって活用するコードを示し，それらのコードを探す活動から入ることで，どの分類にどのようなコードがあるのかを確認することができます。次に，それらのコードを使って正方形を描く活動を行います。この活動を行うことで，コードをつなげたり，組み換えたりする操作や，作成したプログラムでキャラクターを動かす体験をすることができます。このような実際にプログラミングを体験する活動を通して，子どもたちはプログラミングに対する知識を獲得し，技能を高めていくのです。

2　プログラミング教育で育成する思考力，判断力，表現力等

プログラミング教育で育成する思考力・判断力・表現力は，プログラミング的思考を育成することです。事前の活動でアプリケーションの操作やキャラクターが動いて線を描く，コードの組み方などについて学びました。次の活動では，それらの力を活用して，正三角形やさまざまな正多角形を作図する活動を行います。

正三角形を描く活動は，正方形を描く活動の応用です。しかし，正方形のプログラムにある「90°曲がる」のコードを正三角形の１つの角の大きさである「60°曲がる」に変えても，うまく正三角形を描くことができないことに気付くのです。このようにコードを変えると，キャラクターは途中までの六角形を描いて止まります。

このようにコンピュータを使ったプログラミングでは，作成したプログラムをすぐに試し，結果を得られる点がよいところです。作成したプログラムを試したときに思ったように結果にならなかった際に，「なぜうまくいかなかったのか」「どの部分に原因があるのか」を考えプログラムを作り変え，うまくいくまで何度も繰り返し挑戦することができるのです。このような試行錯誤がプログラミング的思考を育成につながります。

この実践では，子どもたちははじめコードを60°に変えることで正三角形を描くことができると思いますが，キャラクターの視点に立つと，60°曲がるの

図14－4　プログラムを交流する姿
出所：筆者撮影。

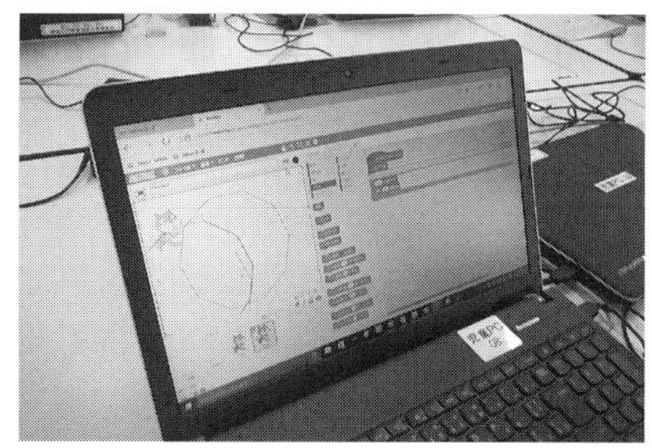

図14－5　プログラミングでさまざまな多角形を描く
出所：筆者撮影。

ではなく，120°曲がるということに気付くことができます。このように，思うような結果にならなかったことに対して原因を探り，改善策を考えプログラムを書き換えることがプログラミング的思考を育成することにつながるのです。

3　プログラミング教育で育成する学びに向かう力，人間性等

「正多角形の作図」の実践では，最後にさまざまな正多角形を描いたり，正多角形を描く際の動きを楽しんだりする活動を設定します（図14－4，14－5）。これらの活動を行うことで，子どもたちは，角度を変えたり，コードの順序を変えたりしながらさまざまなプログラムを考え作図や動きを楽しむ姿が見られるようになります。たとえば，手書きでは描けないぐらい数が大きな正多角形を描いたり，一度の命令でいろいろなところに何度も正多角形を描いたりするようなプログラムを自分で試行錯誤しながら創っていくのです。

このような活動では，先に述べた知識・技能が土台となり，プログラミング的思考を働かせながら子どもたちは活動を進めていると言えます。さらに，そのような活動を始める際に，プログラミングの見通しを明らかにしたり，活動に取り組んだ後に，これらの活動を振り返ったりすることで，プログラミングで自らの考えを表現することができることに気付き，その後の学習で，表現方法の一つとしてプログラミングを利用しようとする姿につながっていくことを期待します。

まとめ

子どもたちに情報活用能力を育成するためには，教師が授業を行ったり家庭学習を出したりする際に，これらの力を育成することを意図しながら実施する必要があります。本章では，教師が情報活用能力を育成することを意識して授業を行ったり家庭学習に取り組ませたりするとともに，子どもがこれらの力を理解し，自ら学習を進めることができるように開発された教材を紹介しました。本章で紹介した情報学習支援ツールの実践例はほんの一例であり，他にも情報活用能力を高めるさまざまな活用方法が考えられます。また，情報活用スキルカードやシンキング・ルーチンカードのみならず，情報活用能力を育成することにつながる教材が幅広く開発されています。担任として授業をしたり，家庭学習の課題を出したりする際に，教科を横断して情報活用能力を育成することを念頭に日々の実践に向かってください。

また，本章で紹介したプログラミング教育は，非常に基礎的な内容になっています。プログラミング教育では，「各教科等での学びをより確実なものにすること」が目標としてあげられています。このことはプログラミングを行うことが目的にはならないということです。中学校との系統性も踏まえながら，小学校段階でのプログラミング教育をどのように実施すればよいのかを考え，実践することが大切です。

さらに学びたい人のために

○黒上晴夫・堀田龍也（監修），木村明憲『情報学習支援ツール――実践カード&ハンドブック』さくら社，2016年。

情報学習支援ツールを詳しく紹介し，具体的にどのように授業で活用していけばよいかを例をあげて示した本です。

○R. リチャートほか，黒上晴夫・小島亜華里（訳）『子どもの思考が見える21のルーチン――アクティブな学びをつくる』北大路書房，2015年。

シンキング・ルーチンカードに掲載されている思考ルーチンを一つひとつ実践を交えながら紹介した本です。

○木村明憲『主体性を育む学びの型――自己調整，探究のスキルを高めるプロセス』さくら社，2022年。

情報活用スキルカードに示された学習スキルについて詳しく解説した本です。

編者コメント

情報活用能力を育成するための指導法

本章では，情報活用能力を育成するために作成された，情報活用スキルカードとシンキング・ルーチンカードを紹介しています。

情報活用スキルカードでは，児童生徒が情報を活用するプロセスを「集める・整理する・まとめる・伝える」の4つの段階に分けて，それぞれにどのような方法で行うかを，細分化し，それを実際にどれくらい行ったか記録していくようになっています。児童生徒は，日々の学習を行いながら，どれをどれだけ活用したかを振り返ります。それによって，情報を活用するためには，どのようなことが必要なのかを意識するようになっています。

一方，シンキング・ルーチンカードに示されているのは，考えをつくり出したり，まとめたり，深めたりするための手順です。ルーチンという表現は，それが日常的に用いられるということを意味しています。

たとえば，「見える・思う・ひっかかる（See-Think-Wonder）」というルーチンは，画像などの学習対象を念入りに見て，何が描かれているかを見つけ出し（See），描かれているものから何が言えるか，どのような意味をもつのかなどについて考え（Think），気になったことは何を伝えているのか，どんなことをもっと考えたいかなどについて，深い疑問をつくり出す（Wonder），という手順になっていますが，これを，理科の教科書に掲載されている写真や，社会科の資料集にある図絵などを対象に実施します。そうすることで，いきなり，「写真を見て何がわかりますか」「巻物から何が言えますか」というような問いを投げかけるよりも，深く読み解くことにつながります。

思考ルーチンは，このような形で，考えるための手順を明確化したものです。そして，シンキング・ルーチンカードによって，児童生徒がそれぞれのルーチンの手順を意識することができるようになります。本来，思考ルーチンは，すべてを身につけるというようなものとしては想定されてはいませんが，このようにすることで，教師が導く形だけでなく，児童生徒が自律的に用いて考えをつくり出していくことができるようになると考えられます。

情報活用能力と思考スキル

情報活用能力と思考スキルには，どのような関係があるのでしょうか。情報を集めて，まとめて，伝えるプロセスをイメージしてみましょう。集めた情報から自分の意見をまとめるためには，どうすればよいでしょうか。たとえば，市役所で手に入れたパンフレットをもとに，地域のごみ収集の仕方についてまとめるような場面です。まず，パンフレットに何が書かれているかをよく読む必要があります。パンフレットには，絵や写真が掲載されています。それらについても，念入りに見て，何が描かれているのかを読み取る必要があります。次に，書かれていることや描かれていることから考えを深め，調べたいことをつくり出します。そして調査を重ねて，自分の考えをつくり出していきます。こうしてようやく，人に伝える情報がつくり出せます。

このように，集めた情報から何を読み取るか，読み取った情報からどのような疑問をつくり出すか，別の見方はないか，学習のはじめにもっていた考えからどのように自分の考えが変わったか，など，まとめる段階における思考の指針を与えてくれるのが，思考ルーチンだということができます。

情報活用能力に焦点をあてた学習は，書かれていることを暗記するだけの学習ではなく，まさに「主体的・対話的で深い学び」と呼ぶことができます。

プログラミング教育

小学校でのプログラミング教育が必修となりました。すでに中学校や高等学校で行われていたものも，高度化することにもなりました。中学校では，ネットワークを活用した双方向的なコンテンツの作成を行います。高等学校で「情報Ⅱ」を選択すれば，情報システムのデザインなども学びます。そこで求められる能力は，情報活用能力の拡張と考えることもできます。

これは，世界共通の流れで，児童生徒が社会に出たときに待ち受けている高度情報化社会において有能であるためには，プログラミングについての知識をもっていることが重要です。ただし，すべての児童生徒がプログラミングの能力（実際にプログラムを書くコーディングの能力）をもつことをねらっているわけではありません。

小学校でも求められるプログラミング体験

小学校におけるプログラミング教育では，とくにそのことを意識しておく必要があります。コーディングを目的とはしないが，プログラミング体験はするという，とても難しいことが求められます。

これを実現するためには，命令を打たずに，感覚的にプログラミングができるしくみを用います。命令一つひとつが部品（アイコンやブロック）のようになっていて，それを並べたり組み合わせたり，まとめて新しい部品を作成したりすることで，プログラミングをします。それによって，画面に図形が描けたり，実際に動く車などの装置に命令を伝えることができます。このようにすることで，プログラミングをするということは，どのような思考を伴うのかを身につけさせていきます。

プログラミング的思考

プログラミング教育の目的として，プログラミング的思考を身につけさせるとされています。プログラミング的思考は，「自分が意図する一連の活動を実現するために，どのような動きの組合せが必要であり，一つ一つの動きに対応した記号を，どのように組み合わせたらいいのか，記号の組合せをどのように改善していけば，より意図した活動に近づくのか，といったことを論理的に考えていく力」と定義されています*。ここで言う記号が，プログラミング体験で扱う部品ということになります。

プログラミング体験は，教科内容の理解につながる場面で行うことで，両方を同時にねらうことができます。多角形を描くプログラミング体験によって，多角形の性質をより深く理解できる可能性があります。

ただし，その場面でよりスムーズにプログラミング体験を行うには，部品の性質，部品の組み合わせ方などについての基礎を習得しておく必要があります。そのような学習は，学校裁量の時間などに行うことになります。

プログラミング体験を伴わないプログラミング教育

一方，プログラミング体験を行わずに，プログラミング的思考を身につけさせる方法も提案されています。たとえば，筆算の仕方の手順を図（フローチャートなど）に描いてみて，どこから順番に計算するか，どのような場合分けがあるか，同じ手順を繰り返すところはどこか，いつまで繰り返すのか，などを考えることができます。児童生徒が学習するさまざまな場面についての手順を考える中で，プログラミングに必要な，「順次」「分岐」「反復」といった概念を意識させる方法です。場面を手順に落とすところも重要で，「細分化」と呼ばれます。これらの見方ができることも，プログラミング体験の基礎にあたります。実際にプログラミング体験を行う前に，ものごとを手順としてみる学習を行っておくことも，有効だと考えられます。そして，それが，教科の内容理解にとって有用であれば，教科内容の学習と，プログラミング的思考の育成を同時にねらうことができます。（黒上晴夫）

＊文部科学省「小学校段階におけるプログラミング教育の在り方について（議論の取りまとめ）」2016年。http://www.mext.go.jp/b_menu/shingi/chousa/shotou/122/attach/1372525.htm（2022年7月21日閲覧）

第15章

善き使い手を育成するための指導法

学びのポイント

- 情報モラルという概念の成り立ちと，現行の情報モラル教育における課題について学ぶ。
- デジタル・シティズンシップの概念について学ぶ。
- 課題に応じた情報モラル教育，デジタル・シティズンシップ教育の提案として，「メディアをバランスよく利活用する」「SNS と上手につきあう」「メディアを読み解く」指導法について学ぶ。

WORK　ゲームをしているとき

⑴　あなたがゲームをしているときに，あてはまる項目に○をつけましょう（2分）。

①　ゲームをする時間のコントロールができない	（　　）
②　他の興味や活動より，ゲームを優先させる	（　　）
③　（ゲームにより）問題が起きているにもかかわらず，ゲームを続ける	（　　）
④　個人，家族，社会，教育，職業やその他の重要な機能に著しい問題が起きている	（　　）

⑵　どれかにあてはまる場合，具体的な状態や，いつごろからどうしてそうなったのかについて，思い出して書いてみましょう。どれにもあてはまらない場合，ゲームをするときに気をつけていることを，書いてみましょう（8分）。

⑶　それをグループで紹介し合って，共通点をさがしてみましょう（15分）。

⑷　テレビやマンガも同じかどうか，それはなぜかについて話し合ってみましょう（5分）。

● 導　入 ● ● ● ● ● ●

本章では，コンピュータ1人1台時代の情報モラル教育，デジタル・シティズンシップ教育をどのように進めていくべきか学びます。ICTの発達でできることが広がり，小学生でもメディア・メッセージの発信者として社会に影響を与える可能性が生まれました。情報社会を生きる市民の一人としての資質を育む新たなメディア教育とはどうあるべきか，その要件と実践方法について学びます。

● ● ● ● ● ● ● ●

1 情報社会における情報モラル教育のこれまで

1 情報モラルとは

「情報モラル」とは，小学校，中学校，高等学校および特別支援学校学習指導要領解説総則編で，「情報社会で適正な活動を行うための基になる考え方と態度」[*1]と定義されています。具体的には，「他者への影響を考え，人権，知的財産権など自他の権利を尊重し情報社会での行動に責任をもつこと」「危険の回避など情報を正しく安全に利用できること」「コンピュータなどの情報機器の使用による健康との関わりを理解すること」となっています。

この「情報モラル」とは，いつ，どのような経緯で生まれたのでしょうか。

「情報モラル」という語の初出は，1987年4月1日の臨時教育審議会（臨教審）の第3次答申に遡ります[*2]。臨教審は，中曽根康弘総理大臣（当時）が主導し，1984年8月8日に総理府（当時）に設置された行政機関で，1987年8月7日の最終答申をもって解散しました。その第5章「時代の変化に対応するための改革」第2節「情報化への対応」において「(1)情報モラルの確立」と記されました。これが，「情報モラル」の初出と思われます。

＊1　文部科学省『小学校学習指導要領（平成29年告示）解説　総則編』東洋館出版社，2018年，86頁。
＊2　臨時教育審議会『教育改革に関する答申：臨時教育審議会第一次～第四次（最終）答申』大蔵省印刷局，1988年。

芳賀[*3]らによると，「情報モラル」の表記は，その後の審議経過に伴い「情報観」となり，再び「情報モラル」と変遷，さらには情報化の章立ての最下位から最上位へ変更されるという経過を経ました。そして，1987年4月1日，提言として「情報化社会においては，人々が，情報内容，情報手段を含めて情報の在り方についての基本認識——『情報モラル』をもつことが必要である」とし，具体的課題としては，①「個人が情報の被害者となるだけでなく加害者となるおそれ」「ハッカーによるコンピュータへの外部からの侵入」「写真雑誌等におけるプライバシーの侵害」「無断コピーによる著作権の侵害」，②「情報機器への接し方や情報の受けとめ方などについて，従来の社会とは異なる基本的な常識が必要」「ソフトウェアがハードウェアに比べて軽視される傾向が強い」「情報の価値についての基本的な認識が確立していない」，③「『情報モラル』は，交通道徳や自動車のブレーキに相当する」というように，「情報モラル」の認識が初めて示されたのです。これは，現在の「情報モラル」に通底する興味深い提言ですが，その中でも，「『情報モラル』は，交通道徳や自動車のブレーキに相当する」との記述は，その後の「情報モラル」のあり方を決定づける定義となったと考えられます。当時から，将来の情報化社会におけるモラル（倫理）の基礎を育む教育としてとらえられていたのでしょう。

2　情報モラル教育の課題

「情報モラル」という語の誕生から時を経て，現在は，高校生のほぼ全員がスマートフォンを所有し，インターネットを介したコミュニケーションや情報収集は「日常の行為」となりました。令和4年度内閣府の青少年のインターネット利用環境実態調査によると，インターネット利用内容は，表15-1のようになっています。ICT の広がりに伴い小学生でもメディア・メッセージの発信者として社会に影響を与える可能性が生まれました。一方で，事件，トラ

＊3　芳賀高洋，大谷卓史，上村崇『初等・中等教育の「情報モラル教育」のあり方を再考する——「情報安全リテラシー」教育と倫理・哲学教育の再整理』一般社団法人電子情報通信学会，2014年。

表15－1　インターネットの利用内容

(%)

	12歳	15歳	17歳
投稿やメッセージ交換	56.5	82.9	89.6
勉強をする	67.7	76.9	74.2
検索する	81.3	89.9	90.1

出所：内閣府「令和4年度青少年のインターネット利用環境実態調査」2023年。https://www8.cao.go.jp/youth/youth-harm/chousa/net-jittai_list.html（2023年4月9日閲覧）

ブル，いじめ事象などが起きるたびに，教育関係者や保護者は情報機器の使用を規制し，情報モラルを安全教育，生活指導の問題としてとらえがちになりました。しかし，コンピュータ1人1台時代では，社会環境の変化に応じ，従来の「特別な行為」への学びではなく「日常の行為」の学びとして指導していく必要があります。

情報社会の進展に伴う「教育現場での課題」について，玉田は次の3点を挙げています[＊4]。①「使いすぎによるネット依存」，②「詐欺，不正利用によるネット被害」，③「SNS（ソーシャルメディア・ネットワークサービス）利用によるトラブル」。その他では，「フェイクニュース」などの偽情報の氾濫に伴い「情報の見極め方」も新しい課題として挙げています。

玉田は，「情報モラル教育の実践」には次のような問題があるとも述べています[＊5]。

教員の側の意見
「児童生徒のほうが新しいものを使っているため対応や指導が難しい」
「（授業について）外部講師の招聘およびネット上に公開されているアニメーション教材や教育委員会から提供された情報モラル教材を活用する実態」
児童生徒側の意見
「短い事例アニメーションや携帯電話の注意ビデオを見せるだけでは，指導が足りない」

＊4　玉田和恵「情報モラル問題解決力を育成するためのグループワークの指導効果」江戸川大学情報環境研究所（監修）『Informatio：江戸川大学の情報教育と環境』15，2018年。
＊5　玉田和恵「指導者と学習者が考える情報モラル教育改善の課題」『江戸川大学紀要 Bulletin of Edogawa University』23，2014年。

表15－2　「私の参加により変えてほしい社会現象が変えられるかもしれない」

(%)

	中学生	高校生
米　国	53.3	69.5
中　国	58.3	62.7
韓　国	66.5	68.4
日　本	37.3	30.1

注：「全くそう思う」「そう思う」と回答した割合。
出所：（財）日本青少年研究所「中学生・高校生の生活と意識――日本・アメリカ・中国・韓国の比較」2009年。http://www1.odn.ne.jp/youth-study/（2023年４月９日閲覧）

また，中植らは，「情報活用能力に関連する他の国際的な枠組みにおいては，シティズンシップの育成が強調されている」「今後の教育改革においてはエンパワーメントと社会参加，民主的で多様な社会を支える市民の育成の観点から情報活用能力のあり方を再検討することが求められる」と現行の情報教育の課題を指摘しています[＊6]。

日本青少年研究所の調査によると，「私の参加により変えてほしい社会現象が変えられるかもしれない」という質問に対し「全くそう思う」「そう思う」との回答は表15－2のようになりました。諸外国と比較して日本の子どもの社会参画への意識の低さが見て取れます。

このような現状を踏まえ，情報社会を構成する市民の一人としての資質を育成するメディア教育の指導法について，検討することが求められています。

2　デジタル・シティズンシップ

欧米におけるメディア教育として著名な「デジタル・シティズンシップ」が，近年日本でも注目され，多くの自治体，学校が導入を進めています。デジタル・シティズンシップの定義は，国際教育工学会（International Society for Technology Education）が「情報技術の利用における適切で責任ある行動規範」

＊6　中植正剛・森山潤「ユネスコのメディア情報リテラシーとの比較に見るIE-School体系表に示された情報活用能力の指標の特徴」『情報コミュニケーション学会誌』18(1)，4～23頁，2022年。

とし，「生徒は相互につながったデジタル世界における生活，学習，仕事の権利と責任，機会を理解し，安全で合法的倫理的な方法で行動し，模範となる」と具体的に示しています[*7]。その構成要素は次の通りです。

a．生徒は自らのデジタル・アイデンティティと評判を構築・管理し，デジタル世界における行動の永続性を自覚する。
b．生徒はオンラインでの社会的相互交流を含んだテクノロジーを利用もしくはネット端末を利用する場合は，ポジティブで安全，合法的で倫理的な行為に携わる。
c．生徒は知的財産を使用・共有する権利と義務への理解と尊重を態度で示す。
d．生徒はデジタル・プライバシーとセキュリティを維持するために個人のデータを管理するとともにオンライン・ナビゲーションの追跡に利用されるデータ収集技術を意識する。

また，欧州評議会では「デジタル技術の利用を通じて，社会に積極的に関与し参加する能力」と定義しています[*8]。

マイク・リブルらの「スクールリーダーのためのデジタル・シティズンシップ・ハンドブック」の中では，９つの要素が示されました[*9]。

(1)　デジタル・アクセス
(2)　デジタル・コマース
(3)　デジタル・コミュニケーション＆コラボレーション
(4)　デジタル・エチケット
(5)　デジタル・フルーエンシー
(6)　デジタル健康福祉
(7)　デジタル法

＊7　International Society for Technology Education（ISTE）（2016年版） https://www.iste.org/standards/for-students（2023年４月９日閲覧）
＊8　Digital Citizenship Education Handbook Council of Europe https://rm.coe.int/168093586f（2023年４月９日閲覧）
＊9　Ribble, M. and Park, M.（2019）*The Digital Citizenship Handbook for School Leaders : Fostering Positive Interactions Online.*

(8)　デジタル権利と責任
(9)　デジタル・セキュリティとプライバシー

この要素の5番目デジタル・フルーエンシーには，「メディア・リテラシー」と「情報評価能力」が含まれています。

デジタル・シティズンシップの指導法は，国際的に著名なデジタル・シティズンシップ教材「コモンセンスエデュケーション（Common Sense Education）」から学ぶことができます。これはハーバード大学大学院の研究機関 Project Zero が2010年から研究，開発している教材集で，幼稚園から高校までを対象とし，デジタル・シティズンシップの次の6領域をカバーし提案するものです[*10]。

(1)　メディアバランス
(2)　プライバシーとセキュリティ
(3)　デジタル足あととアイデンティティ
(4)　対人関係とコミュニケーション
(5)　ネットいじめ，オンラインのもめごと
(6)　ニュースとメディア・リテラシー

コモンセンスエデュケーションの実践には，「ICT の利活用が前提であること」「多様な捉え方，価値観の違いに配慮すること」「ICT の特性を善き利用に結びつけること」「オンライン上で立ち止まって考え，行動するための方法と理由を学ぶこと」「メリットとデメリットを検討し，悪い特性や悪い結果だけを強調しないこと」「個人の安全な利用のためだけに学ぶのではなく，人権と民主主義のための情報社会を構築する善き市民となるために学ぶこと」といった特徴があります。

また，コモンセンスエデュケーションでは，善きデジタル市民を「学び・創造・社会参加するために責任を持ってテクノロジーを使う人」と定義し，善き

＊10　Common Sense Education（2022年更新） https://www.commonsense.org/education/（2023年4月9日閲覧）

表15－3　デジタル・シティズンシップで育成する資質
（善きデジタル市民となるための育成する５つの資質）

落ち着いて内省する
•オンラインで立ち止まり，自分の行動を省みることができる •自分の持つ思い込みを考えることができる •自分が当たり前に繰り返している習慣を振り返ることができる •不安，悲しいという自分の気持ちを確かめることができる
見通しを探求する
•他の人の気持ちに気を配り，自身のモラル，市民としての責任（責任のリング）を考えることができる
事実と根拠を探す
•複数の信頼できる情報源から情報を探して評価できる •情報の出どころや内容をよく確かめ，正しい情報かどうかを確かめることができる
可能な行動方針を想定する
•自分や他の人への責任や影響を考えて，とるべき行動を考えることができる •自分の選択に自分の価値観や思い込みが，どのように反映されているか検討できる
行動を起こす
•オンラインで前向きで生産的だと考える行動を決定することができる •健康や幸福をサポートするためのデジタル生活を見直すことができる •必要な時は助けを求めることができる •他者の味方，支持者になることができる

出所：Common Sense Education より作成。

デジタル市民となるために，育成すべき５つの資質を表15－3のように示しています。こうしたデジタル・シティズンシップの構成要素，実践の特徴，育成する資質を参考に，日本におけるこれからのメディア教育の指導法を考えてみましょう。

3　課題に応じた指導法

1　メディアをバランスよく利活用する

2013年，アメリカ精神医学会は，「インターネットゲーム障害」の診断基準を次のように示しました。[*11]

＊11　American Psychiatric Association　https://www.psychiatry.org/patients-families/internet-gaming（2023年４月９日閲覧）

（1年間で以下の項目のうち5つ以上が当てはまる場合）

1. インターネットゲームへのとらわれ（インターネットゲームが日々の生活の中での主要な活動になる）。
2. インターネットゲームが取り去られた際の離脱症状。
3. 耐性，すなわちインターネットゲームに費やす時間が増大していくことの必要性。
4. インターネットゲームにかかわることを制御する試みが成功しない。
5. インターネットゲームの結果として生じる，インターネットゲーム以外の過去の趣味や娯楽への興味の喪失。
6. 心理社会的な問題を知っているにもかかわらず過度にインターネットゲームの使用を続ける。
7. 家族，治療者，または他者に対して，インターネットゲームの使用の程度について嘘をついたことがある。
8. 否定的な気分を避けるため，あるいは和らげるためにインターネットゲームを使用する。
9. インターネットゲームへの参加のために，大事な交友関係，仕事，教育や雇用の機会を危うくした，または失ったことがある。

また，世界保健機関（WHO）が2018年に発表した国際疾病分類第11版には，新たにゲーム障害が加えられ，次のように診断基準が示されました[*12]。この診断基準は，多くの医療現場でゲーム障害の診断時に引用されています。

1. ゲームのコントロールができない。
2. 他の興味や活動より，ゲームを優先させる。
3. （ゲームにより）問題が起きているにもかかわらず，ゲームを続ける。
4. 個人，家族，社会，教育，職業やその他の重要な機能に著しい問題が生じている。

＊12　世界保健機関 ICD-11　https://icd.who.int/browse11/l-m/en#/http://id.who.int/icd/entity/1448597234（2023年4月9日閲覧）

この，アメリカ精神医学会とWHOの診断基準は，「依存の背景要因がインターネットやゲーム以外にもあること」「利用時間の長さのみを基準としないこと」を示唆しています。そして，自己でコントロールできるかどうかを問うているのがわかります。

令和4年度内閣府青少年のインターネット利用環境実態調査によると，12歳のインターネット利用時間は平均1日234.9分，17歳では平均1日346分となっています[*13]。しかし，第1節 2 の通り，その利用内容は勉強，検索など多岐にわたります。GIGAスクール構想の実現以降，利用用途は動画視聴やゲームプレイにとどまらず，学習活動，創造活動など多様に広がっています。多用途で活用する現在では，児童生徒のインターネット長時間利用の弊害のみを強調するのではなく，メディアをバランスよく利活用する知識とスキルを育成することが求められています。使いすぎをことさら問題視し，メディア・ツールの利用を規制，制限するような指導は，児童生徒のICTを用いた知的生産活動や主体的な学習，創造活動を阻害してしまうでしょう。

では，メディアをバランスよく使うための指導，学習とは，どのような視点で取り上げる必要があるのでしょう。

〈事例1〉

鳥取市A小学校で6年生を対象に，メディアバランスをテーマにした授業が行われました。本時の特徴は，「メディア利用の目的を明確にすること」「メディアバランスは人それぞれ違うこと」「メディア利用をお休みする場面もあること」を知ることにあります。利用目的を明確にすることで利用をポジティブにとらえ，知的創造を阻害することのないよう配慮します。また，利用ルールを一斉に決めるのではなく，個別の利活用，環境に応じ計画を立てることで行動に移しやすくします。そして，生活の中には利用をお休みする場面もあること（それが健康的な生活の時間であること）を学びます。児童は，メディアバランスの意味と価値を理解し，利用を自己でコントロールするための具体的な計画を立てていきます。

＊13　内閣府「令和4年度青少年のインターネット利用環境実態調査」2023年。https://www8.cao.go.jp/youth/youth-harm/chousa/net-jittai_list.html（2023年4月9日閲覧）

本時の単元目標

普段の生活で，どのようにメディアのバランスをとっているかを振り返り，「メディアバランス」の意味や，どのようにすればバランスがとれるのかを考えることができるようにする。また，健康とバランスのとれたメディア利用のための計画を作り，自身の行動の見通しをもつことができるようにする。

本時の授業展開

	児童の活動	指導上の留意点
導入	1　普段，どのようにメディアと付き合っているかを振り返る。	○メディアが何であるかを考え，普段，「どのメディアをどのくらい使用しているか」と問い，ピラミッドチャートを記入することで，児童が置かれている状況を全体で共有する（図15－1上）。 　自分のメディア利用で気付いたことを赤鉛筆で記入する。
展開	2　メディアバランスの意味を知る。また，どのようにすれば，バランスがとれるかの視点を得る。	○メディアバランスとはどういうことか確認する。 ・メディアをバランスよく使うことは，健康的な時間（食事，入浴，睡眠，家族との時間）と，さまざまなメディアの利用のバランスをとること 　「何（どのメディア）を，何のために，どのくらい使うか」というメディアバランスを考えること 　メディアバランスは人それぞれ違うこと ・メディア利用をお休みする場面もあること
	3　健康とバランスがとれたメディア利用のための計画を作る。 ⑴　理想的な一日のメディア計画を考える	○「これからどのようにメディアをバランスよく使いますか」と問い，自分の普段の生活をイメージしながら，「平日の朝」「帰宅後から寝るまでの間」「休みの日」の３つの場面に分けて，「何のメディアを」「どのような目的で」「使うときはどのくらい使うのか」というメディアバランス計画を作る（図15－1下）。
	⑵　グループごとに，互いに考えたプランを共有し，意見交換する。	○友達と書いたプランを共有し，友達の考えに対して，以下の視点で意見交換する。 ①考えたプランを実行すると，どんな気持ちになるのか。 ②一週間続けられるものなのか。無理はないか。 ③心と体が健康的な生活を送ることができるか。
	⑶　友達の意見を参考にして，考えたプランを見詰め直す。	○友達の意見を参考にして，自身で考えたプランを見詰め直し，自信をもって実行していきたい点や変更したい点について，理由も含めて書く。
まとめ	4　最終的なプランと，その理由の発表を聞き，今後の自分のメディアとの関わり方について自分なりの意見をもつ。	○最終的なプランとその理由を発表する。 ○本時の振り返りとして，「今後の自分のメディアとの関わり方」について行動をまとめる。 ○事後活動として保護者に計画を伝え感想を書いてもらう。

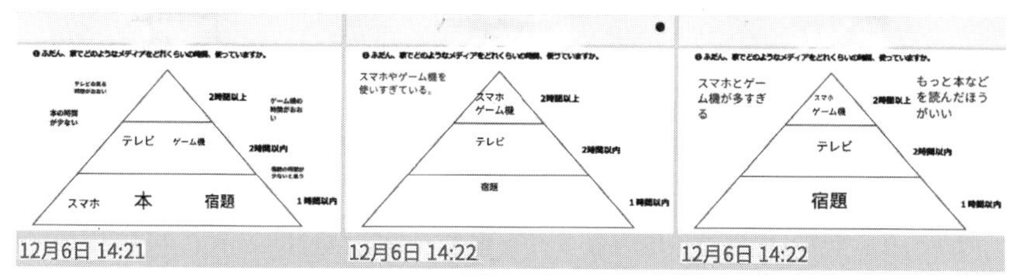

	どのようなメディアを	使う目的は？	どのくらいの時間使う？
平日の朝 朝起きてから学校へ出かけるまで	テレビ スマホ	天気予報 SNSを見る	１５分 ２０分
平日の夜 家に帰ってから寝るまで	教科書類 スマホ	勉強 動画を見るため	３時間 ２時間
休日	新聞 テレビ 教科書類 スマホ	情報収集 バラエティ番組を見る 勉強 SNSや動画	３０分 １時間 ４時間 ３時間

図15－1　授業で使ったタブレットワークシート

出所：筆者作成。

2　SNS と上手につきあう

文部科学省の令和 3 年度 児童生徒の問題行動・不登校等生徒指導上の諸課題に関する調査結果によると，パソコンや携帯電話等を使ったいじめは 2 万1,900件（前年度 1 万8,870件）と過去調査で最多となりました。[*14]

しかし，いじめは児童生徒の世界だけで起きているのではありません。大人社会でも，「差別」「偏見」「ハラスメント」などの人権問題，いじめ事案が数多く起きています。子どもたちがいじめについて学ぶことは，目の前のいじめを予防するだけではなく，「社会のあらゆる人権問題」「行動の永続的な社会への影響」を考えることにもつながります。

インターネットを介したコミュニケーションでは，道徳的な価値判断では解

＊14　文部科学省「令和 3 年度 児童生徒の問題行動・不登校等生徒指導上の諸課題に関する調査結果」https://www.mext.go.jp/a_menu/shotou/seitoshidou/1302902.htm（2023年 4 月 9 日閲覧）

決できない問題も生まれています。「悪口を書いてはいけない」「仲間外しはよくない」と学んでも，実際には行動に移すことが難しい場面もあります。たとえば，SNSを介したグループ外しの事案では，自分もいじめられるかもしれないと，見て見ぬ振りをする人（傍観者）になることもあるでしょう。

また，倫理学上では予測困難なことを情報モラル教育でどのように取り扱うのかも課題となってきました。

たとえば，情報モラルでよく言われる「相手が嫌がることはしない」は，倫理学上の知見では予測困難（性が顕著である）とされます。自分がよかれと思うことでも，人によっては嫌だと思うことがあるからです。パワハラ，セクハラ行為などがその例でしょう。「自分がされて嫌なことは相手にしない」も，「自分が嫌でなければしてもよい」という独り善がりな判断となる可能性があります。

このような困難な知見を取り扱うには，対話，議論することで多様な考え方や価値観の違いを認識し，互いの合意形成を図る学びが必要となります。

さらには，これまでネットいじめを防ぐためにSNSの利用を規制，制限するような指導も行われてきましたが，オンラインコミュニケーションが日常となったいまでは，規制ではなく善き利活用の仕方を学ぶことが求められています。

それでは，SNSと上手につきあい，いじめなどのトラブルを予防するための学びとはどのように提案するのでしょう。

〈事例２〉

島根県雲南市Ｂ中学校で１年生を対象に，「ネットいじめと行動する人」という授業が行われました（図15-2）。本時では，ネットいじめの傍観者（バイスタンダー）から行動者（アップスタンダー）になるための方法と手順を学びます。生徒は，当初は「いじめられている生徒に対し周りができることはない」「先生に相談することしかできない」と発言しますが，登場人物それぞれの立場に立ち「共感」することで，自身が見えなかった視点（被害側は何を理解してほしいと思っているのか。加害側はなぜそのような行為をしているのか，傍観者はなぜ行動することが難しかったのか）を知り，具体的な行動の準備に結びつけていきます。授業後の記述では，「アップスタンダーになるため共感し行動したい」「傍観することは恥ずかしいことだ」という発言が見られました。

図15－2　授業の様子

出所：筆者撮影。

本時の単元目標

ネットいじめの話をもとに，それに関わった人たちのさまざまな立場から検討することで，いじめられている人の味方になって，いじめ行為に対して行動を起こす方法を考えることができるようにする。

本時の授業展開

	生徒の活動	指導上の留意点
導入	1　教師からの質問に対して受け答えする中で，ネットいじめについて知る。	○ネットいじめはどこで起きるいじめか，どのような特徴があるか押さえる。 　決して許されない行為であることを確認する。 ○ネットいじめとは，「デジタル機器，サイト，アプリを使用して，誰かを脅したり，危害を加えたり，不安や悲しい気持ちにさせること」であると説明する。
展開	2　いじめの物語を読み，ネットいじめに関わる人物，それぞれの立場になって，シナリオの問題点を明らかにした上で，いじめられてる生徒を助ける行動について考える。 (1)　いじめの物語を読む。	○いじめの物語を個々で読ませた上で，全体で登場人物や文章の大まかな内容を確認する。
	(2)　誰かの立場になって，その人物の行動について分析する。	○ 4～5人グループで取り組み，登場人物「いじめ行為をしている生徒」「いじめに加担している生徒」「その他の笑っている生徒」「先生」「いじめられている生徒の保護者」のどの登場人物の立場で考えるかを決める。

		○「私はなぜこのような行動をしてしまったのか」「私が，この行動以外にできることはなかったか」「私がするべきことをできなかった理由は」の3つの視点で，選んだ人物の行動を振り返る。 ○行動を振り返る中で，生徒は，自分が考えている人物の気持ちだけでなく，他のさまざまな人物の気持ちも考え，共感する。 　共感とは，「他の誰かが経験している感情を想像すること」であると伝え，行動する人（いじめられている人を支援することでいじめの状況に対応する人）になるために「共感することが」大切であることを押さえる。 ○まずは，それぞれの立場で考えたことを伝え合う。その後，いじめられている生徒を助けることができた可能性のある行動について，そして，その行動を取れなかった理由をどう解決するかみなで意見交換をする。 ○自分1人で考えたときに思いも付かなかった考えについては，ワークシートにメモする。 ○助けることができた可能性のある行動について，みなで意見交換をしながら，自分が周りにいる生徒なら，できたかもしれない行動を，ワークシートにメモする。
	⑶　意見交換をし，足りなかった視点を知る。	○話し合いの中で，みなが行動する人になろうとしていることを伝え，行動する人とは「いじめる側の人に直接向き合うか，信頼できる大人に話すなど，いじめられている人を支援することでいじめの状況に対応する人」であることを押さえる。 　また，大人は生徒間のトラブルになかなか気付けないこと，だから，声を上げ相談することが大切であることを押さえる。
まとめ	4　本時のまとめをする。 　インターネットで行動するときの3つのステップを確認する。	○ネットいじめに対して，自分なりにどのように行動していくかをまとめる。 ○**インターネットで行動するときの3つのステップを確認する。** 　インターネットで行動するときは，「立ちどまる」，「(どうすればいいか）考える」，「(困ったときは）相談する」

3　メディアを読み解く

インターネット上に溢れる情報の真偽や影響を見極め，正しい情報であっても人権に配慮された情報であるか（誰かを傷つけることはないか）を考え行動できるようになるためには，どのような学びが必要でしょう。この教材は差別や偏見を扱います。差別や偏見は意識されないものであるため，それを自覚しメディアを読み解くことは，社会に対しどのような責任を果たすことにつながるのかを考えてみましょう。

メディアを批判的に読み解き，創造する力を育成する学びはメディアリテラシー教育と呼ばれ，日本でも多くの教材が提案されています。

米国のMedia Literacy Nowを設立したエリン・マクニールは次のように述べています[*15]。

「メディアリテラシー教育は企業やイデオロギー的なメディア制作者，デジタルツールのメーカーを批判的に検討するスキルを発達させる。探究学習と批判的思考の方法がはっきりと含まれており，エビデンスベースのカリキュラムと国際的に認知された学術的研究領域の長い歴史によって支えられている。メディアリテラシーとデジタル・シティズンシップは教育政策においてどのような場合でもともに議論されるべきである」

米国ではメディアリテラシーはデジタル・シティズンシップに包摂された概念として扱われ，人権擁護の市民教育としても位置づけられています。メディア教育には，人権に対する理解，知識をもつことが求められています。倫理学者の小林正幸は，メディアの基本原理として，テレビや活字メディアが現実を正しく反映して再現することはあり得ないとし，「メディア・リテラシーはメディアに関する理解力だけでは不十分であり，社会に対する知識や教養，あるいは洞察力が前提」であると述べています[*16]。メディアには伝える人の主観や無意識の偏見が反映されるため，ありのままの世界を表現することはできません。メディアが私たちにどんな影響をもたらしているのか理解するためには，知識が必要となります。さらに，テレビやインターネットといったメディアでは，少数派はあまり配慮されず，多数派の側に立って伝えられる傾向があります。マイノリティ（少数派）に目を向け，メディアが提示する数の論理やステレオタイプに流されず，「何が伝えられていないのか」「なぜ見えなくなるのか」

＊15　McNeill, Erin. (2016). Linking Media Literacy and Digital Citizenship in the public policy realm. (Updated 6/17/2016) Retrieved January 15, 2021. https://medialiteracynow.org/linking-media-literacy-and-digital-citizenship-in-the-public-policy-realm/（2023年6月7日閲覧）

＊16　小林正幸『メディア・リテラシーの倫理学』風塵社，2014年，272～282頁。

図15－3　授業の様子

出所：筆者撮影。

「自分とは異なる他の視聴者はどのように受け止めるか」を意識することはメディアリテラシー教育においてとても重要です。人権と民主主義のための情報社会の善き担い手を育成するために，人権教育の視点でどのようなメディアリテラシー教育を実践できるかを考えてみましょう。

〈事例３〉

東京都私立Ｃ高等学校３年生で，ヘイトスピーチをテーマにメディアリテラシーの授業が行われました（図15－3）。

冒頭でヘイトスピーチを定義し，ヘイトスピーチを見たことがあるか問うと，多くの生徒が見たことがないと答えました。ヘイトスピーチを規制することに賛成か反対かの問いでは半数の生徒が反対と回答しました。ヘイトスピーチをSNSに投稿した生徒の入学取り消しという大学側の判断に対しては，約７割の生徒が理解できないと回答しました。

一方で，自分が当事者（被差別側）だったら，すべての生徒がヘイトスピーチに反応はしない（無視する）と回答し，ヘイトスピーチがSNSのグループトーク内ではなく一対一のやりとりに投稿された場合も，多くの生徒が反応はしない（無視する，ブロックする）と回答しました。

このことから，多くの生徒がヘイトスピーチに対し「当事者ではないから安易に同調，拡散してしまう」「多数が見る場所では同調し反応するが一対一のやりとりでは立ち止まり考える」ことがわかりました。

ここまでの検討を踏まえ，繰り返されるヘイトスピーチに対し，自分たちには何ができるかを議論しました。

「ヘイトスピーチに対する知識が必要。知らなかったでは済まされない」「他人事として見て見ぬふりをするのではなく行動することでヘイトスピーチを少しでも抑止できるのではないか」「表現の自由があるからといって人権を侵害する表現は許されない」という意見が出されました。

本時の学習目標

- ヘイトスピーチや，表現の自由について理解する。
- オンラインのヘイトスピーチに対して，自分はどのように行動できるかを考えることができる。
- メディアリテラシーは，情報を疑うだけでは不十分であり，自身の思い込みや感情と距離をもって情報を分析することや，正確な知識をもつことが必要であることを理解する。
- 傍観者が行動することで，状況を変えられることを理解する。

本時の授業展開

	生徒の活動	指導上の留意点
導入	1　ヘイトスピーチや表現の自由について確認し本時の課題を知る。 (1)　ヘイトスピーチについて確認する。	○ヘイトスピーチとは，「アイデンティティに基づく憎悪をむき出しにした発言。人種，性別，宗教，能力，性的指向などを対象とした，あらゆる形態のコミュニケーションによる攻撃」と伝える。
	(2)　表現の自由について確認する。	○表現の自由とは，「すべての見解を検閲されたり，規制されることもなく表明する権利のこと。個人が外部に向かって思想・意見・主張・感情などを表現し，発表する自由。報道・出版・放送・映画の自由などを含む。日本国憲法第21条で保障されていること（憲法第21条第1項が保障する表現の自由）」と伝える。
	(3)　本時の課題を知る。	○ヘイトスピーチ解消法について解説する。 正式名称は「本邦外出身者に対する不当な差別的言動の解消に向けた取組の推進に関する法律」平成28年6月3日施行。
展開	2　オンライン上のヘイトスピーチの具体的な事例を見たことがあるかを確認し，ヘイトスピーチを規制すべきかを考え，〈事例（カズオの物語）〉をもとにヘイトスピーチに対して自分には何ができるかを見いだす。	○人種や性別，性的マイノリティ，高齢者，障がい者などへのオンライン上でのヘイトスピーチ，人権侵害事例を具体的に取り上げる（具体的事例の提示は，人権に十分に配慮する）。
	(1)　ヘイトスピーチを規制することに対して賛成意見と反対意見を理由とともに考える。	○ヘイトスピーチを規制することに賛成意見と反対意見の理由を考えるようにする。 ○自分の意見と他の人の意見をワークシートに書き，比較しながら考えるようにする。
	(2)　カズオの物語を読む	○大学の決定に同意できるか，同意できないかについて，表現の自由も考慮しつつ，班で議論するように伝える。 ○班で話し合う中で，自分の考えと他の人の考えを確認することを伝える。 ○**「ネットへの投稿は，将来に影響するから気をつけよう」という学習ではないことに留意する。**

	(3) 大学の決定に同意できるか，同意できないかを理由とともに考える。	○以下の２つの問いから，ヘイトスピーチが見過ごされ，他人事になる背景を探ることができるようにする。 「もし，自分が性的マイノリティ側だったらその投稿にどのように反応したと思うか」 「もし，グループではなく個人的なメッセージに，これから同じ大学に通うことになる人が，差別的な発言を送ってきたら，どのように反応すると思うか」
	(4) 自分が当事者だったらどのように受け止めるか，一対一だったらどのように反応したかについて考える。	○自分が当事者だったら，当事者でなかったら，反応は変わるかについて気付くようにする。 ○一対一だったら，あるいは多数だったら，反応は変わるかについて気付くようにする。
	(5) ヘイトスピーチを発見した際，自分には何ができるかを考える。	○ネット上のヘイトスピーチは規制しても繰り返される。憎しみに満ちた投稿，発言をネット上で発見した際，傍観する自分たちには何ができると思うかを具体的な行動を，班で検討する。 ○最後に班で話し合った内容を，全体で共有する。 ○教師から以下の内容を解説する。 ・情報を批判的，懐疑的に見るだけではなく，自身には思い込みや偏見があるのではないかと考え，個人的な感情と距離をもち情報を分析すること，正確な知識をもつことが重要であること。公共に発信する責任と影響を理解すること。 ・憎悪を見ている周りの人が傍観する人から行動する人になることで，状況を変えられること（いじめと同じ構図であること）。 ・表現の自由が保障されているからといって，ヘイトスピーチが許されることにはならないこと。 ・表現の自由を保障している憲法は，その第13条前段で「すべて国民は，個人として尊重される」とも定めている。 「自分と異なる属性を有する者を排斥するような言動は，全ての人々が個人として尊重される社会にはふさわしくない」 法務省ウェブサイト　ヘイトスピーチに関する裁判例 https://www.moj.go.jp/JINKEN/jinken05_00037.html
まとめ	3　本時を振り返る	○本時を振り返り，自身の考えをまとめる。

まとめ

情報モラルは，個人が危険を回避するために学ぶのではなく，「一人ひとりがメディア・メッセージの発信者としての自覚と責任感をもち，善き市民社会を形成する市民」となるために学びます。子どもたちにとって，インターネットの利活用は日常の行為ですから，危険だから制限・規制する，のではなく，善き情報社会を構築する善き市民となるために，ICT の利活用を前提とし，正しい使い方を考え，可能性を広げるための知識やスキルを身につけられる学びを提案していくことが求められます。１人１台時代のメディア教育は，人権と民主主義のための情報社会を構築する善き市民となるために「日常モラルの基礎を育む市民教育」として考えていきましょう。

さらに学びたい人のために

○坂本旬・豊福晋平・今度珠美・林一真・平井聡一郎・芳賀高洋・阿部和広・我妻潤子『デジタル・シティズンシップ＋（プラス）――やってみよう！創ろう！善きデジタル市民への学び』大月書店，2022年。

国際的に認知されたメディア教育であり市民教育であるデジタル・シティズンシップ教育の概念，実践について具体的に解説されています。小学校から高校までの実践10事例も掲載され，指導案をもとに実際に授業を行うこともできます。

編者コメント

情報機器とともに暮らすために

これだけ情報化が進んだ社会において，児童生徒が，今後ずっと，情報機器に触れることなく暮らすということはありえません。インターネットの利用は，形を変えながらも，ますます増えていくでしょう。そして今，指導すべきことは，このような状況の中で，効果的・生産的にコンピュータやインターネットを活用する方法や，それに関わる知識，心の構えなどであることは，論を俟ちません。

そのような視点にたって，本章では，情報モラルの指導について，「メディアをバランスよく利活用する」「SNS と上手につきあう」「メディアを読み解く」という3つの視点から事例が紹介されています。

どの観点も，自分自身がどのようにふるまっているかを自分自身が認識する「メタ認知」とも大きく関わります。したがって，この領域の指導は，どのタイミングで実施するかを検討することが重要です。タイミングを決めるのは，児童生徒の心や思考の成長と，コンピュータやインターネットの利用経験です。利用経験を知るには，家庭との連携も必要になります。

メディアのバランスよい利活用についての指導

ネットの使いすぎについては，やみくもに禁止するのではなく，心理面からのアプローチをとることが大事です。とくに，自分自身の心の弱さに焦点をあてるより，誰もがのめりこむ心理的メカニズムがどのように提供されているかについて理解することが重要です。

一方で，そのようなメカニズムは，人々の楽しみや社会のしくみを支えているという側面も否定できません。ゲームをクリアしたりすることで達成感が得られたり，情報を公開して他者とやりとりすることで自己肯定感が得られることは，人によっては重要です。そういった目的で人々が利用することで，成立している企業もあります。

こういったことを知った上で，人々がそのメカニズムにどのようにからめとられているのか，また，自分自身がネットワーク上でどのようにふるまっているのかについて考えを深めるような指導が望まれます。

その上で，自分たちで自分のふるまいを検討し計画するアプローチが重要です。ルールを決めたり，目標を決めたりします。ただ，それが形式化してしまっては，意味がありません。定期的に，ルールや目標と自分のふるまいを比較して，場合によってはそれらを変更したり，ルールを守ったり目標を達成するための具体的な方策を検討し直したりすることが重要です。

SNSとのつきあい方についての指導

SNSは，普通に暮らしている人と人を結びつける，とても強力なツールです。これによって，インターネットの利用の仕方が革命的に変わりました。これまで，インターネットを使っていなかった人々が，スマートフォンなどを手にすると同時に，SNSの情報を読み，SNSに情報を公開するようになりました。それには，誰もが情報化社会に参画することを保証するというプラスの側面もありますが，問題のある使い方をする人があとをたたないというマイナスの側面もあります。

マイナスの側面を見て，使うことを規制することには，教育的意味はありません。もちろん，SNSによって情報が公開されたり，拡散されたりするメカニズムについての理解は不可欠です。プラスの側面，マイナスの側面についての知識をもつことも重要です。その上で，すべての人々がSNSと上手につきあいながら，豊かな生活を送ることができるような社会をつくるために，自分たちはどのように使えばよいのかという視点にたった指導が望まれます。

メディアを読み解く力の育成

情報を見極めるということには，大きく分けて2つの層があります。一つ目は，情報そのものがどれくらい実態を表しているかについての判断です。自分自身で見聞きした一次情報でなければ，発信元や情報に関連するデータなどを確認します。関連する情報と比べて見る相互参照（クロスリファレンス）も大事です。

もう一つの層は，その情報を提供している人の見方についての判断です。同じことについての情報も，提供する人によって形を変えます。「家族」という単語のイメージですら，人によって大きく異なっています。国際問題は，どちらの国の立場から見るかによって，まったく異なって見えてきます。このように人によって異なるイメージで発信している情報に対して，その真偽や価値をどう見極めるかも大事な問題です。

メディアを読み解く力の根幹は，批判的思考力です。ある情報を得たときに，その情報は本当か，本当だとしてもどういう見方によるものか，別の見方をすることはできないか，自分の真偽の判断にバイアス（偏見）は混ざっていないか，などを検討することが大事です。道田の定義では，「見かけに惑わされず，多面的にとらえて，本質を見抜くこと*」とされています。

ところが，正しく判断することは，とても難しいのです。それは，正しさが人によって異なるからです。与党と野党が共存するのは，それぞれの党にとっての正しい政策があるからです。多くのことに，唯一の正解や正しい見方があるわけではありません。そこで，つねに自分の真偽の判断を保留して，多面的に対象を見ることが重要になります。もちろん，どこかの段階で立場を決めることも重要です。

（黒上晴夫）

＊道田泰司「批判的思考研究からメディアリテラシーへの提言」『コンピュータ＆エデュケーション』9，54～59頁，2000年。

《監修者紹介》

汐見稔幸（しおみ　としゆき）

現　在　東京大学名誉教授。

奈須正裕（なす　まさひろ）

編著者紹介参照。

《執筆者紹介》（執筆順，担当章）

江間史明（えま　ふみあき）はじめに，第4章，第5章，第6章，コラム①・②

編著者紹介参照。

奈須正裕（なす　まさひろ）第1章，第2章，第3章

編著者紹介参照。

佐野亮子（さの　りょうこ）第7章

現　在　東京学芸大学非常勤講師。

主　著　『しっかり教える授業・本気で任せる授業――多様な筋道で豊かな学力を保障する』（共著）ぎょうせい，2014年。

市川伸一（いちかわ　しんいち）第8章

現　在　東京大学名誉教授／帝京大学中学校・高等学校校長。

主　著　『勉強法の科学――心理学から学習を探る』岩波書店，2013年。

『教育心理学の実践ベース・アプローチ――実践しつつ研究を創出する』（編著）東京大学出版会，2019年。

桂　聖（かつら　さとし）第9章

現　在　筑波大学附属小学校教諭。

主　著　『国語授業のユニバーサルデザイン――全員が楽しく「わかる・できる」国語授業づくり』東洋館出版社，2011年。

『「Which 型課題」の国語授業――「めあて」と「まとめ」の授業が変わる』（編著）東洋館出版社，2018年。

政二亮介（まさに　りょうすけ）第10章

現　在　富山市立堀川小学校教諭。

主　著　『子どもの追究を拓く教育』（共著）明治図書，2015年。

『個の学びと教育』（共著）明治図書，2018年。

谷岡義高（たにおか　よしたか）第11章

元・奈良女子大学附属小学校副校長。

主　著　『親もかんたんに理解できる小学校理科――考える力を伸ばす』（共著）培風館，2008年。

小学校理科教科書『わくわく理科』３～６（共著）啓林館，2020年。

黒上晴夫（くろかみ　はるお）第12章

編著者紹介参照。

山口眞希（やまぐち　まき）第13章

前・金沢学院大学専任講師。

主　著　『新時代の教職入門』（共著）北國新聞社出版局，2020年。
『ICT 活用の理論と実践―― DX 時代の教師をめざして』（共著）北大路書房，2021年。

木村明憲（きむら　あきのり）第14章

現　在　桃山学院教育大学准教授。

主　著　『主体性を育む学びの型――自己調整，探究のスキルを高めるプロセス』さくら社，2022年。
『自己調整学習――主体的な学習者を育む方法と実践』明治図書，2023年。

今度珠美（いまど　たまみ）第15章

現　在　一般社団法人メディア教育研究室代表理事／国際大学 GLOCOM 客員研究員。

主　著　『デジタル・シティズンシップ――コンピュータ１人１台時代の善き使い手をめざす学び』（共著）大月書店，2020年。
『デジタル・シティズンシップ＋――やってみよう！創ろう！善きデジタル市民への学び』（共著）大月書店，2022年。

《編著者紹介》

江間史明（えま　ふみあき）

現　在　山形大学教授。

主　著　『教科の本質から迫るコンピテンシー・ベイスの授業づくり』（共編著）図書文化社，2015年。

『「少ない時数で豊かに学ぶ」授業のつくり方』（共著）ぎょうせい，2021年。

黒上晴夫（くろかみ　はるお）

現　在　関西大学教授。

主　著　『シンキングツール――考えることを教えたい』（共著）NPO 法人学習創造フォーラム，2012年。

『子どもの思考が見える21のルーチン――アクティブな学びをつくる』（共訳）北大路書房，2015年。

奈須正裕（なす　まさひろ）

現　在　上智大学教授。

主　著　『「資質・能力」と学びのメカニズム』東洋館出版社，2017年。

『個別最適な学びの足場を組む。』教育開発研究所，2022年。

アクティベート教育学⑫
教育の方法と技術

2023年7月30日　初版第1刷発行　〈検印省略〉

定価はカバーに
表示しています

監修者　汐見稔幸
　　　　奈須正裕

編著者　江間史明
　　　　黒上晴夫
　　　　奈須正裕

発行者　杉田啓三

印刷者　江戸孝典

発行所　株式会社　ミネルヴァ書房
607-8494　京都市山科区日ノ岡堤谷町1
電話代表　(075)581-5191
振替口座　01020-0-8076

共同印刷工業・新生製本

ISBN978-4-623-08936-9
Printed in Japan